Anioły
w
moim życiu

D1727944

Lorna Byrne

Anioły
w
moim życiu

Wydawnictwo Medium

Tytuł oryginału: *Angels in my Hair*

Projekt okładki: Oliwia Doroszewska
Zdjęcie na okładce: www.pixmac.pl
Opracowanie redakcyjne: Anna Jutta-Walenko
Skład i łamanie: Katarzyna Lubańska
Przekład: Kaja Doroszewska

Wydawnictwo MEDIUM Sp. z o.o.
05-510 Konstancin-Jeziorna
Czarnów, ul. Diamentowa 11
tel. 22 7546216
tel. kom. 600 315 463

Sprzedaż wysyłkowa:
http://www.medium.com.pl
tel. 22 7546216 ; 600 315 463

ISBN: 978-83-61987-16-1

Moim dzieciom

Podziękowania

Serdecznie dziękuję Jean Callanan za jej wsparcie, poświęcenie i odwagę. Kiedy ją po raz pierwszy spotkałam, anioły powiedziały mi, że odegra ona fundamentalną rolę, pomagając mi w pisaniu i wydaniu tej książki. Nie wiedziała, jak wiele czasu, wysiłku i ciężkiej pracy będzie to wymagało. Dziękuję Jean za jej dobry humor, entuzjazm, cierpliwość, hojność i przyjaźń. Dziękuję aniołom za to, że przywiodły do mnie kogoś z dużym doświadczeniem biznesowym, które okazało się niezbędne. Anioły powiedziały mi, że nie potrzebuję agenta, że Jean jest lepsza niż jakikolwiek agent.

Nie mogłabym sobie wymarzyć lepszego redaktora niż Mark Booth. Jego zaufanie, pewność i wiara w tę książkę dużo zmieniły. Zrobił znacznie więcej, niż oczekuje się od redaktora. Bardzo dziękuję temu wspaniałemu, niezwykłemu człowiekowi, który stał się moim dobrym przyjacielem, i dziękuję aniołom za to, że go do mnie przysłały.

Dziękuję również całemu zespołowi wydawnictwa Century, a zwłaszcza Charlotte Haycock za jej dobry humor i skuteczność działania oraz Rinie Gill za jej entuzjazm, kreatywność i dobrą zabawę.

Przy książce pomagało mi wiele osób, które mam szczęście nazywać swoimi przyjaciółmi. Niechaj moje serdeczne podziękowania przyjmą: Stephen Mallaghan za hojność, entuzjazm i życzliwość i za to, że jest takim dobrym przyjacielem; Daniel O'Donell za dodawanie mi otuchy i otwieranie pierwszych drzwi; Jim Corr za wsparcie, hojność i dociekliwość; Eoin MacHale za stworzenie wspaniałej strony internetowej; Patricia Scanlan za podtrzymywanie mnie na duchu.

Dziękuję moim przyjaciołom Catherine i Johnowi Kerriganom, którzy wspierali mnie w dobrych i złych chwilach; Sally White za to, że mnie rozśmieszała; Johnowi Carthy'emu za to, że jest; Brianowi Kelly'emu za wsparcie i hojność; rodzinie Quigleyów za wsparcie w sprawach praktycznych, z którymi każda matka musi się zmierzyć.

Na końcu chciałabym podziękować moim dzieciom, które zawsze sprowadzały mnie na ziemię! Bardzo im dziękuję za to, że są przy mnie, w szczególności najmłodszemu dziecku, którego życie zostało wywrócone do góry nogami z powodu tej książki.

Rozdział I

Inne spojrzenie

Kiedy miałam dwa lata, lekarz powiedział mojej mamie, że jestem upośledzona.

Mama zauważyła, że jako niemowlę przebywałam jakby w swoim świecie. Pamiętam nawet, jak leżałam w łóżeczku – wielkim koszu – i patrzyłam na pochyloną nade mną mamę. Dookoła niej widziałam wspaniałe jasne, świetliste istoty we wszystkich kolorach tęczy. Były znacznie większe ode mnie, ale mniejsze niż ona – wielkości może trzyletniego dziecka. Istoty te unosiły się w powietrzu jak piórka. Pamiętam, jak wyciągałam rączki, żeby ich dotknąć, ale nigdy mi się to nie udawało. Byłam zafascynowana nimi i ich pięknym światłem. Wtedy nie rozumiałam jeszcze, że widzę coś więcej niż inni ludzie. Dopiero znacznie później dowiedziałam się, że te istoty to anioły.

Z upływem miesięcy mama spostrzegła, że niezależnie od tego, co robiła, by przyciągnąć moją uwagę, ja zawsze zerkałam lub nawet uważnie patrzyłam w inną stronę. Tak naprawdę byłam gdzie indziej: przebywałam z aniołami, obserwując, co robią, bawiąc się z nimi i rozmawiając. Byłam nimi zafascynowana.

Późno zaczęłam mówić, ale z aniołami rozmawiałam od bardzo wczesnego wieku. Czasami używaliśmy słów, tak jak to ludzie powszechnie rozumieją, a czasami słowa nie były potrzebne – znaliśmy swoje myśli. Początkowo myślałam, że wszyscy widzą to co ja, ale później anioły powiedziały mi, żebym nikomu o nich nie mówiła i że to będzie nasza tajemnica. I rzeczywiście przez wiele lat słuchałam aniołów, ale nikomu o nich nie mówiłam. Dopiero teraz, pisząc tę książkę, po raz pierwszy dzielę się z innymi tym, co widziałam.

Słowa wypowiedziane przez lekarza, kiedy miałam dwa lata, wywarły duży wpływ na moje życie: zdałam sobie sprawę, że ludzie potrafią być okrutni. Mieszkaliśmy wtedy na ulicy Old Kilmainham, niedaleko centrum Dublina. Mój ojciec dzierżawił zakład naprawy rowerów, przy którym znajdowała się niewielka chata. Kiedy minęło się warsztat i potem skręciło w lewo, wchodziło się do malutkiego i dosyć zniszczonego domu. Stał on w rzędzie starych chałup i sklepików, z których większość była pusta lub porzucona z powodu swojego opłakanego stanu. Większość czasu spędzaliśmy w jednym niedużym pokoju na parterze. Tam gotowaliśmy, jedliśmy, rozmawialiśmy, bawiliśmy się, a nawet myliśmy się w dużej metalowej balii ustawionej przy kominku. W domu nie mieliśmy łazienki, ale w ogrodzie za domem stała szopa, w której mieściła się ubikacja. Na górze były dwie małe sypialnie. Jedną z nich, a także łóżko, dzieliłam ze starszą siostrą, Emer.
  Widziałam nie tylko anioły (a widziałam je stale – od chwili, kiedy się budziłam, do momentu, gdy zasypiałam), ale także duchy osób zmarłych. Mój brat, Christopher, urodził się na długo przede mną, ale zmarł, gdy

miał zaledwie dziesięć tygodni. I chociaż ja urodziłam się już po jego śmierci, wiedziałam, jak wygląda – miał ciemne włosy, podczas gdy ja i siostra byłyśmy blondynkami – i mogłam się bawić z jego duchem.

Wtedy myślałam, że nie ma w tym nic dziwnego, wydawał się taki sam jak inne dzieci, tylko był trochę bardziej świetlisty. Jedną z pierwszych rzeczy, które uświadomiły mi, że Christopher jest inny, było to, że jego wiek się zmieniał. Czasami wyglądał jak niemowlę, a kiedy indziej był w moim wieku i razem nieporadnie dreptaliśmy po podłodze. Nie był jednak obecny przez cały czas, ale pojawiał się i znikał.

Pewnego mroźnego zimowego popołudnia, kiedy właśnie się ściemniało, siedziałam sama w pokoju dziennym naszego domu na Old Kilmainham. W otwartym kominku płonął ogień i było to jedyne światło w pokoju. Blask ognia migotał na podłodze, a ja bawiłam się drewnianymi klockami, które zrobił tata. Christopher przyszedł się ze mną pobawić. Usiadł blisko ognia – powiedział, że dla mnie byłoby tam za gorąco, ale jemu jest dobrze, bo nie czuje ciepła. Budowaliśmy razem wieżę z klocków: ja kładłam klocek, a mój brat dokładał następny. Wieża stawała się coraz wyższa, aż nagle nasze ręce się zetknęły. Zaskoczyło mnie to, że był zupełnie inny niż ludzie, których do tej pory dotykałam. Gdy go dotknęłam, posypały się iskry, które wyglądały jak małe fruwające gwiazdki. I wtedy moja ręka przeszła przez jego rękę (lub może odwrotnie); wydawało się, jakbyśmy stopili się w jedno. Byłam tak wstrząśnięta, że przewróciłam naszą wieżę z klocków.

Kiedy znowu go dotknęłam, roześmiałam się głośno. Wtedy po raz pierwszy w pełni zdałam sobie sprawę, że Christopher nie jest człowiekiem z krwi i kości.

Nigdy nie pomyliłam go z aniołem; anioły, które widywałam, wyglądały czasem jak ludzie, ale przeważnie miały skrzydła, stopami nie dotykały ziemi, a w środku nich jakby lśniło jasne światło. Niektóre anioły w ogóle nie przypominały ludzi, lecz były tylko mocno świecącym światłem.

Christopher często pojawiał się obok mamy. Czasami gdy drzemała w fotelu przy kominku, zauważałam Christophera tulącego się w jej ramionach. Nie miałam pojęcia, czy mama zdaje sobie sprawę z jego obecności, więc zapytałam:

– Czy powinnam powiedzieć mamie, że tu jesteś?

– Nie, nie możesz jej o tym powiedzieć. Nie zrozumiałaby tego, ale czasami czuje moją obecność – odrzekł Christopher.

Pewnego zimowego poranka anioły przyszły do mojego łóżka o wschodzie słońca. Leżałam pod kocami, zwinięta w kłębek. Moja siostra, Emer, z którą dzieliłam łóżko, już wstała, a zamiast niej leżał obok mnie Christopher. Połaskotał mnie i szepnął:

– Lorno, popatrz w okno.

Jak już mówiłam, anioły mogą pojawiać się w różnych kształtach. Tego ranka wyglądały jak płatki śniegu! Szyba w oknie była zaparowana, a kiedy płatki śniegu uderzały o nią, zamieniały się w anioły wielkości niemowlęcia. Następnie każdy z nich przedostawał się przez okno po promieniu światła słonecznego, a wszystkie wyglądały, jakby były pokryte białymi błyszczącymi płatkami śniegu. Kiedy anioły mnie dotykały, te płatki śniegu opadały na mnie – czułam ich łaskotanie i co zadziwiające, wydawały się ciepłe, a nie zimne.

– Czy nie byłoby cudownie – odezwał się Christopher – gdyby wszyscy ludzie wiedzieli, że mogą wypełnić swoje kieszenie aniołami? W każdej kieszeni zmieściłyby się tysiące aniołów, jak płatki śniegu. Mogliby wszędzie je ze sobą nosić i nigdy nie być sami.

– A co by było – zwróciłam się do niego – gdyby stopiły się im w kieszeniach?

– Nie! – Christopher zachichotał. – Anioły nigdy się nie topią!

– Chciałabym, Christopher – rzekłam ze smutkiem – żebyś mógł zmieścić się w kieszeni mamy, jak płatek śniegu, i zawsze być przy niej.

Mój brat spojrzał na mnie.

– Przecież wiesz, że zawsze przy niej jestem.

Kiedy dorosłam, mama powiedziała mi, że rok przed moimi narodzinami urodziła synka, Christophera, który żył zaledwie dziesięć tygodni. Uśmiechnęłam się tylko. Zapytałam mamę, gdzie został pochowany. Wyjaśniła, że w nieoznakowanym grobie (taki wtedy był zwyczaj) na cmentarzu dziecięcym w Dublinie.

To smutne, że nie ma grobu z jego imieniem, gdzie mogłabym go odwiedzać, ale nie został zapomniany. Nawet teraz, choć minęło tyle lat, czuję czasami w kieszeni dłoń Christophera udającą płatki śniegu. W ten sposób daje mi znać, że nigdy nie jestem sama.

Kiedy miałam cztery czy pięć lat, dowiedziałam się więcej o Christopherze i mamie. Siedziałam przy stole, jedząc śniadanie, kiedy Christopher mignął mi przed oczami. Wyglądał na jakieś dwanaście lat. Biegł przez pokój, do drzwi sklepiku ojca, kiedy weszła mama z tostami. Uśmiechnęła się szeroko i oznajmiła:

– Lorno, w warsztacie pod stołem czeka na ciebie niespodzianka!

Zeskoczyłam z krzesła i podekscytowana pobiegłam za Christopherem. Minął sklep, idąc prosto do warsztatu.

Zatrzymałam się przy drzwiach, bo było tam tak ciemno, że nic nie widziałam i musiałam poczekać, aż moje oczy przyzwyczają się do mroku. Ale Christopher był jak światełko, jego delikatny migoczący blask rozjaśniał mi drogę przez zagracony warsztat.

– Kotka się okociła! – krzyknął.

Dzięki jego światełku mogłam dostrzec cztery malutkie kociaki – trzy czarne i jednego czarno-białego. Były takie śliczne, delikatne i lśniące. Ich matka, Blackie, wyszła z pudełka, przeciągnęła się i przez małe okienko wyskoczyła do ogrodu. Pobiegłam za nią i zawołałam Christophera, by poszedł z nami, ale on odmówił.

– Dlaczego nie chcesz wyjść na dwór? – zdziwiłam się.

Ujął moją rękę, jakby pragnął mnie pocieszyć – uwielbiałam ten jego dotyk – i nasze dłonie znowu zlały się w jedno. To było coś magicznego: czułam się bezpieczna i szczęśliwa.

– Lorno, kiedy umierają małe dzieci, ich dusze zostają przy matkach tak długo, jak one tego potrzebują, dlatego jestem tu z mamą. Gdybym wyszedł na zewnątrz, to byłoby tak, jakbym zniszczył wspomnienia, a tego nie zrobię!

Wiedziałam, co ma na myśli. Mama dała mu tyle miłości: wówczas gdy była w ciąży i nosiła go w sobie i gdy się urodził, i gdy czuła radość i szczęście, trzymając go w ramionach, i gdy przyniosła go do domu – już wtedy, mimo że lekarze nie widzieli niczego niepokojącego, miała przeczucie, że coś jest nie w porządku. Christopher opowiedział mi, ile miłości ofiarowała mu mama podczas tych kilku cennych tygodni, które spędzili razem, zanim umarł. A teraz on obdarzał miłością mamę.

Tak więc duch mojego brata pozostawał w domu i nigdy nie wychodził, do czasu kiedy musieliśmy opuścić mały warsztat na Old Kilmainham. A wtedy mama wydawała się już gotowa, by pozwolić mojemu braciszkowi odejść, i na tyle silna, by iść naprzód.

Kiedy widzę anioła, mam ochotę przystanąć i przyjrzeć mu się; czuję obecność ogromnej siły. Gdy byłam młodsza, anioły przeważnie przyjmowały kształt człowieka, by łatwiej było mi je zaakceptować; teraz nie jest to już konieczne. Anioły, które widzę, nie zawsze mają skrzydła, ale jeśli mają, czasami zaskakuje mnie ich forma. Niektóre wyglądają jak płomienie, ale jednocześnie wydają się solidne i trwałe. Niektóre są pokryte piórami. Widziałam kiedyś anioła, którego skrzydła były tak wąskie, długie i szpiczaste, że aż nie mogłam uwierzyć, iż są to skrzydła. Miałam ochotę poprosić go, by je rozłożył. Kiedy anioły przybierają postać ludzką, najbardziej fascynujące są ich oczy. Oczy aniołów różnią się od ludzkich – są tak żywe, pełne światła, życia i miłości. Wydaje się, jakby zawierały w sobie esencję życia – ich blask wypełnia człowieka bez reszty. Nigdy nie widziałam, żeby stopy anioła dotykały ziemi. Kiedy widzę idącego do mnie anioła, pomiędzy jego stopami a ziemią jest jakby poduszka energii. Czasami wygląda jak cienka nitka, a innym razem rośnie i zanurza się w ziemi.

Od kiedy pamiętam, często ukazywał mi się jeden konkretny anioł. Gdy pierwszy raz go ujrzałam, pojawił się w rogu sypialni i wymówił tylko jedno słowo: „Lorna". Wyglądał podobnie jak inne anioły, ale było coś, co go wyróżniało. Świecił mocniejszym światłem i miał władczy wygląd. Emanował potężną męską siłą. Kiedy go zobaczyłam, od razu wiedziałam, że jest tu, by mnie chronić, jak tarcza. Od tego momentu regularnie mnie odwiedzał i stopniowo się z nim zaprzyjaźniłam. Powiedział mi, że nazywa się Michał.

Okres szkoły był dla mnie trudny; większość nauczycieli traktowała mnie, jakbym była opóźniona w rozwoju. W wieku sześciu lat przystąpiłam, jak inni uczniowie, do Pierwszej Komunii Świętej i okazało się to okropnym przeżyciem. Powinien to być dla mnie bardzo uroczysty dzień – tak jak dla większości irlandzkich sześciolatków. Kiedy przygotowywaliśmy się do komunii, nauczyciele odpytywali dzieci w klasie z katechizmu, ale mnie pomijali, mówiąc: „Ciebie nie ma sensu pytać!". Gdy wszyscy uczniowie ustawiali się w rządku i każdy miał powiedzieć coś o komunii, ja stawałam razem z nimi, ale nauczyciele kazali mi iść na swoje miejsce. Wtedy, jako małe dziecko, bardzo to przeżywałam, dlatego siadając z tyłu klasy lub w jednej z ławek w kącie sali, zwracałam się do aniołów: „Czy oni nie wiedzą, że ja też znam katechizm? Nawet nie dają mi szansy".

W dniu komunii, w kościele, kiedy dotarłam już przed ołtarz, zostałam wyciągnięta z kolejki, ponieważ któryś z nauczycieli zadecydował, że lepsze dziewczynki powinny przystąpić do komunii przede mną.

Niektórzy jednak odnosili się do mnie życzliwie. Z czasów gdy miałam ze cztery lata, pamiętam pewną zakonnicę, która nazywała się (chyba) matka Moderini. Uprzedzono ją, że jestem upośledzona i opóźniona w rozwoju, ale ona wiedziała lepiej. Na lekcjach, które prowadziła, podchodziła do mnie i zadawała mi pytania, a ja zawsze udzielałam prawidłowej odpowiedzi. Ona uśmiechała się wtedy i głaskała mnie po głowie.

Pomimo tych rzadkich aktów życzliwości ze strony kilku osób dorastałam samotnie. Ludzie widzieli, że jestem inna, i nie rozumieli tego. Ten aspekt mojego życia zawsze był i nadal jest dla mnie bardzo trudny. Wszyscy mówią, że jestem zbyt ufna i prawdomówna jak na ten świat, ale ja nie potrafię być inna! Dziwne jest to, że bycie absolutnie prawdomównym – w myślach i w słowach – i mówienie zawsze wszystkim prawdy jest trudne i sprawia, że żyje się w izolacji.

To, co ludzie o mnie myślą i jak mnie widzą, do tej pory ma na mnie duży wpływ. Nawet jeżeli mnie nie znają i nie wiedzą, czym się zajmuję, wyczuwają, że w jakiś sposób jestem inna. Kiedy wychodzę gdzieś z przyjaciółmi i spotykam kogoś nowego, kto nic o mnie nie wie, ta osoba mówi później moim przyjaciołom, że zauważyła we mnie coś niezwykłego, choć nie bardzo wie co. Trudno jest z tym żyć.

Mój pobyt w szkole stał się bardziej znośny dzięki aniołowi o imieniu Hosus. Pewnego ranka biegłam do szkoły, starając się nadążyć za starszą dziewczynką, która szła ze mną, i wtedy zobaczyłam pięknego anioła chowającego się za latarnią. Zrobił do mnie minę i od tej pory pojawiał się niemal każdego ranka, gdy szłam do szkoły. Dzisiaj wciąż widuję go regularnie.

Hosus wyglądał – i nadal wygląda – jak staroświecki nauczyciel. Nosi szatę, która przeważnie jest niebieska (ale może zmieniać kolor), i śmieszną czapkę, a w ręku trzyma zwój pergaminu. Jego oczy są promienne i błyszczące jak gwiazdy. Przypomina mi młodego profesora; pełnego energii człowieka o wielkim autorytecie i wiedzy. Hosus, w przeciwieństwie do innych aniołów, które mnie otaczają, zawsze wygląda tak samo. Na przykład Michał przeważnie przyjmuje ludzką postać – poprosiłam go o to, ponieważ jest to dla mnie duże ułatwienie – ale często zmienia się zewnętrznie w zależności od tego, gdzie jesteśmy i jaką ma dla mnie wiadomość.

Moim zdaniem Hosus jest ucieleśnieniem mądrości: wydaje się bardzo poważny i taki jest, ale potrafi także wspaniale mnie rozweselić, gdy jest mi smutno. To Hosus pocieszał mnie, kiedy inne dzieci wyśmiewały się ze mnie w szkole albo kiedy dorośli szeptali coś między sobą, patrząc w moim kierunku. Hosus mówił wtedy: „Oni nic nie wiedzą".

Na początku nie znałam jego imienia, a on nie odzywał się do mnie. Pojawiał się w klasie, przedrzeźniał nauczyciela lub któreś z dzieci, dokazywał i pajacował, żeby mnie rozśmieszyć. Czasami, kiedy szłam do domu, czekał na mnie przy bramie szkoły albo gdzieś dalej. Pamiętam swoją pierwszą rozmowę z nim. Tego dnia wracałam do domu sama, ponieważ moja starsza siostra wybierała się na tańce i wyszła ze szkoły wcześniej. Nie spieszyłam się nigdzie, więc powoli ruszałam przez boisko w stronę dużej szkolnej bramy, mając nadzieję, że spotkam Hosusa i będę mogła z nim porozmawiać. Ucieszyłam się, kiedy zobaczyłam go wyglądającego zza filara. Krzyknął, żebym się pospieszyła.

– Musisz dotrzeć do domu przed deszczem.

Ponieważ w pobliżu nikogo nie było, zapytałam, jak się nazywa.

– Hosus – odpowiedział.

Rozśmieszyło mnie to. W podskokach wracałam do domu, a Hosus podskakiwał razem ze mną, i pamiętam, że przez całą drogę się śmialiśmy.

Rozdział II

Opiekunowie

Tata nie zarabiał dużo na naprawie rowerów. Nikt w okolicy nie miał pieniędzy, więc ludzie zawsze prosili go o pomoc, obiecując, że zapłacą „następnym razem". A ponieważ tata miał dobre serce, często chodziliśmy głodni. Najczęściej jedliśmy tylko chleb z margaryną lub z dżemem, ale nigdy się nie skarżyłam, że boli mnie brzuch, bo wiedziałam, że rodzice i tak żyją w stresie. Jednak kiedy mój stan się pogorszył, zabrano mnie do lekarza. Powiedział rodzicom, że mam niedobory witamin i powinnam codziennie jeść świeże owoce i warzywa. Ale ponieważ wiodło nam się marnie, rzadko je dostawałam, chyba że dali nam ich trochę sąsiedzi, którzy mieli duży ogród. Nasze ubrania w większości pochodziły z paczek przysyłanych przez rodzinę mieszkającą w Stanach Zjednoczonych. Bardzo się z nich cieszyliśmy. Nasze życie było ciężkie, tak jak życie wielu osób w tamtych czasach.

Sklepik taty był mały i ciemny, a za nim, w przybudówce krytej blaszanym dachem, znajdował się warsztat. Pełno tam było stołów montażowych, narzędzi oraz rozmaitych przedmiotów, pachniało olejem i smarem. Czasami tata, zanim przyszedł do domu na herbatę, wołał mnie, żebym mu pomogła i potrzymała puszkę z pastą, którą czyścił ręce. Pasta była czarna i lepka, pachniała okropnie, ale świetnie się sprawdzała. Ojciec przez kilka minut wcierał pastę w ręce, potem mocno wycierał je brudną szmatą, a następnie szedł do łazienki i mył je w zimnej wodzie (ciepłą wodę mieliśmy jedynie wtedy, gdy zagotowaliśmy ją sobie w czajniku); po tych zabiegach jego ręce były znowu czyste. Uwielbiałam pomagać tacie, nawet jeżeli tylko trzymałam puszkę ze smarem. Czasami prosił mnie, żebym posiedziała w sklepiku na wypadek, gdyby ktoś przyszedł, podczas gdy on pił z mamą herbatę.

W szkole Hosus siadał czasem przy biurku nauczyciela, jeżeli akurat krzesło było wolne. Gdy po raz pierwszy zobaczyłam go w klasie, oczy mało nie wyskoczyły mi z orbit i zapytałam na głos:
– Co tu robisz?
Nauczyciel usłyszał to, odwrócił się i spojrzał w moim kierunku. Musiałam zakryć usta ręką, by powstrzymać śmiech.
Byłam zaskoczona, ponieważ Hosus wyglądał inaczej niż anioły stróże, które zawsze przebywały w klasie. On nie był aniołem stróżem. Anioły stróże dzieci były bardzo jasne i roziskrzone, jak promienne światełka. Hosus wyglądał inaczej, bardziej jak człowiek, a jego szata ocierała się o biurko. Był inny, żebym łatwiej mogła odróżniać aniołów stróżów od specjalnych aniołów, które towarzyszyły mi w życiu. Jako dziecko musiałam się tego nauczyć, bo różne typy aniołów mają różne umiejętności. Tak jak każde dziecko musi nauczyć się odróżniać nauczyciela od lekarza, ja musiałam nauczyć się rozpoznawać różne rodzaje aniołów, by wiedzieć, jak mogą pomóc mnie i innym.

Hosus często mnie rozśmieszał i kiedyś go zapytałam:

– Myślisz, że ludzie uważają mnie za ograniczoną umysłowo, czy jak to oni mówią „upośledzoną", bo widzą, jak chichoczę i się uśmiecham, ale nie mają pojęcia dlaczego? Jak sądzisz, co by pomyśleli, gdyby zobaczyli cię siedzącego na biurku i ubranego jak nauczyciel?

Hosus zaśmiał się i odrzekł:

– Uciekliby, krzycząc, że to miejsce jest nawiedzone.

– Nie poznaliby, że jesteś aniołem?

– Nie, oni nas nie widzą.

Zawsze myślałam, że inne dzieci widzą anioły i rozmawiają z nimi tak jak ja, i dopiero w wieku sześciu lat zorientowałam się, że tak nie jest.

– A jednak, Hosusie, wiem, że niektóre dzieci widzą anioły.

– Oczywiście – potwierdził Hosus – ale tylko kiedy są bardzo małe. Potem zaczynają dorastać i gdy są w twoim wieku, już nas nie widzą, a niektóre przestają nas widzieć nawet wcześniej, gdy mają zaledwie trzy lata.

Wszystkie niemowlęta widzą anioły i duchy, ale w wieku około trzech lat, kiedy zaczynają mówić, dorośli wyjaśniają im, co jest prawdziwe, a co nie, i że jeżeli coś nie jest konkretne i namacalne – jak na przykład ich zabawki – to tak naprawdę nie istnieje. Małe dzieci są warunkowane i tracą zdolność doświadczania i widzenia czegoś więcej. Ponieważ dzisiaj edukacja zaczyna się wcześniej, coraz mniej ludzi rozmawia z aniołami. Jest to jeden z powodów, dla których anioły poleciły mi napisać tę książkę. Obawiam się, że zostanę wyśmiana, ale wiem, że muszę ją napisać; zawsze w końcu spełniam to, czego chcą anioły.

Aniołów są miliony – nie można ich policzyć, tak jak nie można policzyć płatków śniegu – ale wiele z nich jest bezrobotnych. Dokładają wszelkich starań, żeby pomóc ludziom, ale nie zawsze potrafią dotrzeć do nich. Wyobraź sobie miliony bezrobotnych aniołów unoszących się w powietrzu! Nie mają nic do roboty, ponieważ ludzie ciężko pracują, zmagając się z życiem, i nie mają pojęcia, że anioły są wszędzie, zawsze gotowe do pomocy.

Bóg chce, byśmy byli szczęśliwi i cieszyli się życiem, dlatego wysyła anioły, żeby nam pomagały. Większość z nas nie korzysta z tej duchowej pomocy, która tylko czeka, byśmy po nią sięgnęli. Anioły towarzyszą nam i mówią do nas, ale my nie słuchamy – nie chcemy słuchać. Żyjemy w przekonaniu, że wszystko możemy zrobić sami. Zapomnieliśmy, że mamy duszę, i uważamy, że jesteśmy tylko bytem cielesnym. Nie wierzymy, że istnieje coś więcej: życie po śmierci, Bóg, anioły. Staliśmy się zapatrzonymi w siebie materialistami. Istota ludzka to coś więcej niż tylko ciało i kiedy sobie to uświadomisz i uwierzysz, że masz duszę, twój kontakt z twoim aniołem rozkwitnie.

W chwili kiedy to czytasz, obojętnie, czy w to wierzysz, czy nie, jest przy tobie anioł. To twój anioł stróż, który nigdy cię nie opuszcza. Każdy z nas otrzymał dar: tarczę zrobioną ze świetlistej energii. Jednym z zadań anioła stróża jest osłanianie nas tą tarczą. Dla Boga i aniołów wszyscy jesteśmy równi i zasługujemy na ochronę, na to, by się o nas troszczono i kochano nas, niezależnie od tego, co inni o nas myślą. Kiedy na kogoś patrzę, widzę wokół niego tę tarczę; wygląda, jakby była żywa.

Twój anioł stróż pilnuje twojego ciała i duszy. Przydzielono ci go, jeszcze zanim zostałeś poczęty; a kiedy rozwijałeś się w łonie matki, anioł stróż był tam z tobą i cię chronił. Kiedy się urodziłeś, anioł nadal był przy tobie i jest cały czas, nawet kiedy śpisz czy korzystasz z łazienki – nigdy nie jesteś sam. Kiedy będziesz umierał, anioł stróż również będzie przy tobie, pomagając ci przejść na drugą stronę. Dopuszcza on także do twojego życia inne anioły, by mogły pomagać ci w różnych sytuacjach. Nie są przy tobie przez cały czas, ale przychodzą i odchodzą. Nazywamy je nauczycielami.

Być może trudno ci w to uwierzyć. Jeżeli nie wierzysz, powinieneś zastanowić się nad swoim sceptycyzmem. Co stracisz, otwierając się na możliwość istnienia aniołów, na duchową stronę swojej egzystencji, i dowiadując się więcej o swojej duszy? Poproś anioły, by od tej chwili zaczęły ci pomagać. One są wspaniałymi nauczycielami.

Jako dziecko tak wiele czasu spędzałam z aniołami, które uczyły mnie i pokazywały mi różne rzeczy, że byłam szczęśliwa, kiedy mogłam pobyć przez parę godzin sama. Jednym z moich ulubionych miejsc była przytulna sypialnia, którą dzieliłam z siostrą, Emer. Sufit był tu niski i pochyły, a okna umieszczone nisko nad podłogą, dzięki czemu klęcząc lub siedząc w kucki, mogłam obserwować, co dzieje się na ulicy. Patrzyłam na przechodzących sąsiadów i czasami widziałam przy nich piękną świetlistą istotę; teraz wiem, że to był anioł stróż. Czasami anioły płynęły nad ziemią, innym razem jakby szły po chodniku. Niektóre wydawały się częścią człowieka, inne stały z tyłu, otulając go skrzydłami, niczym w ochronnym uścisku.

Anioły miały różną wielkość, niektóre pojawiały się jako iskierka, która stopniowo coraz bardziej rosła, inne były ogromne, o wiele większe niż osoba, którą się opiekowały. Zawsze były promieniste i często nosiły złote, srebrne, niebieskie lub wielobarwne szaty.

Czasami widywałam także duchy – tak jak ducha mojego brata Christophera. Pod oknem często przechodziła jedna z mieszkających na wzgórzu sąsiadek, zawsze z niemowlęciem i małym dzieckiem w wózku oraz dwoma maluchami, które kurczowo trzymały się matki. Towarzyszył im starszy mężczyzna. Pewnego dnia słyszałam, jak w sklepie mama rozmawia z tą sąsiadką, która opowiadała o tym, jak bardzo tęskni za swoim niedawno zmarłym ojcem. A więc ten starszy mężczyzna był jej ojcem i dziadkiem jej dzieci. Uśmiechnęłam się, bo wiedziałam, że chociaż tęskni za swoim ojcem, on cały czas jest tuż obok – tyle że ona go nie widzi. Kochał ją tak bardzo, że jego duch pozostawał przy niej, by pomagać jej i nieść pociechę do chwili, kiedy pozwoli mu odejść.

Na początku łatwo myliłam duchy z prawdziwymi ludźmi – tak było z Christopherem – ale z upływem czasu anioły nauczyły mnie, jak odróżniać duchy od żywych osób. Trudno to wyjaśnić – duchy wyglądają tak jak my wszyscy, ale są bardziej fosforyzujące, jakby miały w środku światło. Mogą je przyciemniać i rozjaśniać, a im jest jaśniejsze, tym one wydają się bardziej przezroczyste i prześwitujące. Kiedy duch tłumi swoje światło (czasami robi to, by mniej rzucać się w oczy), łatwo pomylić go z człowiekiem z krwi i kości. Inaczej mówiąc, możesz spotkać na ulicy sąsiada i powiedzieć mu „dzień dobry", po czym dociera do ciebie, że to był Johnny, który zmarł sześć miesięcy temu. A potem uświadamiasz sobie, że Johnny emanował jakimś innym światłem niż zwykli ludzie.

Bardzo lubiłam wyglądać przez okno i obserwować, jak energia przepływa wokół ludzi. Czasami widywałam matkę jednego z moich przyjaciół i obserwowałam wypływające z niej wirujące promienie światła – błyszczały, skrzyły się różem, fioletem, czerwienią, zielenią lub turkusem. Wydobywały się z jej wnętrza jak trąba po-

wietrzna. Była to inna energia niż ta, którą zwykle ema-
nowały kobiety, i bardzo mnie to fascynowało. Później
usłyszałam, jak mama mówiła, że ta kobieta spodziewa
się dziecka, i uśmiechnęłam się do siebie.
W ten sam sposób widziałam, że ktoś jest chory, nawet jeżeli nie rozumiałam tego, co widzę. Czarny cień
przebiegający przez czyjeś ciało pokazywał mi, że coś jest
nie tak z jego krwią. Czasami któraś kość migała i wtedy wiedziałam, że jest uszkodzona lub rośnie nieprawid-
łowo. Instynktownie wiedziałam, że coś w ciele takiego
człowieka jest nie tak, nawet jeżeli nie potrafiłam tego
opisać słowami.

Pewnego dnia gdy siedziałam przy oknie, zobaczyłam
mężczyznę, który jechał ulicą na dużym czarnym rowerze, wioząc z tyłu swoją małą córeczkę. Anioły powiedziały mi, żebym nie odrywała od nich wzroku, kiedy
będą przejeżdżać pod moim oknem. Nie pytałam dlaczego; kiedy byłam dzieckiem, zawsze bez pytania robiłam
to, czego chciały anioły. Zrozumiałam, że proszą mnie,
bym pomogła temu ojcu i jego córce, więc kiedy mijali
moje okna, modliłam się za nich. Nie wiedziałam, co im
się przydarzy, ale prosiłam, żeby nie było to bardzo złe.
Kiedy mężczyzna z córką przejeżdżał obok mojego
domu, wszystko zaczęło się dziać się jakby wolniej –
jak film puszczony w zwolnionym tempie. Zobaczyłam,
że mija ich wielki piętrowy autobus. Dziewczynka nagle krzyknęła, a mężczyzna zaczął przewracać się wraz
z rowerem. Jakimś cudem jednak dziecko z roweru nie
spadło. Stopa dziewczynki dostała się między szprychy.
Patrzyłam, jak ojciec, trzęsącymi się rękami, delikatnie uwalnia jej małą nóżkę ze zniekształconego, pogię-
tego koła. Potem zaniósł płaczącą – raczej lekko łkała,

niż krzyczała – córkę na chodnik przed naszym domem. Wszyscy dorośli, którzy byli w pobliżu, popędzili na pomoc, również moja mama. Szybko zbiegłam ze schodów i wyskoczyłam na ulicę, by zobaczyć, czy małej nic się nie stało. Jak zwykle nikt nie zwrócił na mnie uwagi. Spadł jej but, a stopa była cała zakrwawiona. Miała zdartą skórę z podeszwy stopy, ale nic sobie nie złamała. Poprosiłam Boga i anioły, by nadal jej pomagali. Nawet wtedy, w wieku pięciu czy sześciu lat, czułam, że moją rolą jest pomaganie ludziom. Wierzyłam, że to dzięki moim modlitwom tym dwojgu nie stało się nic gorszego. Dziewczynka mogła przecież trafić pod koła autobusu albo spaść z roweru i uderzyć się w głowę, ale dzięki Bogu zraniła się tylko w stopę. Od tej chwili wiele razy czułam, że znalazłam się w danym miejscu po to, by powstrzymać jakieś wydarzenie lub – jeżeli nie mogłam tego zrobić – złagodzić jego skutki. To była część szkolenia, jakiemu poddały mnie anioły. Mogłam mieć trudności z nauką w szkole, ale nigdy nie miałam problemu z uczeniem się od aniołów.

Pewnego dnia użyłam tego daru, by pomóc ojcu mojej koleżanki. Josie była moją najlepszą przyjaciółką i mieszkała na tej samej ulicy co ja. Lubiłam ją, bo ona też była inna – jąkała się, i to dosyć mocno. Kiedy jednak bawiła się ze mną, ta przypadłość znikała całkowicie, a powracała, gdy ktoś się do nas przyłączał. Josie miała proste rudawe włosy, była wyższa ode mnie i bardzo chuda. Jej ojciec prowadził warsztat samochodowy na naszej ulicy. Nie wyglądał on jak dzisiejsze warsztaty czy stacje benzynowe – było to ogromne podwórko zapełnione wrakami samochodów i częściami. Tata Josie zabraniał nam się tam bawić, ale na prawo od bramy było trochę wolnego miejsca i w końcu zgodził się, żebyśmy się tam bawiły, pod warunkiem, że nie będziemy wchodzić dalej.

Pewnej pięknej, słonecznej niedzieli miałyśmy na sobie odświętne ubrania i starałyśmy się ich zanadto nie pobrudzić. Bawiłyśmy się lalkami w tym dozwolonym miejscu koło warsztatu; śmiałyśmy się i żartowałyśmy. Pamiętam, że anioły cały czas do mnie mówiły i kazały mi słuchać. Myślałam, że każą mi słuchać tego, co mówią, ale tym razem chodziło o coś innego. W końcu dotknęły mnie, by zwrócić moją uwagę. Przerwałam zabawę i zaczęłam nasłuchiwać. Wydawało mi się, że coś słyszę, ale nie byłam pewna. Spytałam Josie, ale ona nic nie słyszała. Zaczęłyśmy bawić się dalej, ale anioły znowu powiedziały: „Słuchaj!".

Ponownie zaczęłam więc nasłuchiwać i ogarnęło mnie dziwne uczucie, aż trudno to opisać – jakbym znalazła się w innym czasie i przestrzeni. Słyszałam ojca Josie, słabo wołającego gdzieś w oddali o pomoc. Moja przyjaciółka jednakże nadal nic nie słyszała. Bałyśmy się iść w głąb podwórka, między ustawione piętrowo wraki samochodów, bo wiedziałyśmy, że nam tego nie wolno. Mimo wszystko zdecydowałam się pójść, a Josie podążyła za mną. Szłam za aniołami i powtarzałam: „Proszę, Boże, proszę, anioły, sprawcie by jej tacie nic się nie stało!".

Znalazłyśmy jej ojca; przygniótł go samochód. Wszędzie było pełno krwi, ale na szczęście żył. Pamiętam, że popędziłam, by sprowadzić pomoc, a Josie tam została. Nie wiem już, czy skierowałam się do jej domu, czy do mojego. Zbiegło się wiele ludzi. Kazano nam stamtąd odejść, kiedy podnoszono samochód, by wyciągnąć ojca Josie, ale pamiętam, jak przyjechała karetka. Niedaleko znajdował się szpital St. James. Na szczęście jej tata wyzdrowiał.

Dziękowałam za to Bogu i aniołom. Po raz kolejny anioły pozwoliły mi komuś pomóc.

Jak już mówiłam, twoje anioły są przy tobie, żeby ci pomagać, i kiedy uświadomisz sobie, że one istnieją, zaczniesz odczuwać ich obecność w swoim życiu. Anioły towarzyszą ci cały czas i chcą, żebyś odkrył, że one tu są. Chcą, żebyś zobaczył, że życie to coś więcej, niż ci się wydaje. Nie przeżywamy naszego życia sami: znajdujemy się w ciele, ale każdy z nas ma duszę, która jest połączona z Bogiem. Anioły również są z Nim połączone i kiedy wzywamy Jego imię upoważniamy anioły, by nam pomogły.

Innymi słowy, upoważniamy je do tego, by nas wspierały. Bóg dał nam wolną wolę i anioły nie będą jej naruszać. Jeżeli każemy im odejść, jeżeli powiemy, że nie chcemy pomocy, to Bóg i Jego anioły odsuną się, ale nie odejdą zupełnie. Będą czekać w pobliżu.

Czy kiedykolwiek zdarzyło ci się, że idąc dokądś, skręciłeś w prawo zamiast w lewo? Głęboko w środku wiedziałeś, że powinieneś iść w lewo, i potem sam byłeś zły na siebie. To był twój anioł, który szeptał ci do ucha, że powinieneś iść w lewo. Anioły są wszędzie dookoła, niewidzialne i gotowe do pomocy. Musimy jednak o tę pomoc poprosić. Prosząc, pozwalamy, by nam pomagały, i wzmacniamy łączącą nas z nimi więź.

Po tych wszystkich latach wiem, że jestem tłumaczem między aniołami i ludźmi, i nieraz proszono mnie o pośrednictwo. Ja odgrywam szczególną rolę, ale każdy z nas zawsze może zwrócić się do aniołów o pomoc.

Często prosiłam anioły, żeby pomogły mojej rodzinie. Gdy dorastałam, było nam ciężko. Do czasu kiedy skończyłam sześć lat, moja mama urodziła jeszcze troje dzieci – dwie dziewczynki, Helen i Aoife, oraz chłopca imieniem Barry – było nas więc pięcioro. Do tego moja mama ciągle chorowała i musiała leżeć w szpitalu. Kiedy mama szła do szpitala, rozdzielano nas i rozsyłano po krewnych.

Miałam cztery lata, gdy ja i Emer pierwszy raz zamieszkałyśmy u cioci Mary. Ciocia wraz mężem i trójką dzieci mieszkała niedaleko nas, ale dla mnie to był inny świat. Kiedy pierwszy raz zobaczyłam ich dom, myślałam, że to pałac – w porównaniu z naszym domem wydawał się ogromny. Wszystko w nim było takie luksusowe i piękne i było tak ciepło, że mogłam biegać boso po miękkich dywanach, podczas gdy u nas w domu zwykle czuło się zimno i wilgoć. Posiłki były wspaniałe – mnóstwo jedzenia podanego na pięknej zastawie, z talerzami i filiżankami, które wydawały się tak delikatne, że bałam się, by ich nie stłuc. Każdy posiłek był jak święto – tyle jedzenia do wyboru. Kiedyś zapytano mnie, czy chciałabym coś ciepłego na śniadanie. Nie mogłam uwierzyć, że dostałam tyle jedzenia: kiełbaski, smażone jajko, plasterki bekonu, kaszankę, pomidory i tost – wszystko dla mnie! Nie musiałam się niczym dzielić, jak w domu. Ale najlepsza ze wszystkiego była łazienka. W wannie wypełnionej po brzegi ciepłą wodą czułam się jak księżniczka.

Ta wizyta po raz pierwszy uświadomiła mi, jacy jesteśmy biedni.

Kiedy byłyśmy u cioci Mary, przyjechali w odwiedziny rodzice mamy i kazano mi włożyć moją najlepszą sukienkę – szaroniebieską z marszczeniami z przodu. Zawsze uwielbiałam nosić sukienki, a to była jedna z moich ulubionych, więc cieszyłam się, że mogę ją włożyć. Widziałam moich dziadków tylko kilka razy w życiu i bardzo się ich wstydziłam. Byli wysocy i dla mnie wyglądali jak olbrzymy. Oboje odznaczali się wysokim wzrostem, ale babcia oprócz tego była gruba i chodziła o lasce z powodu przebytego kilka lat wcześniej udaru.

Czasami, kiedy mama dobrze się czuła i pogoda sprzyjała, jeździliśmy na pikniki do Phoenix Park – była to ogromna otwarta przestrzeń na obrzeżach Dublina, z jeleniami i mnóstwem wspaniałych atrakcji. Park leżał około trzech kilometrów od naszego domu, więc mogliśmy bez problemu dojść tam na piechotę. Pewnej niedzieli, gdy miałam siedem lat, wybraliśmy się tam całą rodziną. Tata pchał rower z przymocowanym do niego koszem piknikowym, a mama wózek z moim malutkim braciszkiem Barrym. Ja i Emer szłyśmy o własnych siłach, a dwie młodsze siostry, Helen i Aoife, na przemian szły i siadały na wózku.

Mieliśmy wspaniałe jedzenie na piknik – kanapki z pomidorem i z dżemem oraz jabłka z ogrodu sąsiadów. Tata zagotował wodę w kociołku i zrobił dla wszystkich słodką herbatę.

Po lunchu grałam w piłkę nożną z siostrami i spacerowałam samotnie wśród ogromnych starych drzew. Uwielbiałam się między nimi bawić, przyciągała mnie energia niektórych drzew – nie wszystkich. To było cudowne, magiczne mrowienie, które przyciągało mnie do drzewa jak magnes. Bawiłam się z drzewami w pewną grę – biegałam między nimi, dopóki nie poczułam energii któregoś z nich, a wtedy uciekałam od niego. Mogłam się tak bawić godzinami. Tego popołudnia moje siostry podeszły do mnie i zapytały, co robię. Powiedziałam, że się bawię, nie wyjaśniając im, w co dokładnie, bo i tak by nie zrozumiały.

Późnym popołudniem byliśmy wyczerpani całym tym bieganiem i nie mogliśmy się doczekać, aż dotrzemy do domu i zjemy kolację. Jednak zanim jeszcze skręciliśmy w ulicę Old Kilmainham, gdzie stał nasz dom, wiedziałam, że coś jest nie tak. Dwa wielkie anioły szły w moim kierunku i od razu się domyśliłam, że stało się coś strasznego. Zbliżyły się i każdy z nich objął mnie ramieniem. Prowadząc mnie ulicą, powiedziały, że dach naszego domu się zawalił. Byłam wstrząśnięta.

Kiedy doszliśmy do naszego domu, jego widok mnie przeraził. Nie mogłam oderwać od niego oczu; wielka część dachu się zawaliła. Tata próbował otworzyć drzwi, ale mu się nie udało. W końcu sforsował je ramieniem i ze środka buchnęła chmura pyłu. Wewnątrz była tylko wielka sterta gruzu. Kiedy dach się zawalił, spadł również sufit. W oczach dziecka dom wyglądał na kompletnie zrujnowany. Pamiętam, że zastanawiałam się, gdzie będziemy teraz spali. Chodziliśmy po zwałach gruzu, a dla moich małych dziecięcych nóżek każdy kawałek betonu czy kamienia wydawał się ogromny. Wszędzie było pełno kurzu, a wszystkie meble, zabawki i cenne rzeczy mamy roztrzaskały się na drobne kawałeczki. Widziałam, jak mama płacze, zbierając rzeczy. Stałam zaszokowana, patrząc, jak rodzice próbują ratować, co się da. Pamiętam, że mama podniosła z ziemi mały brązowy dzbanuszek na mleko, z kremowym paskiem, i powiedziała: „To wszystko, co zachowało się w jednym kawałku".

Ten dzbanuszek to było wszystko, co zostało z jej ślubnych prezentów – miała tak niewiele, a teraz i to straciła. Pamiętam łzy w jej oczach. To sprawiło, że ja też się rozpłakałam, właściwie płakali wszyscy oprócz taty. Powiedział nam, żebyśmy się nie martwili, że on to naprawi. Rodzice posprzątali, co się dało, a tata podparł trochę dach, żebyśmy mogli tam spać tej nocy, chociaż było to niebezpieczne. Zasypiałam, myśląc o tym, że nasz dom się zawalił, i zastanawiałam się, co teraz z nami będzie. Dokąd pójdziemy?

Byliśmy bezdomni, a tata stracił swoje źródło utrzymania.

Rozdział III

Schody do nieba

Na szczęście przyszła nam z pomocą moja kuzynka Nettie. Mieszkała sama w dużym domu, mimo że była jeszcze prawie dzieckiem. Rok czy dwa lata wcześniej, w wieku szesnastu lat, odziedziczyła dom po śmierci obojga swoich rodziców. Nie wiem dokładnie, jaka była umowa i czy płaciliśmy czynsz, ale zamieszkaliśmy z nią w jej domu w Ballymun, w północnej części Dublina, daleko od Old Kilmainham.

Początkowo było mi smutno, że się przeprowadzamy, kochałam Old Kilmainham, ale kiedy zobaczyłam duży ogród i przestronne pokoje, ucieszyłam się. Przede wszystkim ten dom był solidny i wiedziałam, że na pewno się nie zawali. Na górze mieściły się trzy sypialnie oraz toaleta i łazienka – prawdziwy luksus. Na dole była piękna podłużna kuchnia z widokiem na ogród, pokój frontowy i sypialnia Nettie, kiedyś pewnie służąca jako jadalnia.

Wokół domu rozciągał się magiczny ogród; do tej pory żaden ogród nie wydawał mi się tak duży jak tamten. Czekało tu na nas wiele przygód. Był nawet stóg siana, gdzie podczas przyjęć urodzinowych ukrywano słodycze. Kiedy tata miał czas, uprawiał warzywa – mnóstwo warzyw, wszystkie, jakie tylko można sobie wyobrazić, włącznie z groszkiem, którym lubiliśmy strzelać. Założył także grządki truskawek.

W tym czasie w rodzinie było pięcioro dzieci. Mój brat Barry był jeszcze niemowlęciem, pomiędzy nim a mną urodziły się Helen i Aofie, i była oczywiście Emer, moja starsza siostra. Rzadko bawiłam się ze swoim rodzeństwem, zwykle tylko podczas przyjęć urodzinowych i podobnych okazji. Chyba miałam inne zainteresowania niż oni. Inaczej patrzyłam na świat.

Początkowo moje nowe życie było dosyć samotne, ale szybko nawiązałam nowe przyjaźnie. Poznałam Rosaleen, dziewczynkę, która mieszkała po drugiej stronie muru przebiegającego na tyłach ogrodów wszystkich domów przy naszej ulicy. Był to wspaniały wielki mur, ciągnący się na długości całej ulicy. Tata zrobił nam drabinę, byśmy mogli wdrapywać się na niego, nie niszcząc przy tym butów. Mur był solidny i szeroki, więc mogliśmy bezpiecznie po nim chodzić. Tak właśnie przemieszczaliśmy się z jednego domu do drugiego lub szliśmy na łąki przy końcu ulicy. Uwielbiałam ten mur i wszystko, co widziałam, stojąc na nim.

Rosaleen została moją najlepszą przyjaciółką. Mieszkała w dużym eleganckim domu po drugiej stronie muru, jakieś sześć domów od mojego. Przeważnie odwiedzałyśmy się, przechodząc po murze, zamiast pokonywać długą drogę naokoło. Ona również pochodziła z licznej rodziny, ale część jej rodzeństwa była już dorosła i wyprowadziła się z domu. Poznałam jej młodszą siostrę Caroline i jej brata Michaela, starszego od niej o osiem lat. Rosaleen była wysoka i szczupła, miała ciemne proste włosy. Lubiła się bawić i często się śmiała. Uwielbiałam spędzać czas z nią i jej rodziną i właściwie spędzałam z nimi więcej czasu niż z moją własną rodziną.

Ojciec Rosaleen, z pochodzenia chyba Niemiec, był postawnym, silnym mężczyzną o czarnych, lekko już siwiejących włosach. Często wyjeżdżał w interesach, ale kiedy zostawał w domu, był bardzo dobry dla mojej przyjaciółki i jej rodzeństwa – oraz dla mnie. W niedzielę kupował małą torebkę słodyczy dla każdego dziecka i czułam się bardzo dumna i szczęśliwa, że dla mnie również; nie zapominał o mnie przy żadnej okazji. Torebka zawierała tylko sześć czy osiem cukierków, ale były przepyszne i starałam się, żeby starczyły mi na jak najdłużej.

W domu Rosaleen był jeszcze jeden niedzielny rytuał, który uwielbiałam: jej mama czytała nam książkę. Szliśmy do jej sypialni i siadaliśmy na łóżku. Czasami byłam tylko ja, Rosaleen i Caroline, a czasami dołączał do nas Michael lub któraś z moich sióstr. Jej matka czytała tak cudownie, że wszyscy słuchaliśmy z zachwytem. Zwykle trwało to około godziny. Niektóre opowieści były bardzo długie i przeczytanie ich całych zabierało kilka tygodni. Do moich ulubionych książek należał *Tajemniczy ogród* Frances Hodgson Burnett.

W naszym ogrodzie stała duża drewniana huśtawka; tata ją zreperował, tak że można było bujać się naprawdę wysoko. Spędzałam na niej mnóstwo czasu, a gdy tam siedziałam, anioły udzielały mi prostych lekcji na temat życia. Często, kiedy moje ciało siedziało na huśtawce, ja tak naprawdę przebywałam w innym świecie. Anioły pokazywały mi wspaniałe i magiczne rzeczy.

Czasem kiedy siedziałam na huśtawce, któryś z aniołów mówił: „Lorno, wyciągnij rękę, chcemy ci coś pokazać". Potem wkładał mi coś małego do ręki, a gdy ten przedmiot dotknął moich palców, anioł cofał rękę i na mojej dłoni zaczynało się materializować światło. Niekiedy wyglądało jak gwiazdka albo stokrotka; potem zaczynało rosnąć, zupełnie jakby było żywe. Rosło i rosło, zaczynając świecić jasnym żółtym światłem. Światło odrywało się od mojej ręki i płynęło do góry, stawało się coraz jaśniejsze, aż częściowo przyćmiewało tarczę słoneczną, dzięki czemu mogłam patrzeć prosto w słońce bez mrużenia oczu. I wtedy widziałam jakby odbicie w lustrze – piękną ludzką twarz uśmiechającą się do mnie.

Za pierwszym razem kiedy to się stało, anioły powiedziały mi, że to twarz Królowej Aniołów. Używały słów, które ja, jako dziecko, mogłam zrozumieć. Przypomniały mi bajkę, którą znałam, i wytłumaczyły, że królowa jest jak matka, tak jak moja mama była królową naszej rodziny. Wyjaśniły, że ona jest królową aniołów, matką wszechświata, matką stworzenia i wszystkich aniołów. Nagle żółta kula, w której widziałam odbicie twarzy, eksplodowała, rozpadając się na miliony malutkich kawałków wyglądających jak złote promienie słońca.

Przez lata anioły regularnie dawały mi ten dar, nawet gdy byłam już dorosła, a szczególnie wtedy, kiedy potrzebowałam otuchy.

Przeprowadzka do Ballymun oznaczała również nową szkołę. Moje siostry i ja poszłyśmy do małej państwowej szkoły dla dziewcząt i chłopców, oddalonej o ponad pół godziny piechotą od naszego domu. Siostry zwykle jechały autobusem, ale ja wolałam iść pieszo. Musiałam szybko maszerować, żeby się nie spóźnić, lecz wracając, już się nie spieszyłam.

Na tej samej parceli znajdowała się z jednej strony szkoła, pośrodku kościół, a z drugiej strony dom parafialny. W szkole były tylko trzy klasy, a ponieważ nie wszyscy się w nich mieścili, dwie klasy miały lekcje w domu parafialnym. Przez pierwszy rok właśnie tam miałam zajęcia. W dwóch końcach budynku zorganizowano dwie

klasy, ale nie dzieliła ich żadna ściana. Moim nauczy-
cielem był pan Jones, który bardzo źle mnie traktował.
Szybko uznał, że jestem ograniczona umysłowo, i był zły,
że musi mieć w swojej klasie takie dziecko.

Pewnego ranka anioły powiedziały mi, że tego dnia
w szkole wydarzy się coś szczególnego, co mnie ucieszy.
Jak zwykle miały rację – do tej pory uśmiecham się, gdy
o tym myślę. Na lekcji irlandzkiego pan Jones zorganizo-
wał quiz i wyznaczył nagrodę – pół korony – dla dziecka,
które prawidłowo odpowie na pytanie, co po angielsku
oznacza irlandzkie słowo „crann". Pytał każde dziecko
po kolei, zaczynając od prawej strony – mnie posadził
samą, po lewej stronie. Nikt nie znał odpowiedzi, a mnie
jak zwykle pan Jones nie zapytał. A ja znałam odpowiedź. Byłam podekscytowana i cały czas wierciłam się
na krześle. Miałam ochotę wyskoczyć z ławki i wykrzy-
czeć mu to w twarz. Anioły starały się mnie uspokoić.

– Anioły, proszę, powiedzcie mu, żeby mnie zapytał –
zwróciłam się do nich, prawie płacząc.

– Nie martw się, Lorno – odrzekły – zapyta cię.

Pan Jones był zaskoczony, że nikt nie zna odpowiedzi, i powtarzał:

– Co z wami? Przecież to łatwe!

Śmieję się, kiedy przypominam sobie wyraz jego twarzy, jego oczy stawały się coraz większe, a twarz coraz
bardziej mu czerwieniała. Przepytał wszystkie dzieci
oprócz mnie i oznajmił:

– Wygląda na to, że nikt nie wygrał pół korony.

Hosus cały czas stał obok pana Jonesa, wskazując
na mnie, ale on go oczywiście nie widział. Miałam ochotę krzyknąć do Hosusa, żeby wziął nauczyciela za rękę
i przyprowadził do mnie. Klasa siedziała cicho, nikt się
nie odzywał. Pomimo zapewnień aniołów wyglądało na

to, że pan Jones nie ma zamiaru mnie pytać. Podszedł do swojego biurka. W klasie nadal panowała cisza.

I wtedy Hosus i anioł stróż pana Jonesa delikatnie wzięły go za ramię, obróciły i poprowadziły w moim kierunku, cały czas szepcząc mu do ucha.

– Wiem, że to nie ma sensu, ale i tak cię zapytam – odezwał się.

I wtedy, uszczęśliwiona, pewnym i mocnym głosem odpowiedziałam:

– To znaczy „drzewo".

Twarz mu się wydłużyła. To była dobra odpowiedź. Cała klasa śmiała się i klaskała, byli zachwyceni. Musiał mi dać te pół korony i zawsze będę pamiętać, jak mi je wręcza, a ja mu dziękuję.

Nigdy nie miałam tak dużej sumy tylko dla siebie – całe pół korony.

Większość dzieci spieszyła się po szkole do domu, ale ja wolałam iść powoli i spędzać czas samotnie, bawiąc się z aniołami. Powrót ze szkoły do domu zabierał mi czasami kilka godzin. Szłam wzdłuż skarpy biegnącej po jednej stronie ulicy i patrzyłam ponad żywopłotem na rozległe łąki i ziemie należące do właścicieli dużego domu, który tam stał. Czasami schodziłam ze skarpy i razem z aniołami śmiałam się i żartowałam. Pokazywały mi różne rzeczy. Kiedyś rozsunęły zarośla i zobaczyłam w ziemi dziurę, w której znajdowało się gniazdo os. Ponieważ to anioły odsłoniły gniazdo, w ogóle nie przeszkodziły osom, mogłam więc stać tam godzinami i bez lęku, iż zostanę pokąsana, obserwować owady. Pamiętam, że później wróciłam w to miejsce, by znowu popatrzeć na osy, i odkryłam, że dorośli znaleźli ich gniazdo i je wytruli. Bardzo mnie to zasmuciło.

Anioły często pokazywały mi również bydło pasące się na łąkach za skarpą. Uczyły mnie patrzeć na wszystko inaczej niż inni ludzie. Nie zerkałam przelotnie na krowy, ale dokładnie im się przyglądałam, by dostrzec każdą linię i każde wybrzuszenie. Anioły sprawiały, że każdy szczegół lśnił lub był bardziej widoczny, tak że łatwo mogłam wszystko dostrzec. Pozwalały mi też patrzeć w oczy zwierzęcia i nawet gdy znajdowało się w dużej odległości ode mnie, mogłam mu zajrzeć głęboko w oczy. Pozwolono mi zobaczyć rzeczy, których większość ludzi nigdy nie ujrzy. Widziałam światło i energię oraz wszystko, co działo się wokół zwierzaka i w jego wnętrzu. Czasem energia wyglądała jak kule światła tańczące wokół niego, a czasem migotała. Widziałam cielaki w brzuchach matek; niekiedy trudno mi było je zobaczyć, ale wówczas anioły mówiły, żebym przyjrzała się uważniej, i rzeczywiście je dostrzegałam. Mówiąc szczerze, cielaki często wyglądały jak jakaś poruszająca się breja – trochę jak dżem, który robiła moja mama.

Byłam tak pochłonięta rzeczami, które anioły pokazywały mi poza szkołą, że miałam mało czasu, by przejmować się tym, co działo się w klasie. Kiedy byłam dzieckiem i anioły wyjaśniały mi coś, myślałam, że wszystko doskonale rozumiem, ale w miarę jak dorastałam, zaczynałam pojmować głębszy sens tego, co mówiły.

Jedną z moich szkolnych koleżanek, której nigdy nie widywałam poza szkołą, była Marian. Kiedy opuszczaliśmy dom parafialny, by iść do budynku szkoły, ona zawsze szła obok mnie. Nawet kiedy nauczyciele ustawili ją w parze z kimś innym, ona zawsze znalazła sposób, żeby podejść do mnie, i ciągle zadawała mi pytania. Zastanawiała się, skąd tyle wiem, ale nie mogłam jej powiedzieć o moich anielskich nauczycielach. Pewnego

dnia, kiedy szłyśmy przez boisko do kościoła, Marian
poprosiła, żebym opowiedziała jej o Bogu. Oniemiałam
ze zdumienia. Patrzyłam na nią i nie miałam pojęcia, co
powiedzieć. W końcu, próbując się wykręcić, wydusi-
łam z siebie:

– O Bogu mówią nam nauczyciele i księża, dlaczego
więc mnie o to pytasz?

– Chcę to usłyszeć od ciebie – odrzekła z naciskiem.

Zaczęłam więc opowiadać jej o Bogu.

– Czy widzisz tego pięknego złoto-żółto-niebieskiego
ptaka? On jest jak Bóg. Przyjrzyj mu się i zobacz jego
piękno i doskonałość. Jesteś jak ten ptak, jesteś piękna, ponieważ jesteś podobna do Boga. Jeżeli ten ptak
spadnie i się zrani, nie poczuje całego bólu związanego
z upadkiem, bo dziewięćdziesiąt dziewięć procent weź-
mie na siebie Bóg. On czuje wszystko, co przydarza się
każdemu ptakowi, i tak samo jest z nami: kiedy dzieje
się coś, co nas rani, czujemy jedynie ułamek cierpienia.
Resztę odczuwa Bóg, uwalniając nas od bólu.

Wiem, że nie były to moje słowa, byłam za młoda,
żeby wymyślić coś tak mądrego – były to słowa dane mi
przez Boga albo przez anioły, by pomóc mi opowiedzieć
Marian o Bogu.

Bardzo lubiłam kościół stojący obok szkoły i czasem
spóźniałam się na lekcje, ponieważ przed pójściem do
klasy, wstępowałam do niego. W środku zawsze było pu-
sto. Uwielbiam kościoły – są pełne aniołów. Nawet jeżeli przebywa w nich tylko kilka osób, zawsze jest mnóstwo aniołów. Ludzie nie zdają sobie sprawy, ile ich
jest, a one modlą się do Boga i czekają na wiernych, by
do nich dołączyli, ale często nikt nie przychodzi. Podczas niedzielnej mszy kościół jest dosłownie zatłoczony
aniołami: każdemu człowiekowi towarzyszy anioł stróż,

do tego dochodzą anioły stojące wokół księdza i ołtarza i wiele innych, zesłanych przez Boga. Kościoły to miejsca o wielkiej mocy; czasami gdy zobaczę kogoś w kościele i widzę wszystkie anioły i światło wokół niego, modlę się: „Boże, pozwól tej osobie usłyszeć dzisiaj jej anioła i w jakiś sposób nawiązać z nim kontakt, a przez niego kontakt z Bogiem".

Anioły są nie tylko w kościołach chrześcijańskich, ale również w synagogach, meczetach i wszystkich innych świętych miejscach. Dla aniołów nie ma znaczenia, jaką religię wyznajesz – powiedziały mi, że wszystkie kościoły powinny znajdować się pod jednym dachem. Muzułmanie, żydzi, hinduiści, protestanci, katolicy i wyznawcy wszystkich innych religii powinni się zjednoczyć. Możemy wyglądać inaczej i wierzyć w co innego, ale wszyscy mamy dusze. Nie ma żadnej różnicy między duszą muzułmanina a duszą chrześcijanina. Gdybyśmy mogli zobaczyć swoje dusze, nie zabijalibyśmy się z powodu różnych interpretacji Boga.

Gdy pewnego razu spacerowałam z ciotką w pobliżu jej domu, przechodziłyśmy obok jakiegoś kościoła. Przy wejściu do niego stały dwa piękne anioły. Ciotka odwróciła się do mnie i powiedziała:

– Nie patrz na ten kościół.

Spojrzałam na nią zdumiona, a ona wyjaśniła:

– To jest kościół protestancki. Nigdy nie wolno ci przekroczyć progu żadnego kościoła protestanckiego!

Zerknęłam do tyłu i zobaczyłam ludzi wchodzących do tego kościoła; niczym się od nas nie różnili. Następnym razem kiedy tamtędy przechodziłam, uśmiechnęłam się do aniołów stojących przy drzwiach. Nie wolno było mi tam wejść, ale wiedziałam, że w środku jest pełno aniołów.

*

Nasza sąsiadka z domu obok, pani Murtagh, piękna i bardzo zgrabna kobieta, zawsze krzyczała na nas, kiedy chodziliśmy po murze. Czasami prosiła mnie, bym przez chwilę zaopiekowała się jej dziećmi. Pewnego razu – miałam wtedy jakieś osiem lat – poprosiła mnie, żebym przypilnowała jej dzieci, bo chciała iść do mojej mamy na herbatę. Gdy zmierzałam do jej domu, pojawił się przede mną anioł i powiedział:

– Kiedy tam wejdziesz, bądź bardzo ostrożna.

Przestraszyłam się, ale nie było rady – weszłam do jej kuchni. Pani Murtagh szykowała się do wyjścia, a na kuchence stał garnek, w którym coś się gotowało.

– Czy pani to zostawia na ogniu? – zapytałam.

– Tak, nic się nie stanie – odrzekła.

– Nie wyłącza pani tego? – zdziwiłam się.

Ale ona mnie nie słuchała, była typem kobiety, która bardzo się złościła, kiedy nie robiło się dokładnie tego, co chciała. W kuchni było dwoje dzieci – jedno, które dopiero zaczynało chodzić, i niemowlę w wielkim wózku. Gdy tylko wyszła, zaczęłam rozglądać się po kuchni. Tylne drzwi były zamknięte i nie było w nich klucza.

Nagle kuchenka wybuchła – nie wiem, co się stało, ale wszędzie pojawiły się dym i płomienie. Pamiętam, że złapałam starsze dziecko pod pachę, po czym chwyciłam wózek, starając się wymanewrować nim do holu. Jednak od drzwi do holu dzieliły mnie stół i płonąca kuchenka, tak że musiałam przejść obok niej, by się wydostać. Wózek był bardzo ciężki i trudno mi było go poruszyć. Wyniosłam więc starsze dziecko do ogrodu i krzyknęłam do przechodzącego sąsiada, że się pali.

Wbiegłam z powrotem do środka. Wszędzie było pełno czarnego dymu i bałam się, że niemowlę się udusi, zanim zdołamy je wydostać. Dzięki Bogu, zaalarmowany sąsiad pobiegł za mną i udało mu się wyjechać wózkiem z kuchni.

Dzieci były bezpieczne. Trzęsąc się i płacząc, popędziłam do swojego domu. Mama i pani Murtagh siedziały w kuchni, popijając herbatę – nic nie słyszały. Szlochając, powiedziałam im, że dom się pali, i obie pobiegły do ogrodu pani Murtagh. Pamiętam ją, obejmującą swoje dzieci, płaczącą i roztrzęsioną. Spojrzała na mnie i podziękowała mi. Cały parter domu był czarny od dymu, ale sąsiad zdołał jakoś ugasić ogień.

Lata pięćdziesiąte dwudziestego wieku były w Irlandii bardzo trudne; brakowało pracy i wiele osób musiało emigrować. Mojej rodzinie również było ciężko, ponieważ mama często chorowała i trafiała do w szpitala. Kiedy jej nie było, ogród zarastał. Tata nie miał dla niego czasu, pracując i opiekując się nami. Nawet z naszą pomocą miał mnóstwo roboty i bardzo mnie to przygnębiało. W drodze do szkoły rozmawiałam z aniołami o sytuacji w domu. Mówiły, żebym się nie martwiła, że stan zdrowia mamy się poprawi.

Tata budził nas wcześnie rano i szykował do szkoły; pomagaliśmy mu zrobić śniadanie i przygotować kanapki na lunch. Moja siostra i ja opiekowałyśmy się młodszym rodzeństwem, sprzątałyśmy dom i nakrywałyśmy stół do obiadu. Z pieniędzmi było krucho, a tata miał dodatkowe wydatki na autobus, którym jeździł do szpitala, więc kiedy mama chorowała, przeważnie nie jedliśmy obiadów, żywiliśmy się serem i krakersami.

W czasie gdy mieszkaliśmy w Ballymun, mama urodziła jeszcze dwoje dzieci – chłopców Cormaca i Dillona. Było nas teraz siedmioro – wszyscy poniżej dwunastu lat. Żyło nam się ciężko. W pewnym momencie tata pojechał do pracy do Anglii i nie było go przez kilka miesięcy. Znowu nie uprawialiśmy warzyw, a ogród zdziczał. Rozmawiałam z aniołami o tym, jak bardzo tęsknię za tatą i jak mi smutno, że musiał wyjechać.

Na zawsze zapamiętam dzień, kiedy tata niespodziewanie wrócił do domu. Anioły powiedziały mi, żebym wyjrzała przez okno, i zobaczyłam go idącego ulicą w płaszczu i kapeluszu, z walizką w ręku. Zauważyłam, jaki jest przystojny. Wydawało mi się, że jak wróci, będzie wyglądał staro, znacznie starzej niż kiedy wyjeżdżał, a tymczasem wyglądał bardzo młodo – w końcu miał niewiele ponad trzydzieści lat.

Byłam taka szczęśliwa! Zbiegłam pędem po schodach i powiedziałam mamie, że idzie tata. Schowałam się za nią, kiedy poszła otworzyć mu drzwi. Tego dnia wszyscy byliśmy bardzo szczęśliwi.

Tata musiał jak najszybciej znaleźć pracę, ale zajął się też ogrodem i wszyscy mu pomagaliśmy. Uwielbiałam tę robotę przy uprawie warzyw; wyrywając chwasty, prosiłam anioły, by pomogły warzywom rosnąć. Pragnęłam być bardziej przydatna, ale kiedy się jest takim małym, niewiele można zdziałać. Często chowałam się w ogrodowej szopie, żeby nikt mnie nie widział, i płakałam z bezsilności, że nie mogę zrobić nic więcej.

Dużo czasu spędzałam na zabawie z dziećmi z dużej rodziny, takiej jak nasza, która mieszkała w zaułku po przeciwnej stronie ulicy, i bardzo zaprzyjaźniłam się z Alice, dziewczynką mniej więcej w moim wieku. Ich ojciec często wyjeżdżał do pracy do Anglii, a matka ciężko pracowała w domu i w ogrodzie. Tata Alice przyjeżdżał co kilka miesięcy, ale pewnego dnia anioły powiedziały mi, że jego następna wizyta będzie ostatnia, ponieważ on pójdzie do nieba.

Ogromnie mnie to zasmuciło. Nie chciałam już chodzić do domu przyjaciółki i bawić się z nią w ogrodzie. Oddaliłam się od nich, ale zrobiłam to tak, żeby nikt nie zauważył, zwłaszcza Alice. W końcu anioły oznajmiły: „Za kilka dni powiemy ci, żebyś poszła do domu Alice, i będziesz musiała tam wrócić".

Trzy dni później kazały mi tam iść. Wzięłam głęboki oddech i ruszyłam prosto do bocznej furtki posesji sąsiadów, przeszłam na tył domu i zapukałam do drzwi kuchennych. Otworzyła mi mama Alice. Spojrzałam w głąb kuchni i wydała mi się ciemniejsza niż zazwyczaj. Moja przyjaciółka siedziała tam z jednym ze swoich braci, a kiedy mnie zobaczyła, uśmiechnęła się szeroko. Stanęłam tuż przy drzwiach, nie chciałam iść dalej. Podekscytowana Alice powiedziała mi z radością, że jej tata wraca na stałe do domu, bo udało mu się znaleźć pracę w Irlandii.

Byłam zmieszana, cieszyłam się z jej szczęścia, ale moje serce płakało. Wiedziałam, że rodzice Alice od dłuższego czasu mieli nadzieję, że jej tata dostanie pracę w Irlandii i wróci do domu. Teraz, kiedy w końcu ją znalazł, nie będzie mu dane żyć i się nią cieszyć. Poprosiłam Alice, żebyśmy poszły pobawić się u mnie, bo nie chciałam zostawać u niej.

Później tego samego dnia poszłam do kościoła i siedząc przed ołtarzem, prosiłam Boga, by znalazł jakiś sposób, żeby ojciec Alice mógł tu pozostać.

W dniu powrotu taty Alice w jej domu panowało wielkie poruszenie, a ja cieszyłam się razem z nimi. Jednak kiedy kilka dni później siedziałam na huśtawce w ogrodzie mojej przyjaciółki, podczas gdy inne dzieci bawiły się przed domem, niebo nagle się zmieniło a anioł powiedział: „Odwróć się i otwórz oczy".

Kiedy się odwróciłam i spojrzałam na dom, zobaczyłam bardzo jasny promień światła zstępujący z nieba, promień pełny aniołów. Nazwałam to piękne światło schodami do nieba. Ten wspaniały widok oraz cudowna muzyka i śpiewy, jakie słyszałam, zaparły mi dech w piersiach. Chciałam iść w tamtym kierunku, ale zostałam na huśtawce, powoli kołysząc się w przód i w tył.

Światło otoczyło dach i wydawało się zalewać dom. Potem ściany domu zniknęły i ujrzałam tatę Alice leżącego w łóżku. Żona próbowała go obudzić. Jego ciało leżało tam, ale duch był gdzie indziej, stał w nogach łóżka, z dwoma innymi duchami. Wydawało się, że on zna te duchy; ja ich nie rozpoznałam, ale były do niego podobne, więc zapewne to członkowie rodziny przybyli, by pomóc mu w tej podróży. Było tam również wiele aniołów. Ojciec Alice poszedł w górę, do światła, wraz z duchami i aniołami, które delikatnie go podtrzymywały. Widziałam, jak wznosili się w tym cudownym promieniu światła, przy akompaniamencie pięknej muzyki. Tata Alice zwolnił na chwilę i spojrzał w dół.

Czas się dla mnie zatrzymał. Nagle znowu ujrzałam dom, a schody do nieba zniknęły. Matka Alice stała w drzwiach i wołała dzieci. Wszystkie bawiły się w ogrodzie przed domem, a ja samotnie siedziałam z tyłu. Patrzyła przeze mnie, jak gdyby mnie nie widziała. Potem przeszła przez boczną furtkę do frontowego ogrodu. Siedziałam tam, znając złą wiadomość, która czekała Alice i jej rodzeństwo. Czułam się taka samotna i smutna. Zapytałam anioły, czy on będzie mógł wrócić, by ich pocieszyć, a w szczególności Alice, która tak go kochała i tak za nim tęskniła.

Anioły odpowiedziały: „Tak, niedługo wróci i pobędzie z nimi jakiś czas". To sprawiło, że poczułam się trochę lepiej. Wzięłam głęboki oddech, zsunęłam się z huśtawki i rzekłam do aniołów: „Chyba pójdę do domu".

Odchodząc, słyszałam płacz dobiegający z wnętrza domu Alice. Ruszyłam do swojego domu, ale nikogo tam nie zastałam – moja mama poszła pocieszyć mamę Alice.

To był jeden z najsmutniejszych dni w moim krótkim życiu: zawsze myślałam, że rodzice będą żyli wiecznie.

Rozdział IV

Dlaczego się przede mną chowasz?

Pewnego dnia tata przyprowadził do domu lśniący czerwony samochód. Wydawał mi się ogromny, chyba dlatego, że ja byłam taka mała. Pożyczył go od przyjaciela, ponieważ mieliśmy jechać na wakacje – pierwsze w moim życiu! Samochód został załadowany naszymi bagażami i wsiadła do niego cała rodzina – mama, tata i siódemka dzieciaków. Jechaliśmy do mojej babci, która mieszkała na wsi, w oddalonym o dwieście kilometrów Mountshannon, w hrabstwie Clare. Podróż trwała cały dzień, ale ja cieszyłam się każdą jej chwilą – uwielbiałam wyglądać przez okno. Tata często się zatrzymywał i wszyscy wysiadaliśmy, by rozprostować nogi, a jeśli mieliśmy szczęście, dostawaliśmy lody.

Wtedy po raz pierwszy zobaczyłam rodziców taty. Mieszkali w schronisku młodzieżowym, gdzie babcia pracowała jako dozorczyni. Pamiętam, jak się tam zjawiliśmy. Tata wjechał przez wielką, okazałą bramę na dziedziniec, potem minął starą arkadę, a następnie jeszcze jedną, mniejszą, i znaleźliśmy się na drugim dziedzińcu. Tam naszym oczom ukazał się ogromny stary dom otoczony kamiennymi zabudowaniami, które same wyglądały jak domy – później babcia wyjaśniła mi, że kiedyś, dawno temu, były to stajnie i powozownie.

Tata zatrzymał samochód i wszyscy wysiedliśmy. W zachwycie przyglądałam się domowi. Weszliśmy do środka i zostałam przedstawiona babci i dziadkowi. Mój dziadek miał drewnianą nogę. Zawsze mówiono mi, że stracił ją, kiedy jako młody człowiek walczył za wolność Irlandii. Rodzice taty byli biedni, ale dziadek miał wspaniały staroświecki samochód zaprojektowany tak, żeby mógł go prowadzić mimo swojej drewnianej nogi. Pierwszego wieczoru pokazał mi pisklę jaskółki, które wypadło z gniazda. Umieścił je w pudełku po butach i karmił za pomocą zakraplacza. Znalazł również ptasie jaja i trzymał je w cieple, w nadziei, że wyklują się z nich pisklęta. Był bardzo słaby i przygarbiony, tego wieczoru zauważyłam, że również otaczające go światło jest słabe, o wiele słabsze niż wokół innych ludzi: było bardzo przytłumione, prawie niewidoczne, ale wtedy nie zastanawiałam się nad tym.

Babcia – niska, z krótkimi, siwymi włosami – wyglądała ładnie i elegancko. Bardzo ciężko pracowała, żeby w schronisku było zawsze czysto. Świetnie też gotowała i godzinami siedziała w kuchni, gdzie piekła razowy chleb, tarty z jabłkami i inne pyszności. Właściwie dziadek z babcią spędzali większość czasu w kuchni, gdzie zawsze smakowicie pachniało, a ja uwielbiałam siedzieć z nimi przy stole, pijąc herbatę i zajadając gorący jeszcze razowiec.

Ten wielki dom był cudowny. Za kuchnią ciągnął się długi korytarz, w którym stało mnóstwo donic z kwiatami. W lecie zawsze było tam pełno pięknych kolorowych kwiatów. Na końcu korytarza znajdowało się wejście do uwielbianej przeze mnie szklarni, w której było jeszcze więcej kwiatów. Spędzałam tam wiele czasu, rozmawiając z aniołami.

Ogród również był wspaniały. Na podwórku mieściły się stajnie, gdzie wiły sobie gniazda jaskółki. Minąwszy podwórko, dochodziło się do małej furtki, którą zamiast otwierać, zawsze pokonywałam górą. Prowadziła do ogrodu z dużymi drzewami i pięknie pachnącymi kwiatami. Mieszkały w nim króliki i ptaki, a czasami, kiedy usiadłam pod drzewem o niskich gałęziach, mogłam zajrzeć do gniazda kosów i zobaczyć pisklęta. Za ogrodem rozciągały się pola i wiejski krajobraz. Bardzo lubiłam ten ogród i czułam się tam bezpiecznie.

Od pierwszego dnia pobytu w Mountshannon chodziłam na długie samotne spacery. Wymykałam się z domu, a nikt tego nie zauważał i nie interesował się, co robię. Bardzo dobrze umiałam nie rzucać się w oczy. W większości przypadków dorośli zachowywali się tak, jakbym nie istniała. Czasami czułam, że może byliby szczęśliwsi, gdyby mnie nie było – nie wiem, czy to dlatego, że odczuwałam ich myśli, czy z powodu wszystkiego, co przez lata słyszałam na swój temat. Kiedyś, jako małe dziecko, usłyszałam, jak sąsiadka powiedziała do mojej mamy, że mam szczęście, że mnie nie zamknęła i nie wyrzuciła klucza. Moja mama nie odezwała się na to słowem, nie stanęła w mojej obronie.

Kilometrami wędrowałam przez bagna, lasy i łąki, wzdłuż brzegów rzeki Shannon, ale nigdy nie czułam się samotna. Zawsze były ze mną anioły. Rozmawiałam z nimi i razem patrzyliśmy na ptaki i zwierzęta. Czasami anioły mówiły: „Teraz zachowuj się bardzo cicho i idź ostrożnie". Wtedy wiedziałam, że zaraz ujrzę coś ciekawego. Pamiętam, jaka byłam zachwycona, kiedy zobaczyłam bawiącą się rodzinę królików. Nie uciekły przede mną, więc usiadłam bardzo blisko i długo je obserwowałam.

Przemierzałam wiele kilometrów, ale nigdy się nie zgubiłam i nic złego mi się nie przytrafiło. Kiedy teraz myślę o tym, co robiłam, pokonując rzeki, bagna i łąki pełne bydła, zastanawiam się, jak to się stało, że nie miałam żadnego wypadku. Odpowiedź jest prosta: Bóg i anioły czuwali nade mną. Anioły rozśmieszały mnie i doprowadzały do płaczu, były najlepszymi przyjaciółmi, jakich można sobie wymarzyć. Anioły są dla mnie wszystkim.

Pewnego dnia wymknęłam się przez małą furtkę, kiedy nagle pojawił się przede mną jeden z aniołów i powiedział:

– Chodź, Lorno, pragniemy ci coś pokazać, na pewno chciałabyś to zobaczyć.

Kiedy szliśmy przez pole, odwróciłam się do nich i zawołałam:

– Ścigamy się!

Zaczęliśmy biec bardzo szybko i nagle się przewróciłam. Skaleczyłam się w kolano i wybuchnęłam płaczem.

– To tylko małe zadrapanie, nie boli tak bardzo – uspokajały mnie anioły.

– Dla was to małe zadrapanie, a dla mnie duże, nawet nie wiecie, jak to szczypie! – odrzekłam.

Anioły zaczęły się śmiać.

– Wstań i pozwól sobie coś pokazać – powiedziały.

Podniosłam się więc i szybko zapomniałam o bolącym kolanie. Szliśmy przez łąki do leżącego za nimi lasu. Anioły kazały mi nasłuchiwać, nadstawiłam więc uszu i usłyszałam dobiegające z oddali głosy wielu zwierząt.

– Czego mam słuchać? – zapytałam.

– Wybierz sobie jedno zwierzę i postaraj się oddzielić jego głos od pozostałych, tak żeby tylko on do ciebie docierał. Dzięki temu ćwiczeniu łatwiej ci będzie nas usłyszeć, kiedy podrośniesz – wyjaśniły anioły.

Idąc przez las, starałam się chwytać każdy dźwięk oddzielnie, słuchałam, jak z każdym krokiem ściółka chrzęści pod moimi stopami. Już wkrótce potrafiłam rozróżniać głosy ptaków: śpiew wróbla, strzyżyka, zięby, kosa i wielu innych. Wiedziałam dokładnie, jaki to ptak i gdzie się znajduje, i tak samo było z innymi zwierzętami. Kiedy uczyły mnie anioły, nauka przychodziła mi szybko i łatwo.

W pewnym momencie zatrzymałam się.

– Słyszę jakiś krzyk. To jest ten dźwięk, który miałam usłyszeć, prawda? – spytałam.

Szłam dalej przez las, a drzewa wydawały się coraz wyższe i robiło się coraz ciemniej.

– Tak tutaj ciemno, czy możecie mi oświetlić drogę? – zwróciłam się do aniołów.

– Nie bój się – odpowiedziały. – Podążaj za tym dźwiękiem, który słyszysz.

Wreszcie doszłam na skraj polany. Przystanęłam i zaczęłam nasłuchiwać. Znowu dobiegł mnie krzyk i wiedziałam, że jestem bardzo blisko. Dochodził z prawej strony; ruszyłam w tamtym kierunku, przedzierając się między ciernistymi krzakami. Ręce i nogi miałam podrapane. Teraz krzyk ucichł, więc trudno było mi odnaleźć jego źródło. Światło miałam za plecami, a w krzakach było bardzo ciemno.

– Nic nie widzę – powiedziałam do aniołów.

Wtedy pod drzewem pojawiło się światło.

– Spójrz na światło – rzekł jeden z aniołów. – Tam pod drzewem, obok tego małego kolczastego krzaczka, znajdziesz to, czego szukasz.

Podeszłam tam i znalazłam ptaka. Nie był to zwykły ptak, ale drapieżnik, krogulec, jak się później dowiedziałam. Był strasznie wychudzony i wyglądał okropnie, ale ja uważałam, że jest piękny. Podniosłam go i spojrzałam na wysokie drzewo, z którego najwyraźniej spadł – za nic nie dałabym rady wspiąć się i włożyć go z powrotem do gniazda. Kiedy poruszył się w moich dłoniach, zauważyłam, że jest ranny. Miał zdeformowane i powykręcane nóżki oraz skaleczenie na szyi, prawdopodobnie od upadku. Anioły wyjaśniły mi, że rodzice go nie chcieli i wyrzucili go z gniazda.

– To prezent dla ciebie od Boga – powiedziały. – Zaopiekujesz się nim podczas tych i następnych wakacji, ale nie będziesz mogła zabrać go potem do domu.

Czasami anioły mówiły rzeczy, których nie rozumiałam, ale przyjmowałam je po prostu za prawdę. Wzięłam pisklę i wróciłam do domu. Tam znalazłam stary kapelusz i pudełko i zrobiłam w nim mieszkanko dla ptaka. Powoli nabierał sił, ale wciąż nie mógł normalnie chodzić, więc wszędzie go nosiłam. Ponieważ trudno mu było lądować na zdeformowanych nogach, nie umiał też dobrze latać. Tata i ja nauczyliśmy go rozpościerać skrzydła i lecieć mały kawałek, kiedy przerzucaliśmy go między sobą.

Również karmienie go było problemem, ponieważ potrzebował krwistego, surowego mięsa, a ja nie miałam zamiaru polować, by go nakarmić. Wiedziałam, że mięso musi być zawsze świeże, a on zjadał tylko mały kawałeczek na raz. Rodzice nie mogli mi dać nawet pół pensa na mięso dla ptaka, powiedziałam więc do aniołów: „Dostałam od was naprawdę trudne zadanie".

Pewnego razu udałam się z rodziną do oddalonego o kilka kilometrów Killaloe. Trzymając krogulca, weszłam do rzeźnika i powiedziałam, że potrzebuję dla niego surowego mięsa, ale nie mam pieniędzy. Nie lubiłam żebrać, jednak rzeźnik był bardzo miły i odrzekł, że zawsze mogę przychodzić do niego i że będzie dawał mi mięso. Wydaje się to proste, ale wcale takie nie było. Rodzice nie mieli pieniędzy na benzynę, by jeździć w tę i powrotem między Mountshannon a Killaloe. Do tej pory nie rozumiem, dlaczego rodzice nie chcieli pomóc mi w karmieniu ptaka, i ciągle usiłuję to pojąć. Obcy ludzie mi pomagali, a na własnych rodziców nie mogłam liczyć. Kiedy moja mama gotowała obiad, prosiłam, by dała mi choć troszeczkę mięsa – tyle ile mieści się na łyżeczce do herbaty, ale ona tylko mruczała coś pod nosem. Chciałam zrezygnować ze swoich porcji i przeznaczać je dla ptaka, ale ona się nie zgodziła. Znalazłam się więc w sytuacji, kiedy musiałam żebrać. Zawsze czułam, że gdyby to któreś z mojego rodzeństwa miało ptaka, dostałoby dla niego jedzenie. Mimo tych trudności jakoś udawało mi się go karmić i ptak stawał się coraz silniejszy.

Pewnego dnia, kiedy było mi bardzo smutno, Hosus powiedział:

– Wiem, że jesteś mała i czasem ci ciężko, ale pamiętaj, że Bóg stworzył cię inną i twoje życie zawsze będzie tak wyglądało. Masz specjalne zadanie do wykonania.

– Ale ja nie chcę – odparłam. – Dlaczego Bóg nie wybierze kogoś innego?

Hosus roześmiał się i odrzekł:

– Kiedyś sama odkryjesz dlaczego.

– Boję się – wyznałam – i chce mi się płakać.

– Będziesz musiała płakać, bo dusze potrzebują twoich łez, by się wyzwolić – odpowiedział Hosus.

Wtedy nie zrozumiałam, co to znaczy.

Moja babcia, podobnie jak wiele innych osób, uważała, że jestem opóźniona w rozwoju, i rzadko się do mnie odzywała. Jednak pewnego dnia opowiedziała mi dużo o sobie i o naszej rodzinie. Poprosiła mnie, bym pomogła jej posprzątać i odkurzyć sypialnię, co dotąd nigdy się nie zdarzało. Wcześniej byłam w jej sypialni tylko raz czy dwa razy, ale nie wolno mi było niczego dotykać. A teraz prosiła mnie o pomoc w odkurzaniu!

Dała mi szmatkę i kazała wytrzeć stół, podczas gdy ona sprzątała szafkę, delikatnie podnosząc cenne przedmioty i je odkurzając. Patrzyłam, jak bierze fotografię w dużej owalnej ramce, i wyczułam w niej głęboki smutek. Musiała poczuć, że się jej przyglądam, bo odwróciła się, podeszła do mnie i trzymając w ręku zdjęcie, usiadła na wielkim łóżku. Poklepała miejsce obok siebie, więc wdrapałam się na łóżko i usiadłam obok niej, machając nogami. Pokazała mi piękne stare zdjęcie, które przedstawiało dziewczynkę mniej więcej w moim wieku, w złachmanionej sukience, z bosymi stopami i potarganymi włosami. Obok niej kucał chłopiec bawiący się patykiem w błocie i kałużach.

– To są moje małe dzieci, które Bóg zabrał i które teraz są z Nim w niebie. – Jej oczy wypełniły się łzami

– Zobaczysz je znowu, wiesz o tym, prawda, babciu?

– Tak, Lorno, wiem i mam nadzieję, że już niedługo je zobaczę.

Zapytałam, co się z nimi stało. Opowiedziała mi, że byli bardzo biedni i jej mały synek, Tommy, zachorował prawdopodobnie dlatego, że nie dostawał wystarczającej ilości odpowiedniego pożywienia. Czułam jej wielki, przytłaczający smutek, kiedy to mówiła. Jej córeczka, Marie, miała narośl w gardle. Dziadek wiózł ją na rowerze przez wiele kilometrów, z Wicklow, gdzie mieszkali, do szpitala w Dublinie. Jego ogromny wysiłek na nic się jednak nie zdał i Marie zmarła, zanim lekarze zdążyli ją zoperować. Babcia wyznała, że zawsze kiedy patrzy na tatę, przystojnego szatyna, zastanawia się, jak wyglądałby Tommy, gdyby dorósł, a kiedy patrzy na mnie i moje siostry, zastanawia się, jak wyglądałaby Marie.

– Wiem, że pewnego dnia znowu je przytulę, i nie mogę się tego doczekać – powiedziała.

Czułam, jak bardzo cierpi z powodu tego, co stało się z jej dziećmi.

A potem, ni stąd, ni zowąd, dodała:

– Wiesz, Lorno, nie musisz się bać duchów, one nie mogą ci zrobić krzywdy. A kiedy się boisz, wystarczy zmówić małą modlitwę. Powiedz tylko: „Jezusie i Mario, kocham was. Ocalcie te dusze". – Uśmiechnęła się do mnie i nigdy więcej nie wróciła już do tego tematu.

Miałam wielką ochotę wyznać jej, co widzę; podzielić się z nią swoją radością i cierpieniem i zapytać ją, co ona widzi, ale anioły powiedziały, że nie wolno mi tego zrobić. Zawsze miałam wrażenie, że babcia wie, że ja widzę więcej niż inni ludzie, ale nigdy już nic o tym nie wspomniała. Wstała z łóżka i ponownie zabrała się do odkurzania. Kiedy skończyła, wyszła z pokoju, a ja podążyłam za nią, zamykając drzwi.

Babcia wróciła do kuchni, a ja poszłam do łazienki, by się pomodlić. „Dziękuję Ci, Boże, i wam, aniołowie. Proszę, pomóżcie mojej babci; ona jest smutna i bardzo cierpi" – wyszeptałam.

Tego lata miałam okazję dowiedzieć się czegoś więcej o tym, co się stało z Marie. Było słoneczne letnie popołudnie. Dziadek pucował w stajni swój samochód. Zajrzałam do niego, a on posłał mnie po filiżankę herbaty. Kiedy wróciłam, poprosił, żebym posiedziała z nim na dziedzińcu. Siedzieliśmy tam i obserwowaliśmy jaskółki uwijające się wokół swoich gniazd i karmiące pisklęta.

Było to dla mnie niezwykłe tak siedzieć obok niego. Wcześniej rozmawiałam z nim tylko raz, gdy pierwszego dnia karmiliśmy razem młode jaskółki. Teraz było inaczej. Zapytałam anioły, co się dzieje, a one odrzekły: „Po prostu słuchaj, on chce ci opowiedzieć o Marie i o tym, jak wiózł ją do szpitala".

Dziadek opisał mi tamten dzień.

– Był chłodny, ale słoneczny dzień; babcia przygotowała Marie do podróży. Mała źle się czuła i wiedzieliśmy, że musi jak najszybciej znaleźć się w szpitalu. Byłem roztrzęsiony, kiedy brałem rower, bo wiedziałem, że on nie wytrzyma tak długiej trasy. Szpital był oddalony o ponad trzydzieści kilometrów, ale nie miałem innego sposobu, by się tam dostać. Nie było też w okolicy nikogo, kto mógłby nam pomóc, nikt nie miał konia i wozu, nikt też nie mógł ze mną jechać. – Uśmiechnął się i dodał: – Lorno, jesteś pierwszą osobą, której o tym mówię.

Potem kontynuował swoją opowieść.

– Przymocowałem do bagażnika roweru torbę z kanapkami i jabłkami oraz kanister z wodą. Bałem się, że Marie umrze podczas tej podróży. Objąłem twoją babcię, która płakała, ponieważ nie mogła ze mną jechać; musiała zająć się twoim ojcem i wujkiem, którzy byli wtedy bardzo mali. Wziąłem Marie z jej ramion i zaniosłem do roweru. Umieściłem ją na ramie, tuż przy sobie, i ruszyłem. Nie mogłem się nawet odwrócić, by pożegnać babcię. To było dla mnie bardzo trudne – trzymać Marie w ramionach i pedałować moją drewnianą nogą; jechałem bardziej jak na hulajnodze. Po drodze często się zatrzymywałem, by zwilżyć Marie usta wodą. Nie wolno jej było jeść ani pić, żeby guz w gardle się nie przemieścił, bo mogłoby to spowodować uduszenie. Po kilku godzinach jazdy, mniej więcej w porze lunchu, poczułem głód, stanąłem więc, by coś zjeść i napić się wody. Potem przejechałem jeszcze kawałek, ale musiałem trafić na coś ostrego, bo okazało się, że dętka jest przebita. To był koniec roweru. Zostawiłem go i resztę drogi przebyłem pieszo, niosąc Marie na rękach. Trzymałem ją tak blisko, że czułem bicie jej serca i płytki oddech. Kiedy w końcu dotarłem do szpitala, było już ciemno, ale widać ktoś mnie zauważył. Kiedy wyczerpany wszedłem na schody prowadzące do szpitala, naprzeciw wyszła mi pielęgniarka i wzięła ode mnie Marie. Nie chciałem wypuścić jej z objęć. Usiadłem na korytarzu i czekałem, aż w końcu pojawił się doktor i powiedział, że zoperują ją następnego dnia z samego rana. – Dziadek spojrzał na mnie ze łzami w oczach. – Było już za późno!

Kiedy wieźli ją na salę operacyjną, guz w jej gardle przesunął się, blokując tchawicę, i Marie się udusiła.

– Po stracie Marie i Tommy'ego zrobiłem się bardzo zgorzkniały i przestałem wierzyć w Boga – dodał dziadek. – Babcia miała ze mną ciężkie życie.

Patrzyłam na łzy spływające mu po policzkach. Zobaczyłam Tommy'ego i Marie, którzy stali przed nim i wyciągali ręce, dotykając jego łez. Powiedziałam mu, co widzę.

– Nie płacz dziadku, Marie i Tommy są teraz przy tobie.

Przytulił mnie i zdławionym głosem wykrztusił:

– Lepiej nie mów nikomu, że twój dziadek płakał.

– Nie martw się. – Uśmiechnęłam się do niego.

– To tajemnica – usłyszałam szept aniołów.

Obiecałam więc dziadkowi, że nigdy nikomu o tym nie powiem. I nie powiedziałam, aż do teraz.

Podczas naszej rozmowy światło wokół dziadka zrobiło się jaśniejsze, takie jak wokół innych ludzi. Zdałam sobie wtedy sprawę, że gniew i cierpienie z powodu śmierci dzieci sprawiły, że stał się zgorzkniały, i stłumiły w nim radość życia. Dziadek podniósł się i poszedł do stajni, by dalej pracować przy samochodzie. Zachowywał się tak, jakby nasza rozmowa nigdy nie miała miejsca. Wrócił do swojego zwykłego stanu; światło wokół niego ponownie przygasło i nigdy więcej nie było już takie jasne.

Byłam za mała, by opowiadać mi tę historię, ale wiedziałam, że pracuję dla aniołów i pomagam im pomóc dziadkowi.

Bardzo podobało mi się lato w Mountshannon i miałam nadzieję, że spędzimy tam również następne wakacje. Rok szybko minął i kiedy dni znowu stały się dłuższe, nie mogłam się już doczekać wyjazdu.

Podczas drugiego pobytu nie mieszkaliśmy jednak w domu babci. Minęliśmy go, przejeżdżając przez wioskę Mountshannon i zatrzymując się na jej obrzeżach, przed dużym domem ze zdziczałym ogrodem. Dom był prawie zupełnie pusty. Stał tam chyba stół, kilka krzeseł i kuchenka, ale brakowało łóżek i innych mebli. Dla nas nie miało to jednak znaczenia; uważaliśmy, że to wspaniała przygoda, i spaliśmy w śpiworach na podłodze.

Tego lata gdy mieszkaliśmy w starym pustym domu, pewna urocza starsza kobieta o imieniu Sally podarowała mojemu tacie kawałek ziemi niedaleko Mountshannon. Teren ten znajdował się wysoko w górach i trudno było się tam wspiąć, ale i tak bardzo mi się podobał. Leżał obok małej chaty, w której mieszkała Sally. Chata miała tradycyjne drzwi, których górna połowa zawsze była otwarta. Kobieta, słysząc, że nadchodzimy, stawała z uśmiechem w drzwiach, czasami trzymając na rękach kota. Była bardzo serdeczna i gościnna; częstowała nas herbatą i ciasteczkami lub tartą jabłkową. Uwielbiałam siedzieć z nią przy stole, popijać herbatę i słuchać opowieści o tym, jak dorastała w hrabstwie Clare. Lubiła towarzystwo i kiedy po kilku godzinach wychodziłam od niej, zapraszała mnie na następny dzień i zachęcała, żebym przyprowadziła ze sobą rodziców.

Sally czuła się bardzo samotna, mieszkając sama wysoko w górach. Dała mojemu tacie kawałek ziemi, bo liczyła na to, że tata zbuduje tam mały domek i ona będzie miała towarzystwo. Mawiała, że może w przyszłości przyjadę tu i zamieszkam ze swoimi dziećmi. W wieku ośmiu lat nie myślałam jeszcze o dzieciach, więc chichotałam, gdy wspominała o tym.

Miała dużo kotów i zawsze wokół plątały się kocięta; mówiła, że dotrzymują jej towarzystwa. Mimo że w chacie mieszkało tyle kotów, panował tam nienaganny porządek. Mały domek zapchany był meblami, ale nigdy nie widziałam tam kurzu czy porozrzucanych rzeczy i zawsze pachniało czystością.

Bardzo lubiłam Sally i letnie wizyty w jej chatce, górę, na której stała, oraz noce spędzane w namiocie i siedzenie przy ognisku, przy akompaniamencie pohukujących sów. Oczywiście mojemu ptakowi również bardzo podobały się noce w górach. Stawał się coraz większy i silniejszy, ale o dziwo, nigdy nawet nie drasnął mnie swoim wielkim ciemnym dziobem czy długimi pazurami. Pewnego popołudnia, jak to często robiłam, zabrałam go na spacer. Przeszłam około dwóch kilometrów do domu babci i pokazałam mu okoliczne ogrody.

Podczas spaceru pojawił się obok mnie anioł Michał i towarzyszył nam w przechadzce po ogrodach. Przeszliśmy niezauważeni przez kuchnię i jadalnię babci (czasami anioły sprawiają, że ludzie mnie nie widzą) do szerokiego, jasnego korytarza z wielkimi oknami i pięknymi kwiatami.

– Twój ptak jest już taki duży i silny. Nie nadałaś mu imienia? – zapytał Michał.

– Nie, nie nazwałam go. Mój ptak to po prostu Miłość – odrzekłam.

Michał spojrzał na mnie i powiedział:

– Pewnego dnia zrozumiesz, dlaczego nazywasz go „Miłość".

Popatrzyłam na Michała. Miał tak jasne oczy, że odnosiło się wrażenie, jakby można było zajrzeć w nie bardzo głęboko; jakby szło się bardzo długą drogą; jakby przekraczało się czas.

Wszędzie brałam ze sobą swojego krogulca. Ani na chwilę o nim nie zapominałam. Ostatniego dnia wakacji wybrałam się z tatą w góry. Rozbiliśmy namiot i rozpaliliśmy ognisko, chociaż był piękny, słoneczny dzień. Patrzyłam na ptaka ze smutkiem. Kiedy go znalazłam, anioły uprzedziły mnie, że nie wróci ze mną z wakacji do domu.

Stałam za namiotem, trzymając krogulca i łagodnie do niego przemawiając.

– Jak ja mam bez ciebie żyć? Będę za tobą ogromnie tęskniła.

– Lorno, ten ptak powinien więcej ćwiczyć skrzydła – zawołał do mnie tata.

Ze smutkiem podniosłam wysoko krogulca. Był taki wesoły, machnął skrzydłami i głośno zaskrzeczał. Tata krzyknął, a ja wyrzuciłam ptaka w powietrze. Tata go złapał, a ptak zatrzepotał skrzydłami w jego rękach. Tata odrzucił go do mnie, a on przeleciał trzy czwarte drogi i nagle spadł na ziemię. Mój ptak odszedł! Jego duch odfrunął: miał ogromne skrzydła i mienił się złociście.

Odwrócił łebek i spojrzał na mnie; jego świetliste oczy się uśmiechały. Nie był zwykłym ptakiem – był darem od Boga i aniołów.

Czułam jednocześnie smutek i radość. Cieszyłam się, że mój ptak jest teraz doskonały i szybuje jak orzeł, ale jednocześnie wiedziałam, że będę za nim tęskniła.

Nadbiegł bardzo zdenerwowany tata.

– Och, Lorno, tak mi przykro, wiem, że nie chciałaś, żeby ptak latał, uważałaś, że nie jeszcze nie powinien.

– W porządku, tato, nie martw się – odrzekłam.

Był taki smutny i przygnębiony; czuł się winny, a ja nie mogłam go pocieszyć, bo nie mogłam mu wyjaśnić, co się naprawdę stało i że to nie jego wina.

Michał wyraził się jasno.

– Nie wolno ci nic powiedzieć tacie. Ty jesteś inna, Lorno, a on widzi tylko swoje ziemskie ciało. Nie zrozumiałby. Wiesz, jak trudno jest ludziom zrozumieć Boga takiego, jaki On naprawdę jest.

– Proszę, Michale, tata tak bardzo cierpi – odezwałam się błagalnym tonem.

– Nie, nie możesz mu powiedzieć – odparł. – Pewnego dnia powiesz mu część tego, co wiesz, ale jeszcze nie teraz. Nie martw się, malutka.

Michał zawsze mówił na mnie „malutka", kiedy próbował mnie pocieszyć.

Tata i ja nigdy więcej nie rozmawialiśmy o tej stracie, ale myślę, że potem jeszcze przez długi czas tata czuł się winny.

Pewnego słonecznego dnia szłam z pustego domu do babci. Uśmiechałam się do siebie; czułam się bardzo silna i pewna siebie, bo wiedziałam, że spotkam kogoś wyjątkowego. Mój anioł powiedział mi, żebym skręciła z drogi i poszła przez pola. Ruszyłam więc przez wysokie trawy w stronę lasu; anioł zmierzwił mi włosy.

Jego obecność jest bardzo silna, zbyt silna, by zamanifestować się w fizycznej formie. Odczuwam go jako wielką, wirującą wokół mnie siłę. Często mierzwi mi włosy i czuję w nich wtedy mrowienie. Kiedy jest obok mnie, czuję się taka dobra i wyjątkowa.

Jako dziecko nie zdawałam sobie sprawy, kim albo czym on jest. Wiedziałam tylko, że to zupełnie inna forma istnienia.

– O, jesteś tu! – Roześmiałam się radośnie.

– Nigdy cię nie opuszczam – odpowiedział. – Nie wiesz o tym? Nie czujesz mojej obecności? Często mierzwię ci włosy. Dlaczego się przede mną chowasz?

Miał rację, czasami chowałam się przed nim – do dzisiaj próbuję to czasami robić, ponieważ jest taki potężny i silny.

Pamiętam, że odwróciłam się i poczułam jego obecność po mojej lewej stronie.

– Bo jesteś o tyle większy ode mnie i czuję się przy tobie taka niepozorna.

– Lorno, nie chowaj się więcej – odrzekł ze śmiechem. – Chodźmy na spacer, a ja sprawię, że twój lęk przed tym, co masz dla mnie w tym życiu zrobić, zniknie.

Doszliśmy do lasu. W prześwicie między drzewami, na zalanej słońcem polanie nad jeziorem, stał drewniany domek letniskowy; usiedliśmy przed nim, by porozmawiać.

– Wiesz, że się boję – odezwałam się.

– Nie musisz się bać, Lorno, nie pozwolę, by stała ci się krzywda. Ludzie i ich dusze cię potrzebują, tak jak ja potrzebuję ich.

– Ale dlaczego ja? – zapytałam płaczliwym głosem.

– A dlaczego nie ty? Może i jesteś dzieckiem, ale wiesz więcej niż większość ludzi na świecie. Jesteś moim ludzkim aniołem na ziemi, który ma pomagać ludziom i ich duszom. Otrzyj łzy, moja mała, mój Ptaku Miłości.

Spojrzałam na niego.

– Dlaczego nazwałeś mnie Ptakiem Miłości? – zdziwiłam się.

– Ponieważ przynosisz miłość, tak jak twój mały krogulec. Twoja dusza jest czysta. Jesteś moim małym ptakiem miłości. Jesteś potrzebna mnie i innym.

– Ale ja nie chcę różnić się od wszystkich dzieci – powiedziałam ze łzami w oczach.

– Lorno, przecież wiesz, że zawsze jestem przy tobie.

– Objął mnie ramieniem i mocno przytulił.

Ruszyliśmy z powrotem przez las i łąki, w stronę domu babci. Nagle Michał zniknął. Poszłam więc dalej sama. U babci zastałam mamę, która pomagała jej piec tartę z jabłkami i gotować obiad. Siedziałam, patrzyłam na nie obie i przysłuchiwałam się ich rozmowie – bardzo często to robiłam.

Zawsze pozwalam innym mówić, ale słyszę również słowa, których nie wypowiadają, które chcieliby powiedzieć; słowa, które mają w swoich sercach – oddające ich radość, szczęście, ale również cierpienie.

Cztery lub pięć razy spędzaliśmy wspaniałe letnie wakacje w Mountshannon, ale kiedy miałam jedenaście czy dwanaście lat, babcia przeszła zawał serca i nie mogła więcej pracować. Musiała więc opuścić swój dom i nigdy więcej nie pojechaliśmy na wakacje do Mountshannon.

Nigdy więcej nie zobaczyłam też Sally. Po latach dowiedziałam się, że zmarła samotnie w swojej górskiej chacie, ale ja wiedziałam, że nie była zupełnie sama; były przy niej anioły.

Po śmierci ojca nie znaleźliśmy żadnego potwierdzenia jego prawa własności do ziemi podarowanej przez Sally, nikt z nas nie spełnił więc marzenia taty, by zbudować tam dom.

Rozdział V

Eliasz

Wielokrotnie w życiu zostałam obdarowana wizjami. Pewnego razu – miałam około dziesięciu lat – gdy spacerowałam po łąkach nad rzeką, anioły powiedziały:

– Tam spotkamy Eliasza.

– Kto to jest Eliasz? – Roześmiałam się, bo rozbawiło mnie to dziwne imię, choć brzmiało uroczo.

Anioły się jednak nie śmiały.

– Eliasz coś ci pokaże, Lorno. Postaraj się to zapamiętać, bo jest to część twojej przyszłości.

Przez rzekę, z przeciwległego brzegu, szedł ku mnie anioł. Trudno go opisać; był koloru rdzawego – taka mieszanka rdzawego, bursztynowego i czerwieni – i był piękny. Bił od niego blask, a długa szata wspaniale opływała jego ciało; kiedy uniósł ręce, rękawy wdzięcznie ułożyły się wokół nich, tak jakby były jego częścią. Również twarz Eliasza miała rdzawobursztynowy odcień.

Zafascynowana patrzyłam, jak idzie przez rzekę w moim kierunku, nie dotykając stopami wody.

– Czy ja też tak mogę? – zapytałam.

Eliasz tylko się zaśmiał.

Grunt na brzegu rzeki był nierówny, z wielkimi kępami trawy. Eliasz poprosił, żebym usiadła, i spoczął obok mnie.

– Widzę, że nie denerwujesz się moim przybyciem – odezwał się z uśmiechem.

- Nie, powiedziano mi wcześniej, że przyjdziesz. – Rozejrzałam się dokoła i stwierdziłam, że wszystkie anioły, które zwykle były przy mnie, zniknęły, z wyjątkiem mojego anioła stróża. – Gdzie one wszystkie się podziały? – zapytałam.

– Na chwilę odeszły bardzo daleko – odrzekł. – Teraz wezmę cię za rękę, Lorno.

Wyciągnął do mnie rękę, a ja podałam mu swoją; kiedy ją trzymał, miałam uczucie, jakby moja dłoń zagubiła się w jego dłoni, jakby moja ręka stała się częścią jego ręki.

– Nie chcę, żebyś się bała – powiedział – bo nie ma powodu. To jest coś, czego możesz oczekiwać w przyszłości, kiedy dorośniesz; coś, co ci się przydarzy.

– Dlaczego muszę to wiedzieć teraz? – spytałam.

– Zobaczysz kogoś, a my opowiemy ci o tej osobie – wyjaśnił, nie odpowiadając na moje pytanie.

I nagle wydało mi się, jakby ktoś rozsunął kurtynę i jakbym patrzyła na ogromny ekran pośrodku rzeki, na wprost mnie. Zobaczyłam ścieżkę obrośniętą drzewami, ja siedziałam na jej końcu, a z oddali zmierzała ku mnie jakaś postać. Spojrzałam na Eliasza.

– Nie widzę zbyt dobrze – powiedziałam.

– Patrz dalej! – nakazał.

Kiedy postać podeszła bliżej, zobaczyłam, że jest to wysoki młodzieniec o rudych włosach. Był bardzo przystojny.

– Teraz widzisz go wyraźnie? – spytał Eliasz.

Odwróciłam się do niego i skinęłam głową.

– Patrz dalej – powiedział. – Chcemy, żebyś zapamiętała, jak wygląda. Nie pokażemy ci go więcej, ale to jest właśnie mężczyzna, którego poślubisz. W przyszłości, kiedy go spotkasz, od razu go rozpoznasz, lecz upłynie jeszcze wiele lat, musisz najpierw dorosnąć!

Zaczęłam chichotać na myśl o tym, że mam być zakochana i wyjść za mąż.

– Czy on już teraz jest taki duży? – zapytałam.

– Nie, on też jest teraz małym chłopcem, kilka lat starszym od ciebie – odrzekł Eliasz. – Zaznasz z nim wiele szczęścia, będziesz go kochała, a on będzie kochał ciebie. Przeżyjecie wzloty i upadki, lepsze i gorsze chwile. Będziecie mieli zdrowe i wyjątkowe dzieci, ale potem będziesz musiała się nim opiekować i Bóg nie zostawi go przy tobie na zawsze. Nie zestarzejecie się razem.

– Co masz na myśli, Eliaszu, mówiąc, że będę musiała się nim opiekować?

– Czeka go długa i poważna choroba – odrzekł Eliasz. – Będzie jeszcze całkiem młody, gdy Bóg zabierze go do siebie.

– Nie chcę tego wiedzieć! – zawołałam.

– Lorno, nie sprzeciwiaj się, chcemy tylko, byś go zapamiętała. Przygotowujemy cię na przyszłość, żebyś była silna. Pomyśl o miłości i szczęściu, które cię czekają. Popatrz, jaki on jest przystojny, sama to zauważyłaś.

– Owszem, podoba mi się – przyznałam.

A potem wizja zniknęła.

– Zapamiętasz to? – zapytał Eliasz.

– Tak, zapamiętam. I rozumiem, że on nie zostanie ze mną na zawsze i będę musiała się nim opiekować. – Spojrzałam na Eliasza i mimo że byłam taka młoda, dodałam z mocą: – Będę silna.

Eliasz ponownie wziął mnie za rękę, wstaliśmy i zaczęliśmy spacerować. Po chwili anioł zatrzymał się i powiedział:

– Nie myśl teraz o tym za dużo. Po prostu to zapamiętaj. Rozpoznasz go, kiedy nadejdzie czas.

Potem anioł zniknął, a wizja sprawdziła się wiele lat później. Podczas pisania tej książki poprosiłam o więcej informacji o Eliaszu i powiedziano mi, że jest on jednym z proroków ze Starego Testamentu – człowiekiem o duszy anioła.

Moja rodzina została wpisana na listę osób oczekujących na mieszkanie z puli samorządu Dublina. Stoczyliśmy prawdziwą walkę, ale w końcu, po bardzo, bardzo długim oczekiwaniu, dostaliśmy wynajęty przez samorząd piękny dom w Edenmore, na nowym osiedlu składającym się z kilkuset domów. Wszystkie wyglądały mniej więcej tak samo: bliźniaki, z trzema sypialniami i małymi ogródkami z przodu i z tyłu. Obok znajdowało się jeszcze jedno osiedle, ale okolica nie była całkiem zabudowana i mieliśmy wokół trochę wolnej przestrzeni i łąk. Wszyscy mieszkańcy osiedla świeżo się wprowadzili i dla większości z nich był to pierwszy własny dom – wcześniej mieszkali z rodzicami albo w starych kamienicach czynszowych w centrum Dublina. To nowe miejsce było przyjazne i od razu je polubiłam.

W końcu mieliśmy dom – nawet jeśli do nas nie należał. Wszystko szło ku lepszemu, ale życie moich rodziców nadal nie było łatwe.

Tata pracował jako dostawca w dużej firmie paliwowej; była to ciężka fizyczna praca, po wiele godzin dziennie, a mama zatrudniła się na nocną zmianę w miejscowej fabryce czekolady. Gdy wracaliśmy ze szkoły, mama dawała nam obiad, a potem zostawiała młodsze dzieci pod opieką starszych, aż do powrotu taty, który zwykle wracał późno.

Edenmore leżało daleko od Ballymun i przeprowadzka oznaczała dla nas wszystkich zmianę szkoły i nowe przyjaźnie. W pobliżu nie było żadnej szkoły, więc codziennie rano pokonywaliśmy długą drogę przez osiedle, do starej wsi, potem obok kościoła, do głównej drogi. Szkoła znajdowała się po drugiej stronie tej ruchliwej ulicy. Moja klasa mieściła się w budynku z prefabrykatów i była bardzo zatłoczona, z ciasno upakowanymi ławkami. Rano trudno było przecisnąć się do swojej ławki, tak że dosłownie chodziło się po innych uczniach.

Byłam bardzo szczęśliwa w Edenmore; nie miałam tam bliskich przyjaciół, ale obok nas mieszkała rodzina O'Brienów, z którą spędzałam dużo czasu. Moim ulubieńcem był ich wspaniały owczarek alzacki Shan, z którym wychodziłam na spacer trzy razy w tygodniu. Podczas jednego z tych spacerów spotkałam kolejnego szczególnego anioła.

Nazwałam ją drzewnym aniołem, bo zawsze pojawiała się w drzewie. Od tamtej pory widziałam ją wiele razy i nadal widuję. Cała jej postać jawi się w kolorze szmaragdowym, ze złotymi i pomarańczowymi refleksami; możecie sobie wyobrazić, jaka jest piękna. Wydaje się, jakby żyła w każdym fragmencie drzewa, i wciąż widzę ją wyraźnie. Ma kręcone włosy i kiedy się porusza, każda część jej ciała też się porusza, a oczy mienią się jak złoty pył. Rozkłada ramiona i wyciąga do mnie rękę, a gdy to robi, drzewo poddaje się jej ruchom. Często z nią rozmawiałam, jej głos brzmiał jak szmer, jak szelest liści.

Pewnego dnia spacerowałam z Shanem. Minęłam łąkę i już miałam zawrócić w stronę osiedla, kiedy Shan nagle przystanął i zaczął warczeć na duże drzewo po lewej stronie. Spojrzałam na nie i nic nie zobaczyłam. Roześmiałam się i spytałam: „Na co warczysz?".

I wtedy ją zobaczyłam. To był drzewny anioł, a Shan ujrzał ją wcześniej niż ja. Kiedy o tym myślę, chce mi się śmiać. To zadziwiające, jak łatwo zwierzęta dostrzegają anioły.

Czasami, wracając ze szkoły, bawiłam się z innymi dziećmi w kamieniołomie. Pewnego dnia, zamiast iść do kamieniołomu, poszłam pod bramę klasztoru, który stał obok. Nie wolno było nam tam wchodzić, ale ja uchyliłam furtkę i zajrzałam do środka. Zobaczyłam ogrody pełne warzyw i owoców; było tam tak spokojnie, że wcale się nie bałam. Chodziłam po ogrodach, przyglądając się pracy mnichów w brązowych habitach. Nie zwracali na mnie uwagi, tak jakby mnie nie widzieli. Usiadłam na pniu starego drzewa i patrzyłam.

To z pewnością było święte miejsce – miejsce, gdzie wiele się modlono. Wszyscy mnisi świecili jasnym światłem, ich ciała i dusze były czyste. Modlili się podczas pracy i widziałam, że anioły modliły się razem z nimi. Przebywając tam, czułam wielki spokój; miałam ochotę tam zostać, ale anioły mnie odciągnęły. Powtarzały, żebym wracała do domu, bo mama będzie się martwić. Zaczynało się ściemniać, lecz anioły oświetliły mi drogę. Kiedy dotarłam do domu, mama wyszła już do pracy, więc nie miałam kłopotów.

W ciągu tamtego roku odwiedziłam klasztor około dwunastu razy. Tylko raz, podczas mojej ostatniej wizyty, odezwał się do mnie mnich. Zrywał agrest, a ja podeszłam i stanęłam obok niego. Świecił bardzo jasnym światłem, a jego anioł, który stał przy nim, był ubrany tak samo jak on. Mnich był bardzo młody; spojrzał na mnie i odezwał się:

– Witaj.

Zapytałam, jak ma na imię. Powiedział, że Paul. Jego głos był bardzo łagodny; zapytał, jak ja się nazywam. Przedstawiłam się. Poczęstował mnie agrestem i zainteresował się, dlaczego tak często tu przychodzę.

– Żeby patrzeć, jak się modlicie. Potrzebuję waszych modlitw – odrzekłam.

– Zawsze będę się za ciebie modlił, Lorno – powiedział.

Pożegnałam się, wiedząc, że nigdy już tu nie wrócę.

Bardzo lubiłam chodzić z mamą na zakupy w sobotni poranek. Szłyśmy na Moore Street w centrum Dublina, gdzie mieścił się zatłoczony targ, ze straganami po obu stronach ulicy i kobietami z silnym dublińskim akcentem, które zachwalały swój towar. Ciągnęłam za sobą wózek na zakupy, podczas gdy mama wybierała owoce i warzywa.

Pewnej soboty, kiedy skręciłyśmy w Moore Street, anioł złapał mnie za ramię i powiedział: „Pozwól mamie iść przodem, nic nie zauważy". Cofnęłam się o dwa kroki a mama poszła dalej, zajęta oglądaniem warzyw i owoców. Kiedy przystanęłam i spojrzałam dokoła, widok się zmienił. Ulica wyglądała jak złoty pałac, wszystko było złotego koloru, nawet ludzie. Potem znów nastąpiła zmiana i wszystkie barwy stały się żywsze i jaśniejsze niż zazwyczaj. Wypływały z kwiatów, owoców i warzyw, niczym fale energii. Po chwili fale zmieniły się w kolorowe kule – skakały z jednej strony ulicy na drugą, odbijały się od straganów i ludzi, którzy zdawali się niczego nie dostrzegać.

Na targu było nie tylko pełno ludzi, ale również pełno aniołów, więcej niż zwykle. Niektóre anioły, ubrane jak przekupki, pomagały sprzedawać owoce i warzywa. Z rozbawieniem obserwowałam anioły naśladujące każdy ruch kobiet – anioły są świetnymi naśladowcami. Śpiewały przy pracy, co brzmiało tak, jakby nuciły w rytm życia ulicznego.

Wiele razy wcześniej odwiedzałam Moore Street, ale nigdy nie widziałam czegoś takiego; może wydarzyło się to specjalnie dla mnie, bo anioły chciały mnie rozśmieszyć, a może działo się codziennie, ale pierwszy raz pozwolono mi to zobaczyć. Uważałam, że cała ta krzątanina jest bardzo ekscytująca.

Nagle mama, która była jakieś trzy stragany przede mną, zauważyła, że mnie przy niej nie ma.

– Lorno, obudź się, chodź tutaj z wózkiem.

Myślałam, że wszystko się zmieni i wróci do normy, ale trwało to nadal. Stałam obok mamy, a anioły szeptały mi do ucha:

– Patrz na kobietę sprzedającą owoce.

Spojrzałam na przekupkę i zobaczyłam jej anioła stróża stojącego tuż za nią. Anioł miał postać kobiety, która wyglądała tak jak sprzedawczyni i była tak samo ubrana; emanowała światłem i pięknie się uśmiechała, mrugając do mnie. Mama poprosiła o jabłka, gruszki i banany. Kiedy kobieta wkładała owoce do brązowej papierowej torby, jej anioł zwrócił moją uwagę, kiwając palcem.

Zrozumiałam, że kobieta zapakowała mojej mamie zepsute jabłka; jej anioł mówił do niej, ale ona nie słuchała. Anioł nadal kiwał palcem. Nie mogłam się powstrzymać i wybuchnęłam głośnym śmiechem. Kobieta spojrzała na mnie ostro. Widziałam w jej oczach, że domyśla się, że ja wiem, co zrobiła. Nagle torba pękła i owoce się rozsypały. Kobieta próbowała je łapać i chwyciła zgniłe jabłko! Wiedziałam, że to nie był przypadek, mój anioł i jej anioł pozwoliły, by to się stało, co rozśmieszyło mnie jeszcze bardziej.

Mama zauważyła zgniłe jabłko i powiedziała:

– Mam nadzieję, że nie daje mi pani tutaj zepsutych owoców.

Kobieta zaprzeczyła i napełniając nową torbę, spojrzała na mnie z poczuciem winy. Mama zapłaciła jej i włożyła owoce do wózka. Kiedy odchodziłyśmy, kobieta zawołała ze swoim dublińskim akcentem:

– Hej, psze pani!

Mama odwróciła się; kobieta trzymała w ręku torbę.

– Ma pani tu owoce dla dzieciaków!

Jej anioł stał za nią z uśmiechem, bo wreszcie został wysłuchany.

Potem jeszcze wiele razy byłam na Moore Street, jako dziecko i jako dorosła osoba, ale nigdy więcej ulica nie wyglądała tak jak tamtego dnia. Wiem, że jeżeli czegoś nie widzę, to nie znaczy, że to się nie dzieje. Anioły wiedzą, że nie mogą pokazywać mi wszystkiego, bo byłoby to dla mnie za duże obciążenie i zbytnio by mnie rozpraszało, uniemożliwiając normalne funkcjonowanie w codziennym życiu.

Anioły powiedziały mi wiele o naszych możliwościach wyboru i pewnego popołudnia uświadomiły mi, że nigdy nie jest za późno na to, by zmienić zdanie i podjąć właściwą decyzję. Pokazały również, jak one mogą nam w tym pomóc – jeżeli tylko ich posłuchamy.

Lubiłam, kiedy mama wysyłała mnie po zakupy, bo mogłam wtedy pobyć sama i bez przeszkód porozmawiać z aniołami. Szłam z nimi, podskakując i przyglądając się ptakom i drzewom.

Pewnego popołudnia, gdy byłam już w połowie drogi do sklepu, anioły powiedziały:

– Zatrzymaj się, Lorno! Chcemy, żebyś zobaczyła, co się dzieje na sąsiedniej ulicy, bo to pozwoli nam coś ci wytłumaczyć. Kiedy dojdziesz do głównej ulicy, zamiast skręcić w lewo, skręć w prawo i idź prosto.

Zrobiłam tak, jak kazały; kiedy dotarłam na miejsce, zobaczyłam stos mebli na chodniku, policyjny radiowóz i tłum ludzi stojących wokół. Z domu wyszedł starszy mężczyzna poruszający się o lasce, a wszystkie jego meble i reszta dobytku leżały na ulicy. Byłam wstrząśnięta i zapamiętałam ten widok na całe życie.

– Co się stało temu biednemu człowiekowi? – zwróciłam się do aniołów.

Stałam po przeciwnej stronie ulicy, obserwując to, co się działo.

– Ten stary mężczyzna – zaczęły wyjaśniać anioły – mieszkał w tym domu przez całe życie. Dom należy do niego, ale na starość ów człowiek zrobił się uparty i odmówił płacenia podatków. Miał wybór: mógł zapłacić, nie brakuje mu pieniędzy, i wtedy nic by się nie stało. Gdyby rozmawiał ze swoją rodziną, pewnie by mu pomogła, ale on jest tak uparty, że nie chce z nią utrzymywać kontaktów. W tej chwili jest zupełnie sam.

Zapytałam, kim jest kobieta próbująca z nim porozmawiać, bo jeżeli to jego córka, może jej posłucha.

– Zobacz, Lorno, jego anioły szepczą mu do ucha. On je słyszy! Teraz płacze i pozwala córce wziąć się za rękę. Zaczyna podejmować właściwe decyzje. Nigdy nie jest za późno, żeby dokonać właściwego wyboru, jeżeli tylko jesteśmy gotowi słuchać.

– Rozumiem – odrzekłam. – Czy zawsze mi pomożecie dokonać właściwego wyboru?

– Tak, Lorno – odpowiedziały anioły.

Czasami coś wygląda na tragedię ale wcale nią nie jest. Tak było z wypadkiem taty.

Wypadek zdarzył się, gdy tata pracował dla dużej firmy paliwowej, rozwożąc naftę. Firma zaoferowała mu odszkodowanie, ale tata odmówił i zażądał, by w zamian zapewniła mu stałą pracę. W końcu dostał posadę kierownika stacji benzynowej należącej do tego koncernu, na przedmieściach Dublina. Tata stanął przed wyborem i anioły bez wątpienia pomogły mu podjąć właściwą decyzję. Dzięki jego stałej pracy moi rodzice osiągnęli względną stabilność finansową i mogli wpłacić zadatek na własny dom. Wypadek ojca był więc w gruncie rzeczy błogosławieństwem. Czasami pewne rzeczy muszą się wydarzyć, żeby człowiek się zmienił i żeby w jego życiu zaszły zmiany. Cuda dzieją się cały czas, tylko ludzie ich nie dostrzegają.

Rozdział VII

Łagodzenie cudzego bólu

Miałam trudności z nauką, których nikt nie rozumiał, więc kiedy przeprowadziliśmy się do nowego domu w Leixlip, rodzice zdecydowali, że nie będą mnie więcej posyłać do szkoły, mimo że miałam dopiero czternaście lat. Bardzo cierpiałam, że nie skonsultowali ze mną tej decyzji. Był to kolejny dowód na to, że rodzice traktują mnie inaczej niż resztę rodzeństwa. Nie oddali mnie, jak im to kiedyś radzono, ale traktowali inaczej.

Poprawiła się nasza sytuacja finansowa, ale stosunek rodziny do mnie nie uległ zmianie. Mieliśmy teraz telefon. Moi bracia i siostry cały czas z niego korzystali i nikt nie robił im wyrzutów, kiedy natomiast ja chciałam zadzwonić, nie pozwalano mi pod pretekstem, że to drogo kosztuje. Gdy pytałam, czy mogę wziąć kąpiel, w odpowiedzi słyszałam „nie" albo pozwalano mi tylko na bardzo krótką. Działo się to tak często, że w końcu bałam się już pytać i po prostu napełniałam wodą miskę, w ten sposób się myjąc, byle nie spotkać się z kolejną odmową. Nigdy tego nie rozumiałam i nadal nie rozumiem, ale traktowano mnie inaczej, jakbym była mniej warta od innych.

Pomagałam mamie w domu i w ogrodzie, gdy tymczasem moje rodzeństwo uczyło się w nowych szkołach.

Pewnego dnia przy rodzinnym obiedzie mama oznajmiła, że chce, żebym nazajutrz poszła z nią na pogrzeb. Zmarła nasza krewna, a mama nie chciała iść sama. Moje rodzeństwo zainteresowało się, kim była zmarła, a Dillon, mój brat, zapytał, jak miała na imię.

– Teresa – odpowiedziała mama i pokazała nam jej zdjęcie. – Musimy wstać rano i złapać wczesny autobus, ponieważ jedziemy na drugi koniec miasta, a potem trzeba jeszcze dziesięć minut iść do kościoła.

Następnego dnia było bardzo zimno. Kiedy rodzeństwo wyszło do szkoły, mama kazała mi się ciepło ubrać, włożyłam więc płaszcz, szalik czapkę i rękawiczki. Mama wzięła również parasolkę na wypadek, gdyby padało, i poszłyśmy na przystanek. W autobusie zastanawiałam się, jak będzie wyglądał pogrzeb. Nigdy wcześniej na żadnym nie byłam.

Mama odwróciła się do mnie i powiedziała:

– Jesteśmy prawie na miejscu. Pamiętaj, Lorno, cały czas trzymaj się blisko mnie i nigdzie nie odchodź. Mogłabyś się zgubić.

Autobus zatrzymał się na przystanku. Wysiadłyśmy i udałyśmy się do zatłoczonego kościoła. Wszyscy byli tacy smutni. Ksiądz odprawiał mszę, a ja przyglądałam się wszystkiemu szeroko otwartymi oczami.

Po nabożeństwie poszliśmy na położony w pobliżu cmentarz. Kiedy tam dotarliśmy, zauważyłam, jak wiele aniołów stoi wokół moich krewnych, których w większości nie znałam. Na cmentarzu było dużo ludzi, a ja stanęłam trochę z boku, żeby lepiej widzieć. Mama, zajęta rozmową, nie zauważyła tego. Nad grobem, obok krzaka, stał przepiękny anioł, który miał postać normalnie ubranej kobiety, ale całej w intensywnie błękitnym kolorze nieba.

– Dlaczego tak dużo tu aniołów? – zapytałam ją. Widywałam wcześniej anioły na cmentarzach, ale nigdy aż tyle. Uśmiechnęła się do mnie.

– Lorno, wiemy, że musisz się jeszcze wiele nauczyć.– odpowiedziała. – To jest miejsce, gdzie wzywane są anioły, gdzie ludzie cierpią, rozpaczają i proszą: „Boże, pomóż mi! Sama sobie z tym nie poradzę!". Dlatego się tu zbieramy.

Piękny błękitny anioł wziął mnie za rękę i poprowadził przez tłum żałobników. Kluczyłyśmy między ludźmi; wyglądało to tak, jakby tłum rozstępował się, by pozwolić nam przejść, i chociaż ludzie widzieli, że idę, nikt nie próbował mnie zatrzymać. Przedostałyśmy na drugą stronę tłumu zebranego wokół grobu.

Tam, przy nagrobku, ujrzałam ducha Teresy, mojej krewnej, którą właśnie chowano. Rozpoznałam ją dzięki zdjęciu, które mama pokazała nam poprzedniego wieczoru. Otaczało ją z dziesięć albo więcej aniołów. Była taka piękna, dużo piękniejsza niż na zdjęciu; jaśniała wewnętrznym światłem, niczym cudowny żonkil. Temu pięknemu duchowi pozwolono oglądać własny pogrzeb. Kiedy do niej podeszłam, Teresa odwróciła się i poprosiła swoich anielskich towarzyszy, żeby wysłali anioły do każdego z opłakujących ją krewnych. (Duch, który właśnie przeszedł na drugą stronę, może poprosić anioły, by pocieszały tych, których zostawił na ziemi).

Wtedy anioły natychmiast zaczęły się zlatywać do przyjaciół, znajomych i krewnych Teresy obecnych na cmentarzu. Często jednej osobie towarzyszyła cała grupa aniołów. Były bardzo delikatne i pełne dobroci; kładły ludziom ręce na ramionach, szeptały im do uszu i delikatnie gładziły ich po głowach. Zobaczyłam anioły obejmujące jedną z osób tak, jak obejmują się ludzie – potem dowiedziałam się, że ta osoba straciła jeszcze kogoś i opłakiwała również tamtą stratę.

Na zawsze zapamiętałam piękno tego, co pokazał mi błękitny anioł. Promieniował takim współczuciem i zrozumieniem; śmiać mi się chce, kiedy pomyślę, jakie to absurdalne, że dopiero gdy ktoś umrze, prosimy anioły o pomoc. Nie powinniśmy czekać z proszeniem aniołów, by nas wsparły, aż znajdziemy się w sytuacji, kiedy odczuwamy rozpacz i ból. Powinniśmy je o to prosić każdego dnia, miesiąca, roku: „Chcę, żeby moje anioły były ze mną we wszystkim, co robię". Ta prosta prośba upoważni je do tego, by nam pomagały.

Od tamtego dnia, kiedy przechodzę obok cmentarza, zawsze tam zaglądam i zawsze widzę tam anioły. Jeżeli akurat odbywa się pogrzeb, jest ich mnóstwo, ale nawet jeżeli będzie tylko jedna osoba, zostanie otoczona przez anioły, by otrzymać wsparcie, jakiego potrzebuje.

Kilka miesięcy po naszej przeprowadzce do nowego domu tata wrócił z pracy, przynosząc mi dobrą wiadomość. Była jesień, około godziny siódmej, może trochę później, bo tata zawsze długo pracował, ale na dworze wciąż jeszcze było widno. Jak zwykle poszedł do naszego podłużnego salonu, usiadł na kanapie i włączył telewizor, by obejrzeć wiadomości i odpocząć po długim dniu pracy. Czasami mu się przyglądałam, ale nigdy nie zdradziłam, że widzę anioły, które są przy nim, i otaczające go pole energii. Niekiedy widziałam, jak jego energia jakby „wzdychała" i opadała, nie potrafię tego inaczej opisać. Kiedy tam siedział, mama przynosiła mu obiad i stawiała na małym stoliku, tak żeby mógł jeść i jednocześnie oglądać telewizję. Jednak tego wieczoru powiedział:

– Czy chciałabyś pracować ze mną na stacji benzynowej? Zobaczysz, czy ci się spodoba, ale to byłaby dla ciebie dobra praca na początek.

Byłam tak zachwycona, że mogłabym go ucałować, ale jak zwykle się powstrzymałam. Tata był bardzo dobrym człowiekiem i akceptował mnie; zawsze czułam, że on coś „wie", ale nie do końca zdaje sobie z tego sprawę. Anioły od małego ostrzegały mnie, że jeżeli dam moim rodzicom jakiś powód, odeślą mnie do zakładu dla psychicznie chorych. Dlatego nigdy nie okazywałam przy tacie zbyt dużych emocji i cały czas uważałam na to, jak się zachowuję.

Parę dni później zaczęłam pracę. Pierwszego dnia zjadłam śniadanie, pożegnałam się z mamą i pojechaliśmy z tatą samochodem na stację, która nazywała się Grosvenor, a mieściła się w Rathmines, na przedmieściach Dublina, w świetnym jak na stację miejscu, na skrzyżowaniu dwóch dużych ulic. Stacja składała się ze starego żółtego budynku, dużego parkingu, czterech dystrybutorów z benzyną, jednego dystrybutora z paliwem do diesla, sprężarki powietrza i kranu z wodą. Brzydko tam pachniało i wszędzie panowała wilgoć, wszystko dosłownie się rozpadało, jak w naszym starym domu na Old Kilmainham. Część budynku zajmowały biura, a część sklep z podstawowymi akcesoriami samochodowymi, takimi jak opony, zestawy do naprawy opon czy akumulatory. Było również duży warsztat samochodowy.

Pierwszego dnia byłam bardzo podekscytowana, ale i zdenerwowana: bałam się, że zawiodę tatę, robiąc coś głupiego. Bardzo nie chciałam go rozczarować. Na szczęście wszyscy okazali się bardzo mili i pomocni, no i oczywiście anioły też mi pomagały. Nauczyłam się, jak nalewać paliwo i sprzedawać różne rzeczy, zaczęłam także poznawać obowiązki biurowe. Pracowało tam dziewięć czy dziesięć osób, sami mężczyźni i tylko jedna kobieta, bardzo miła, o imieniu Anne, która od razu wzięła mnie pod swoje skrzydła. Doskonale się rozumiałyśmy i dużo się od niej nauczyłam.

Pierwszy dzień w pracy przebiegł znakomicie i wróciłam do domu całkiem zadowolona z siebie. Tego dnia i później zastanawiałam się, dlaczego tata nie widzi, że nie mam żadnego problemu z nalewaniem benzyny czy wydawaniem reszty, i wciąż myśli, że jestem jakaś upośledzona.

Krótko po tym, jak zaczęłam tam pracować, zapadła decyzja o wyburzeniu starego budynku stacji i zbudowaniu nowego. Pewnej soboty czy niedzieli siedziałam z tatą w samochodzie i zafascynowana patrzyłam, jak kula do wyburzania rozwala stary budynek. A potem zbudowano nowoczesną stację: nowy sklep, nowe dystrybutory i bardzo ładne, jasne i przestronne biuro z dużymi oknami, przez które mogłam wyglądać. Z biura widać było wnętrze sklepu, parking i dystrybutory.

Jak zwykle anioły nauczyły mnie wielu rzeczy. Pewnego dnia kazały mi obserwować jednego ze stałych klientów, imieniem John, którego dobrze znałam.

– Patrz na niego, okradnie twojego tatę.

Tata uważał Johna za bardzo bogatego człowieka i ważnego klienta, dlatego zaszokowało mnie to, co powiedziały anioły.

– Niemożliwe, on nie będzie kradł! – odparłam.

– Będzie – obstawały przy swoim anioły. – Tylko go obserwuj.

Nie wierzyłam im. Patrzyłam, jak John rozmawia z tatą, i słyszałam, jak chwali nowy budynek i nowy asortyment. Tata zachęcił go, by się rozejrzał, a sam wyszedł coś załatwić. Zostałam w sklepie sama z Johnem, a anioły powiedziały, że on mnie nie widzi.

– Jak to? Przecież tu stoję, musi mnie widzieć.

Anioły się roześmiały.

– Nie, nie widzi cię!

Czasami anioły mówią coś, co nie do końca rozumiem. Powiedziały, że ten człowiek mnie nie widzi, i wtedy zrozumiałam, że tak jest, ponieważ to one sprawiły, że stałam się dla niego niewidzialna.

Patrzyłam, jak John chodzi po sklepie i ogląda wszystko. Podszedł do półki z nowymi kasetami magnetofonowymi, które tata dołączył do oferty (kasety były wtedy bardzo drogie). Wziął jedną z kaset i włożył do kieszeni. Nie mogłam w to uwierzyć.

– Dlaczego on to robi? – zapytałam.

– On to robi ciągle – odrzekły anioły. – Kradnie i dzięki temu ma poczucie, że zyskuje nad kimś przewagę.

Anioły wyjaśniły, że kiedy John widział, że komuś się dobrze powodzi albo ktoś odnosi sukcesy, stawał się zazdrosny i odbierał tej osobie coś, co było dla niej cenne.

– Czy powinnam powiedzieć o tym tacie? – zapytałam.

Trudno w to uwierzyć, ale anioły odparły:

– Nie! Kiedyś tego człowieka ruszy sumienie, ale jeszcze nie teraz; jeszcze nie nadszedł właściwy moment. Zostaw to.

Było mi bardzo smutno. John był klientem stacji przez wiele następnych lat. Od tego dnia zawsze, gdy odwiedzał sklep, chodziłam za nim, udając że sprzątam.

Pewnego dnia siedziałyśmy z Anne w biurze, sprawdzając księgi rachunkowe. Anne była świetną sekretarką i dużo mnie nauczyła; czasami sama byłam zaskoczona, że tak łatwo przychodzi mi robienie niektórych rzeczy. Tego dnia dużo pracowałyśmy razem. Otworzyły się drzwi i do sklepu wszedł mężczyzna. Wstałam od biurka, by go obsłużyć. Zauważyłam otaczający go spokój i bezruch powietrza wokół niego; zauważyłam również, że mało się odzywał. Dałam mu to, czego szukał, i mężczyzna wyszedł ze sklepu.

Kiedy wróciłam do biura, dookoła panowała kompletna cisza, a Anne się nie poruszała. Stanęłam za nią, wyglądając przez okno, a wtedy anioł położył mi rękę na ramieniu. Parking był prawie pusty, tylko jeden samochód stał przy dystrybutorze. Spojrzałam na ulicę, tak daleko jak tylko sięgnęłam wzrokiem. Nie widziałam tego, co dzieje się za rogiem, ale nagle pozwolono mi zobaczyć: dwaj mali chłopcy jechali na rowerach w stronę stacji.

Byli szczęśliwi, śmiali się i żartowali, wyciągali do siebie ręce; dobrze się bawili. Widziałam, że rozmawiają, ale nie słyszałam, co mówią. Patrzyłam uważnie. Obok nich, jakby w zwolnionym tempie, przejechał samochód, ale wszystko inne było nieruchome; czułam, jakbym tam z nimi była i też jechała na rowerze. Wtedy za chłopcami zobaczyłam ciężarówkę z przyczepą. Wstrzymałam oddech. Już wiedziałam, co się za chwilę stanie. Teraz poruszali się tylko chłopcy i ciężarówka.

Dalej jechali ulicą, ścigając się i śmiejąc. I znowu wszystko działo się w zwolnionym tempie: kiedy ciężarówka mijała chłopców, zarówno ona, jak i chłopcy zaczęli świecić. Przeszli przez siebie jak duchy. Ciężarówka skręciła i pomknęła dalej, jej kierowca nie miał pojęcia, co się stało. Nic się nie zatrzymało, wszystko toczyło się dalej. Chłopcy też byli nieświadomi tego, co się wydarzyło, tak jakby w ogóle się nie przewrócili, i dalej podążali za ciężarówką. Nagle pojawił się wielki krąg światła – wyglądało to tak, jakby światło wypływało z tyłu ciężarówki.

Droga zaroiła się od aniołów. Chłopcy stali się świetliści i jechali w stronę światła. Patrzyłam, jak ich rowery stopniowo wznoszą się nad ziemię, a droga zmienia się w promień światła pełny aniołów. Było to łagodne przejście z jednego życia do drugiego – prosto do nieba. Potem chłopcy zniknęli i wszystko wróciło do normalności. Wtedy na stację zajechał samochód i wysiadł z niego mężczyzna.

– Czy ktoś widział, w którym kierunku pojechała ciężarówka z przyczepą? – krzyknął.

Steven, nasz pracownik, który siedział w budce, zawołał:

– Co się stało?

Mężczyzna powiedział, że doszło do wypadku. Ktoś na stacji poinformował go, że ciężarówka skręciła w prawo, a wtedy on wsiadł z powrotem do samochodu i odjechał. Potem jeszcze jeden samochód przemknął obok stacji. Stałam jak ogłuszona.

Drzwi sklepu otworzyły się i wszedł tata, mówiąc, że zdarzył się straszny wypadek, i poprosił, żebym zrobiła herbatę. Poczułam ulgę, że mogę wyjść z biura i pobyć chwilę sama. Kiedy poszłam do kuchenki, zapytałam anioły:

– Dlaczego to musiało się stać?

– Lorno, tak musi być – odpowiedziały. – Dla większości ludzi śmierć jest ciągłym przechodzeniem z jednego życia do innego, w doskonałej harmonii. Pamiętaj, że w chwili śmierci chłopcy nic nie czuli. Zawsze tak jest, nawet jeżeli ktoś choruje i cierpi, w momencie gdy umiera, nie czuje bólu.

Anioły pocieszały mnie, gdy robiłam herbatę i potem, w biurze, ale byłam zadowolona, kiedy dzień pracy już dobiegł końca i mogłam wrócić do domu, do wypieków mamy. Gdy dotarłam do domu, mocno ją uściskałam. W tym dniu zdałam sobie sprawę z tego, jak ważne jest, żeby codziennie uściskać mamę.

Wiedziałam, że będę musiała znowu przejść obok miejsca, w którym zdarzył się wypadek. Pewnego ranka, mniej więcej tydzień później, zebrałam się na odwagę, żeby tam pójść.

Nie byłam sama, Michał cały czas trzymał mnie za rękę. Kiedy szłam przez parking stacji, szeptał mi do ucha: „Idź do sklepu żelaznego, wyznaczenie celu pomoże ci się skupić".

Kiedy zbliżałam się do miejsca wypadku, ujrzałam plamy krwi na jezdni. Byłam zdumiona i wstrząśnięta. Wypadek zdarzył się mniej więcej przed tygodniem i nie spodziewałam się zobaczyć krwi na jezdni. Ale może nikt inny nie widział plam krwi, może tylko ja je widziałam.

Mijając miejsce wypadku, słyszałam lamenty i płacz matek, ojców i członków rodzin tych chłopców. Moje ciało wypełniły emocje, z oczu pociekły mi łzy – to było obezwładniające uczucie. Poprosiłam Boga: „Proszę, pomóż tym rodzinom. Pozwól mi wziąć na siebie tyle ich cierpienia i żalu, ile zdołam. Spraw, żeby rodzice jakoś dowiedzieli się, że ich dzieci są z Tobą w niebie. Proszę Cię, Boże".

Wpadłam jakby w stan nieświadomości i zupełnie nie zdawałam sobie sprawy z tego, co działo się wokół mnie. Anioły w jakiś sposób przeniosły mnie w czasie i przestrzeni; czasami zastanawiam się, jak zdołałam przenieść się z jednego miejsca w inne. To tajemnica. Nagle znalazłam się przed drzwiami sklepu żelaznego. Poczułam, że anioły przeniosły mnie z przestrzeni duchowej i postawiły moje stopy z powrotem na ziemi. Michał powiedział: „Lorno, Bóg wysłuchał twojej modlitwy".

Otworzyłam drzwi i weszłam do sklepu żelaznego; chodziłam po nim w kółko, by w pełni wrócić do normalności i stanąć twardo na ziemi. Wracając na stację, musiałam znów przejść obok miejsca wypadku. Wiedziałam, że wzięłam na siebie część żalu i bólu, które przeżywały rodziny chłopców. Nie wiem, co jest gorsze: ból w ciele fizycznym czy ból w ciele emocjonalnym.

Zawsze będę robiła to, o co Bóg i anioły mnie poproszą, i jeżeli zechcą, bym wzięła na siebie część czyjegoś cierpienia, na pewno to zrobię. Takie jest moje życie. Branie na siebie cierpienia i bólu innych jest częścią daru uzdrawiania, jakim obdarzył mnie Bóg. Niektórzy mogą uznać, że nie jest to dar, tylko przekleństwo, ale przejmując ból innych ludzi, mogę przynieść im ulgę. Jestem jak pośrednik, biorę na siebie ból i przekazuję go Bogu. Czasami ból jest obezwładniający, wydaje mi się, że umieram, ale nie umrę, bo Bóg zabiera ten ból ode mnie. Nie wiem, co z nim robi, to tajemnica, ale wiele razy tego doświadczyłam.

Rozdział VII

Istota bez duszy

Pewnego dnia, kiedy miałam siedemnaście lat i pracowałam na stacji już prawie półtora roku, spełniła się wizja Eliasza.

Byłam w biurze z Anne i moim ojcem. Z miejsca, w którym siedziałam, przez duże okna miałam widok na drugą stronę ulicy, gdzie rosły drzewa. W oddali ujrzałam młodego mężczyznę, który tam szedł, i nagle go rozpoznałam.

Patrzyłam na drzewa i na tego człowieka i chociaż dzieliła nas duża odległość, od razu wiedziałam, że to jest ten, którego poślubię. Zaparło mi dech w piersiach. Byłam pewna, że przejdzie przez ulicę i zjawi się na stacji, by zapytać o pracę.

Poczułam, że ktoś gładzi mnie po włosach – odwróciłam się i zobaczyłam mojego anioła stróża. Znowu wyjrzałam przez okno i kiedy patrzyłam na młodego człowieka idącego przez parking, w energii, która go otaczała, mogłam dostrzec zarys jego anioła stróża. Młodzieniec wydał mi się niezwykle przystojny: był bardzo wysoki i miał rudawe włosy. Z ogromnym przejęciem obserwowałam go, wiedząc, jaki będzie rezultat naszego spotkania.

Mimo to spokojnie odwróciłam się do Anne i powiedziałam:

– Ktoś przyszedł szukać pracy, mam nadzieję, że jej nie dostanie!

Teraz się z tego śmieję, ale wtedy lękałam się tej wielkiej zmiany, która miała nastąpić w moim życiu, a poza tym byłam bardzo nieśmiała. Wiedziałam, że on dostanie pracę, bo tak miało być.

Gdy mężczyzna pojawił się w sklepie, tata spojrzał na niego znad biurka i dał nam znak, że się nim zajmie. Poszedł do niego, a ja siedziałam na swoim miejscu jak sparaliżowana. Nie chciałam tam być, cała się trzęsłam. Przypomniało mi się wszystko, co powiedział Eliasz: że to jest człowiek, którego poślubię, będę go kochała, a on będzie kochał mnie i zaznamy wiele szczęścia, ale potem będę musiała się nim opiekować i nie zestarzejemy się razem.

Tata i młody człowiek stali na środku sklepu i rozmawiali przez jakiś czas. W końcu zebrałam brudne kubki i poszłam do kuchenki je umyć. Mijając ich, ukradkiem zerknęłam na niego i jeszcze bardziej mi się spodobał! Długo myłam kubki i robiłam świeżą herbatę, a kiedy wróciłam, oni nadal tam stali, rozmawiając. Nie wiedziałam, co robić. Do sklepu wszedł klient, więc poszłam go obsłużyć. Byłam bardzo zdenerwowana i po prostu zignorowałam młodzieńca.

Mój ojciec oczywiście go zatrudnił. Następnego dnia, gdy przyszedł do pracy, zostaliśmy sobie przedstawieni i dowiedziałam się, że ma na imię Joe. Przyglądałam się z daleka, jak uczy się nowych obowiązków: nalewania paliwa i naprawiania przebitych opon. W drodze do domu tata powiedział, że jego zdaniem chłopak jest bardzo bystry i pojętny.

Starałam się unikać Joego, ale nie mogłam się powstrzymać, by go ukradkiem nie obserwować, bo bardzo mi się podobał. Zastanawiałam się, czy zwrócił na mnie uwagę i czy czuje, że coś go ze mną łączy. Wydawało mi się, że anioły dbają o to, by za każdym razem gdy szłam do kuchenki umyć kubki albo zrobić herbatę, Joe też tam był. Uśmiechał się do mnie promiennie i w głębi serca wiedziałam, że on także coś do mnie czuje. Ja również się uśmiechałam, ale nie mówiłam dużo i starałam się jak najszybciej opuścić kuchenkę.

Pewnego dnia, mniej więcej pół roku po tym, jak podjął pracę na stacji, Joe zaprosił mnie na randkę. Poszłam do kuchenki zrobić herbatę, którą parzyłam kilka razy dziennie. Kiedy napełniałam czajnik i myłam filiżanki, on wszedł i zaproponował, że pomoże mi w zmywaniu. Roześmiałam się i odparłam, że nie ma takiej potrzeby, bo są do mycia tylko trzy filiżanki! Już wychodziłam z czajniczkiem i filiżankami na tacy, kiedy Joe zapytał:

– Powiedz, Lorno, co byś zrobiła, gdybym zaprosił cię na randkę?

Uśmiechnęłam się do niego i odrzekłam:

– Z przyjemnością bym poszła.

Joe zaproponował ten wieczór, ale odparłam, że nie mogę i że możemy się spotkać w piątek po pracy.

– Świetnie – powiedział Joe, przytrzymując mi drzwi.

– Później porozmawiamy o tym, co będziemy robić w piątek wieczorem – dodałam, wychodząc.

Byłam taka szczęśliwa, że miałam uczucie, jakbym płynęła w powietrzu. Dni mijały bardzo szybko i zanim się zorientowałam, był już piątek. Tego ranka, kiedy poszłam zrobić herbatę, Joe już na mnie czekał w kuchence. Uśmiechnął się i zapytał:

– Lorno, co chciałabyś robić dziś wieczorem?

– Poszłabym do kina – odpowiedziałam. – Spotkajmy się o szóstej trzydzieści przy O'Connell Bridge.

Joe zaproponował, żebym wybrała film, ale wtedy wszedł ktoś z pracowników i więcej już o tym nie rozmawialiśmy. Zapytałam ojca, czy mogę tego dnia skończyć pracę wcześniej i wyjść około czwartej zamiast o szóstej. Tata się zgodził, na szczęście o nic nie pytając. Anioły uprzedziły mnie, że muszę zachować to w tajemnicy.

Około czwartej pojechałam autobusem do domu. Idąc ulicą, rozmawiałam z aniołami.

– To takie ekscytujące. Co prawda, nie mam pojęcia, jakie filmy grają w Dublinie; w kinie dawno nie byłam, chyba ze dwa lata. A nie ma znaczenia, na co pójdziemy. Ważne, że będę z Joem.

Anioły się roześmiały, a ja przypominałam sonnbie wszystko, co mówił Eliasz. Kiedy dotarłam do domu, oznajmiłam mamie, że idę z koleżanką do kina w Dublinie.

– Tylko nie spóźnij się na ostatni autobus do domu – powiedziała mama, też o nic nie pytając, i myślę, że była to zasługa aniołów.

Na stole w jadalni leżała gazeta, więc otworzyłam ją na repertuarze kin. Grali tak wiele filmów, że wybrałam jakiś na chybił trafił, nic o nim nie wiedząc, ale nie obchodziło mnie to. Anioły nie skomentowały mojego wyboru i uznałam, że wszystko jest w porządku. Teraz się z tego śmieję.

Był piękny letni wieczór, a O'Connell Bridge wyglądał cudownie – oświetlony i ozdobiony kwiatami w donicach. Joe spóźnił się kilka minut, więc czekając na niego, obserwowałam, co dzieje się dokoła. Była tam żebraczka z dzieckiem, prosząca wielu przechodniów o pieniądze. Jakaś kobieta sprzedawała róże, ale najwyraźniej nikt nie miał czasu, by się zatrzymać i kupić choćby jedną. Mogę poznać, w jakim człowiek jest nastroju, po kolorze otaczającej go energii: wiem, czy się spieszy albo czy jest radosny. Joe podszedł do mnie z tyłu i lekko klepnął mnie w ramię. Podskoczyłam i odwróciłam się, a on zaczął się śmiać. Byłam taka szczęśliwa, że go widzę. Wziął mnie za rękę i poszliśmy prosto do kina. Film, który wybrałam, nosił tytuł *Dziewica i cygan*. Kino było pełne ludzi, więc musieliśmy usiąść z przodu. Po jakichś dziesięciu minutach projekcji zaczęłam się niespokojnie wiercić: to nie był film, jaki chciałabym obejrzeć, a już na pewno nie z Joem na naszej pierwszej randce. Sceny erotyczne były bardzo śmiałe – siedziałam zaszokowana. W latach siedemdziesiątych ubiegłego wieku w Irlandii takie filmy należały raczej do rzadkości. Może właśnie dlatego w kinie było tyle ludzi!

Minęło jeszcze kilka minut i powiedziałam Joemu, że chcę wyjść. On nie miał nic przeciwko temu – myślę, że czuł się równie niezręcznie jak ja. Ruszyliśmy przez O'Connell Bridge w stronę kolumny Nelsona. Wieczór był piękny i cieszyłam się, że wyszliśmy z kina. Spacerowanie za rękę z Joem było znacznie przyjemniejszym sposobem spędzenia pierwszej randki. Idąc, rozmawialiśmy. Joe powiedział, że cieszy się, że to nie on wybrał film! Oboje się roześmialiśmy.

Przeszliśmy obok Poczty Głównej – zawsze lubiłam ten piękny budynek z szarego kamienia. Skinęliśmy głowami policjantowi, który stał tam na straży. Zauważyłam całującą się parę. Wysokie anioły tych ludzi były bardzo blisko, jakby chciały pomóc im się połączyć. Uśmiechnęłam się, gdy ich mijaliśmy. Joe objął mnie ramieniem, co było bardzo przyjemne. W jego towarzystwie czułam się bezpiecznie.

Przeszliśmy na światłach przez ulicę i skierowaliśmy się do restauracji. Nigdy wcześniej nie zdarzyło mi się być wieczorem w restauracji. Ta była wąska i długa, z podłogą wyłożoną marmurowymi płytkami i przykręconymi do niej emaliowanymi stolikami; po obu stronach każdego stolika stały ławy. Ich oparcia były tak wysokie, że siedząc, nie widziało się gości przy innych stolikach. Usiedliśmy na ławach naprzeciwko siebie. Po wyrazie mojej twarzy Joe zorientował się, że nigdy nie byłam w takiej restauracji, i wyjaśnił mi, że tego rodzaju stoliki nazywa się boksami. Wtedy przyszła kelnerka i zamówiliśmy kanapki i herbatę.

Rozmawialiśmy o naszych rodzicach – ojciec Joego nie żył, i o rodzeństwie – Joe był najmłodszy, a ja trzecia z kolei. W pewnym momencie zapytał:

– Jak myślisz, co powiedziałby twój ojciec, gdyby wiedział, że jesteśmy na randce?

– Nie wiem, co powiedziałby tata, ale mama na pewno byłaby przeciwna – odrzekłam.

Ustaliliśmy więc, że zachowamy to w tajemnicy.

Wyszliśmy z restauracji i spacerowaliśmy jeszcze trochę po ulicach, oglądając wystawy, a potem wzdłuż nabrzeża poszliśmy na pętlę autobusową. Joe mieszkał w innej części miasta niż ja i musiał jechać w przeciwnym kierunku. Mój autobus właśnie podjechał na pętlę, ale miał ruszać dopiero za kilka minut, wsiedliśmy więc do niego, szczęśliwi, że możemy jeszcze przez chwilę posiedzieć razem.

– Lepiej już idź na swój autobus – rzekłam w końcu.

Wstał, mówiąc, że zaraz wróci. Pogadał chwilę z kierowcą, a potem usiadł znowu obok mnie i oznajmił:

– Jadę z tobą autobusem, odprowadzę cię pod same drzwi.

Kierowca powiedział mu o autobusie, którego oficjalnie nie było w rozkładzie jazdy, a na który mówiono

„autobus widmo". Według rozkładu jechał z Dublina w okolice mojego domu, a wracając do zajezdni w centrum Dublina, nie powinien już zabierać pasażerów, ale jednak ich zabierał. Od tego dnia zawsze kiedy gdzieś razem wychodziliśmy, Joe odprowadzał mnie do domu, potem wracał „autobusem widmo" do miasta i szedł na piechotę do siebie.

Nie zdradziliśmy nikomu, że się spotykamy. Pewnie inne dziewczyny w moim wieku, zwierzyłyby się przyjaciółce, ale ja nie miałam takich bliskich przyjaciółek. W każdym razie anioły powiedziały mi, żebym zachowała to w tajemnicy, a ja zawsze, nawet teraz, ich słucham. Nie wiem, czy Joe mówił komuś o naszych randkach, nigdy o to nie pytałam, ale myślę, że nie.

Byliśmy ostrożni i uważaliśmy, żeby nasz sekret się nie wydał, ale Joe był takim figlarzem, że nie mógł się powstrzymać, by się ze mną nie droczyć, ilekroć tylko nadarzyła się okazja. Wołał na mnie „Rambo", kiedy próbowałam dźwignąć naprawioną oponę, żeby zanieść ją klientowi do bagażnika (jestem dość niska), i śmiał się, że minispódniczka w moim uniformie jest o wiele za krótka (pewnie miał rację!).

Uwielbiałam chodzić z moim ojcem na ryby. Gdy byłam mała, urządzaliśmy sobie takie wyprawy bardzo często, a zdarzało się to również, kiedy już pracowałam na stacji i spotykałam się z Joem. Nie zawsze brałam ze sobą wędkę, ale lubiłam siedzieć w ciszy nad rzeką i spędzać czas z tatą. Pewnego razu pojechaliśmy na ryby w góry Wicklow. Wyruszyliśmy wcześnie rano, jak zwykle zabierając jedzenie, by urządzić sobie piknik. Mieliśmy również kociołek, więc mogliśmy zagotować wodę na ognisku i zrobić herbatę.

To był dosyć chłodny dzień. Wędkowaliśmy już z godzinę czy dwie i tata zdążył złowić pstrąga, kiedy zaczęło padać. W pobliżu nad brzegiem rzeki rosło kilka drzew, a między nimi stał stary, rozpadający się domek. Tata zaproponował żebyśmy schronili się tam przed deszczem i chłodem, rozpalili ogień i zaparzyli herbatę. Ruszył przodem; kiedy podeszliśmy bliżej, zauważyłam, że z drzew nie emanuje świetlista energia, a całe miejsce wygląda nieprzyjaźnie.

Anioł Michał poklepał mnie po ramieniu.

– To miejsce może cię przerazić – powiedział. – Pokażemy ci coś złego, nie zrobi ci to krzywdy, ale zauważy cię, jak tylko wejdziesz do tego domu. Zareaguje gniewem na twoją obecność, ale nic ci się nie stanie.

Do tej pory nie pokazywano mi złych rzeczy.

– Czy to duch? – zapytałam.

– Nie, Lorno, to inna istota – odrzekł Michał.

Tata krzyknął, żebym się pospieszyła. Spojrzałam w górę – był spory kawałek przede mną i wspinał się na brzeg rzeki przed domem. Kiedy znowu się odwróciłam, by porozmawiać z Michałem, on już zniknął.

Pobiegłam, żeby dogonić tatę. Minęliśmy drzewa otaczające dom. Wszystko wokół domu wydawało się martwe; na drzewach nie było liści, nie rosła tam też trawa ani kwiaty. Drzwi do domku były uchylone i wyłamane z zawiasów; brakowało w nich części desek. Nie było także części dachu i niektórych okien. Tata wszedł do środka; stał tam stary stół i krzesła. Wewnątrz poczułam lodowaty chłód, ale tata zdawał się nic nie zauważać i podszedł prosto do kominka.

Stałam na progu i nie mogłam się poruszyć. Powtarzałam tylko w myślach: „O, mój Boże, o, aniołowie". Obok kominka, po prawej stronie, zobaczyłam istotę. Nie przypominała niczego, co do tej pory widziałam, wyglądała jak roztopiony wosk. Miała około metra długości i była mniej więcej grubości człowieka. Była przerażająca. Nie potrafię powiedzieć, czy miała oczy albo usta. Oczywiście tata nie widział tego ani nie czuł. Pozbierał kawałki drewna z podłogi, ułożył je w kominku i zapalił zapałkę. Ogień wybuchł gwałtownie i poleciał na pokój – to była duża i głośna eksplozja. Istota emanowała potężną energią. Po prostu wyrzucała z siebie zło! Była bardzo rozgniewana; to miejsce należało do niej i nie chciała nas tam. W końcu byliśmy intruzami.

Tuż po eksplozji jedno z krzeseł przeleciało przez pokój i roztrzaskało się o przeciwległą ścianę.

Tata skoczył w kierunku drzwi, chwytając po drodze torbę. Pociągnął mnie za sobą na zewnątrz i co tchu popędziliśmy przez kępę drzew, potem w dół i wzdłuż brzegu rzeki. Oboje byliśmy przerażeni i biegliśmy tak szybko jak jeszcze nigdy w życiu. Tata biegł szybciej, ciągnął mnie za sobą. W końcu zwolniliśmy, by złapać oddech. Przestał padać deszcz i wyszło słońce; czułam jego ciepło na twarzy.

Tata w milczeniu próbował rozpalić ognisko, ale miał z tym kłopot, bo trzęsły mu się ręce. Patrzyłam na niego, czekając, aż się odezwie. Bez słów rozmawiałam z aniołami. Poprosiłam, żeby pomogły tacie się uspokoić. Po kilku minutach udało mu się rozpalić ogień i kiedy woda w kociołku się zagotowała, zaparzył herbatę. Zjedliśmy kanapki, nie mówiąc do siebie ani słowa.

W końcu tata odezwał się drżącym głosem:

– Przepraszam, że tak cię wystraszyłem, ale sam byłem przerażony. Nie wiem, co to było, słyszałem o poltergeistach rzucających krzesłami, ale nigdy o czymś, co powoduje, że ogień wybucha.

Tata znał się na rozpalaniu ognia i zawsze był bardzo ostrożny. Myślę, że bardziej wystraszył go wybuchający ogień niż latające krzesło.

Siedziałam bez słowa, pijąc herbatę. Nie chciałam, żeby tata się domyślił, jak bardzo się bałam. A byłam naprawdę przerażona, mimo że w głębi duszy wiedziałam, iż opiekują się nami anioły.

Kiedy siedziałam przy ognisku, Michał dotknął mojego ramienia, chociaż mi się nie pokazał. Powiedział, że tata miał rację. Istota, którą widzieliśmy, to był poltergeist. Wytłumaczył mi, że poltergeisty to istoty pozbawione duszy, stworzone przez szatana. Czasami ludzie je przywołują, na przykład eksperymentując z czarną magią, tabliczką ouija lub podobnymi rzeczami. Michał powiedział, że są one niezwykle przebiegłe, zakradają się, gdy tylko zwietrzą okazję, i mogą spowodować ogromne szkody.

W milczeniu skończyliśmy lunch, po czym zebraliśmy nasze rzeczy. Tata zaproponował, żebyśmy kontynuowali wędkowanie na innym odcinku rzeki. Zgodziłam się. Oboje chcieliśmy znaleźć się jak najdalej od tego miejsca. Przenieśliśmy się o kilka kilometrów i już spokojnie złowiliśmy wystarczająco dużo ryb na kolację.

Wieczorem, w domu przy kolacji, nie wspomnieliśmy nikomu ani słowem o tym, co się wydarzyło tego dnia. Nigdy więcej nie rozmawiałam o tym z tatą.

Rozdział VIII

Pośrednik

Pewnego popołudnia, gdy myłam ręce w toalecie na stacji, zerknęłam w lustro nad umywalką i zobaczyłam w nim kobietę – początkowo tylko twarz. Spojrzała na mnie, a ja odskoczyłam. Kiedy się cofnęłam, lustro jakby zniknęło, a kobieta pojawiła się w całej postaci. Jej promienne światło wypełniło całe pomieszczenie. Zanim zdążyłam wykrztusić choćby słowo, odezwała się do mnie:

– Witaj, Lorno. Jestem anioł Elisa.

Wyciągnęła do mnie ręce i ujęła moje dłonie. Jej ręce były w dotyku jak pióra, a kiedy na nie spojrzałam, zobaczyłam, że naprawdę przypominają pióra, chociaż mają zupełnie ludzki kształt.

Mówię o tym aniele jako o kobiecie, ponieważ w takiej formie mi się ukazał, ale anioły nie mają płci. Pojawiają się w ludzkiej postaci, żeby łatwiej było nam je zaakceptować i żebyśmy się mniej bali; zmieniają wygląd na męski lub kobiecy po to, byśmy się czuli swobodniej i lepiej zrozumieli przesłanie, jakie nam przynoszą.

Jak już wcześniej wspomniałam, anioły opowiedziały mi trochę o Eliaszu, gdy pisałam tę książkę. Wyjaśniły mi też, że Elisa jest prorokiem, któremu prorok Eliasz dał swój płaszcz krótko przed tym, jak wstąpił na rydwanie do nieba. W Starym Testamencie Elisa jest jednak mężczyzną, Elizeuszem.

– Aniele Eliso, dlaczego się zjawiłaś? Czy coś w moim życiu ma się zmienić? – zapytałam.

– Tak, Lorno, dostaniesz nową pracę. Pomogę twojej mamie spotkać starego znajomego i otrzymasz pracę w domu towarowym w Dublinie – odpowiedziała.

Chciałam zapytać, kiedy to się stanie, ale w tej samej chwili ktoś zapukał do drzwi toalety.

– Już wychodzę – krzyknęłam.

Elisa położyła swój palec w kształcie pióra na ustach i zniknęła.

Byłam bardzo przejęta perspektywą nowej pracy, nawet jeżeli oznaczałoby to, że nie będę się codziennie widywać z Joem. Czułam, że da mi to większą niezależność od rodziców i pozwoli im zobaczyć, że potrafię sama sobie poradzić. Pracując na stacji, byłam pod opieką taty, więc tego nie widzieli.

Kilka tygodni później karmiłam w ogrodzie swoje króliki, kiedy mama poprosiła, żebym wzięła w pracy dzień wolny.

– Od dawna nie byłyśmy razem na zakupach. Mogłybyśmy pochodzić po sklepach, a potem może zjeść lunch w domu towarowym Arnotts – zaproponowała.

– Byłoby świetnie – odrzekłam.

Następnego dnia poprosiłam tatę, żeby dał mi w czwartek dzień wolny, a on powiedział, że mama już mu o tym mówiła i że wszystko jest załatwione.

Chciało mi się śmiać, wiedziałam, że to sprawka anioła Elisy, to ona wpłynęła na bieg wydarzeń i podsunęła mamie ten pomysł. A zatem spisek się udał i wszystko się układało. Cieszyłam się też, że mama słucha swoich aniołów. Nie mogłam znieść oczekiwania, wiedząc, jaki będzie skutek tej wyprawy do Dublina. W czwartek pojechałyśmy autobusem do miasta. Jak zwykle panował tam duży ruch i było mnóstwo ludzi. Odwiedziłyśmy z mamą wiele domów towarowych przy O'Connell Street, Henry Street i Mary Street i obejrzałyśmy dużo ładnych rzeczy. Mama zawsze lubiła oglądać porcelanę, skorzystałam więc z okazji i oddaliłam się na chwilę, udając, że zaciekawiło mnie coś innego.

Usłyszałam nagle głos Elisy: „Lorno, popatrz na swoją mamę".

Spojrzałam więc na mamę, która nadal oglądała porcelanę. Zobaczyłam dwie świetliste istoty – jedną z nich był anioł stróż mamy, a drugą, ku mojemu zaskoczeniu, duch mojego brata Christophera. Nie widziałam go od lat. Zadrżałam ze wzruszenia; miałam ochotę podbiec do niego i złapać go za rękę, jak to robiłam na Old Kilmainham, kiedy byłam dzieckiem, ale anioł stróż przytwierdził moje stopy do ziemi. (Robi tak, kiedy widzi, że owładnęły mną zbyt silne emocje, i nie chce, żebym ruszała się z miejsca).

Christopher popatrzył na mnie i się uśmiechnął, a potem znów odwrócił się do mamy i zaczął szeptać jej do ucha. Teraz wiedziałam, że mama słyszy anioły za pośrednictwem Christophera.

– Aniele Eliso – odezwałam się błagalnym tonem – bardzo bym chciała powiedzieć mamie, że Christopher stoi obok niej.

– Nie możesz tego zrobić, Lorno – odparła.

– Ale on jest taki wspaniały, taki piękny...

Wtedy Christophera zalało światło. Został otulony światłem emanującym z anioła stróża mamy. Głęboko mnie to poruszyło – był to jeden z najpiękniejszych widoków, jakie kiedykolwiek oglądałam.

Mama odwróciła się i zawołała mnie, a kiedy ku niej szłam, światło wokół niej stawało się coraz jaśniejsze. Anioły zniknęły, ale wiedziałam, że nadal tu są.

– Chodźmy na lunch do domu towarowego Arnotts – powiedziała mama.

Poszłyśmy tam i w restauracji, jak zwykle, była ogromna kolejka. W końcu wzięłyśmy lunch i znalazłyśmy wolny stolik. Mama opowiadała o różnych ładnych rzeczach, które widziała. Kupiła kilka łyżek i talerz, który miał niewielką skazę.

– Pojedziemy do domu autobusem o drugiej – oznajmiła. – Będziemy miały jeszcze czas, żeby wejść do domu handlowego przy Mary Street.

Po posiłku poszłyśmy na Mary Street. Kiedy otworzyłam drzwi, stała tam Elisa. Czułam płynące stamtąd wibracje. Czułam energię i wiedziałam, że zaraz przydarzy mi się coś dobrego, coś, co zaskoczy moją mamę.

Mama właśnie ruszyła do działu z tkaninami, kiedy podszedł do niej niski szczupły mężczyzna w garniturze. Mama go nie poznała, ale on ją rozpoznał i zwrócił się do niej po imieniu. Przedstawił się i zobaczyłam zaskoczenie na twarzy mamy.

– Pewnie mnie nie pamiętasz, Rose – powiedział. – Mieszkałem na tej samej ulicy co ty, kilka domów dalej. Parę razy nawet wyszliśmy gdzieś razem.

Wtedy twarz mamy się rozjaśniła; rozpoznała go. Rozmawiali i śmiali się. Mama jakby zapomniała, że stoję obok. W pewnym momencie mężczyzna zapytał:

– Kim jest ta młoda dama, która ci towarzyszy, Rose? Czy to twoja córka?

– Tak, to jest Lorna – przedstawiła mnie mama.

Wtedy duch mojego brata Christophera szepnął mamie coś do ucha, a z jej ust wyszły takie oto słowa:

– Lorna szuka pracy. Przez ostatnie dwa lata pracowała ze swoim ojcem i chciałaby jakiejś odmiany.

– Lorno – zwrócił się do mnie znajomy mamy – widzisz te schody? Idź na górę, do recepcji, i poproś o formularz podania o pracę. Wypełnij go, udaj się do biura i powiedz, że chcesz rozmawiać z Phyllis.

Zrobiłam tak, jak kazał. Zapukałam do drzwi biura i spytałam o Phyllis. Byłam zdenerwowana i prosiłam anioły, żeby mnie wspierały. Kobieta w biurze obejrzała wypełniony przeze mnie formularz. Powiedziała, że kierowniczki tu nie ma, i odesłała mnie na dół, żebym jej poszukała. Kazała mi skręcić w lewo, przejść małym korytarzem i zapukać do drzwi po lewej stronie. Podziękowałam i wyszłam, idąc dalej według jej wskazówek. Drzwi po lewej stronie były lekko uchylone.

– Dzień dobry! – zawołałam, pukając.

– Proszę wejść – usłyszałam kobiecy głos.

Zajrzałam do środka. Wewnątrz było dosyć ciemno; przy biurku siedziała filigranowa kobieta w średnim wieku. Zauważyłam, że z biura, które miało szklaną ścianę, rozciąga się widok na cały sklep. Anioł Elisa stała obok kobiety, co sprawiło, że poczułam się pewniej.

– Jestem kierowniczką sklepu – odezwała się kobieta. – W czym mogę pani pomóc?

Wyjaśniłam, że przysłała mnie do niej kierowniczka piętra, a ona poprosiła, bym pokazała jej swoje podanie, i spytała, czy pracowałam dla kogoś prócz mojego ojca.

– Nie, to byłaby moja pierwsza praca poza stacją benzynową – odrzekłam.

Kobieta powiedziała, że dobrze trafiłam, bo mają kilka wakatów i mogłabym zacząć pracę od następnego poniedziałku. Kazała mi przyjść do swojego biura w poniedziałek o dziewiątej, a jeżeli jej nie zastanę, to mam

jej poszukać w sklepie. Oprowadzi mnie po dziale, do
którego będę przydzielona, i poprosi którąś z pracownic, by mi wszystko pokazała. Uścisnęłyśmy sobie dłonie i pożegnałam się.

Byłam taka szczęśliwa, że zbiegłam po schodach tanecznym krokiem. Nowa praca, i to w dodatku w sklepie
z konfekcją – to było emocjonujące. Śpiewałam hymny
pochwalne i dziękowałam moim aniołom. Kiedy wróciłam do mamy, ona wciąż rozmawiała ze swoim znajomym. Zauważyłam, że wygląda na znacznie starszego
od mamy. Zapytał, jak mi poszło z Phyllis.

– Zaczynam pracę w poniedziałek – oznajmiłam.

– To świetnie – odrzekł.

Rozmawiał jeszcze parę minut z mamą, po czym się
pożegnał.

Następnego dnia wieczorem spotkałam się z Joem
i powiedziałam mu o mojej nowej pracy. Bardzo się ucieszył, choć zaznaczył, że będzie tęsknił za moją codzien-
ną obecnością w pracy. Ale jak dodał, rozłąka sprawi, że
tym milsze będzie każde nasze spotkanie. Przyznał też,
że nowa praca uczyni mnie bardziej niezależną. Byliśmy
już ze sobą tak blisko, że to, czy będziemy razem pracować, czy nie, nie robiło nam wielkiej różnicy. Spędzaliśmy ze sobą dużo czasu, ale wciąż trzymaliśmy nasz
związek w sekrecie.

W poniedziałek rano poszłam do sklepu. Nie było jeszcze klientów, ale kręciło się już dużo osób z obsługi. Podeszłam do kierowniczki sklepu, a ona poleciła, żebym
poszła z nią na dół do szatni. Czułam zdenerwowanie
i strach. To była moja pierwsza samodzielna praca, z dala
od rodziny. Kierowniczka przedstawiła mnie Frances, kobiecie odpowiedzialnej za sekcję spódnic w dziale ubrań
damskich – miałam zostać jej asystentką.

Tego pierwszego dnia naprawdę się denerwowałam, a szczególnie obawiałam się przerwy na lunch, ale niepotrzebnie. Pauline, dziewczyna w moim wieku, pracująca w tym samym dziale, podeszła do mnie rano i powiedziała, że przerwę na lunch możemy spędzić razem. Pokazała mi wszystko i szybko zostałyśmy przyjaciółkami.

Od początku lubiłam tę pracę. Podobał mi się kontakt z ludźmi i atmosfera panująca w sklepie. Kierownictwo było przyjazne i opiekuńcze. Pracując tutaj, czułam się w swoim żywiole i wkrótce wiedziałam o spódnicach wszystko, co tylko można wiedzieć. Kiedy u mnie nie było dużego ruchu, pomagałam w innych działach.

Rozdział IX

Anioł Śmierci

Po kilku tygodniach nowej pracy anioły zwróciły moją uwagę na młodego mężczyznę o imieniu Mark, który pracował w dziale torebek. Był wysoki i szczupły, miał brązowe falujące włosy i brązowe oczy i zawsze chodził w brązowym garniturze. Czasami, patrząc na niego, dostrzegałam otaczające go miękkie, łagodne światło.

Pewnego popołudnia, kiedy w sklepie nie było dużego ruchu, obserwowałam Marka z daleka i zobaczyłam przy nim anioła. Nie był to anioł stróż, bo natężenie światła wokół niego było zupełnie inne. Ten anioł był elegancki, smukły i bardzo wysoki.

Różnił się od tych, które do tej pory widywałam. Odwrócił się i spojrzał na mnie ze smutkiem. Potem stanął za Markiem, pochylił się, sięgnął do wnętrza jego ciała i dotknął duszy. Zobaczyłam, jak powoli unosi duszę Marka i kołysze ją, bardzo delikatnie, jakby to było niemowlę. Młody człowiek stał bardzo spokojnie, jak gdyby wpadł w trans, zupełnie nieświadomy tego, co się dzieje.

Zaczęłam płakać, choć nie miałam pojęcia dlaczego. Przepełniały mnie emocje, ale nie wiedziałam, z jakiego powodu. Poczułam, jak ktoś klepnął mnie w ramię; to był anioł Hosus. Odwróciłam się i popatrzyłam na niego. Podniósł rękę i otarł łzy z moich oczu. Potem rzekł, bym znalazła pretekst, żeby iść do magazynu, a on będzie tam na mnie czekał.

Rozejrzałam się, by sprawdzić gdzie jest kierownik. Na szczęście stał przy wejściu do sklepu i rozmawiał z ochroniarzem. Powiedziałam mu, że idę do magazynu. Weszłam do magazynu przez dwie pary ciężkich wahadłowych drzwi. W środku było pełno kartonów. Minęłam je i dotarłam do spiralnych kamiennych schodów. Wbiegłam po nich co tchu i otworzyłam małe drzwi. Pomieszczenie było słabo oświetlone, wypełniały je kartony i stojaki z odzieżą sięgające aż do sufitu, ale nigdzie nie widziałam Hosusa. Wiedząc, że nikogo innego tam nie ma, zawołałam go po imieniu. Podeszłam do ostatniego rzędu wieszaków i tam go zobaczyłam. Siedział w kącie, na pudle, i czekał na mnie.

– Aniele Hosusie – odezwałam się, z bijącym sercem siadając obok niego – chcę wiedzieć, co to za anioł, ten, którego ujrzałam. Co się stanie z tym młodym człowiekiem?

Hosus dotknął mojej ręki.

– Mogę ci zdradzić tylko trochę. Anioł, którego widziałaś, jest inny, to Anioł Śmierci. Pojawia się tylko wtedy, gdy ktoś ma umrzeć w niezwykłych okolicznościach. Anioł Śmierci stara się zrobić, co w jego mocy, żeby temu zapobiec, współpracuje z nim wiele aniołów. Możesz być pewna, że kiedy na przykład jakaś organizacja planuje akt terroru, w którym zginą niewinni ludzie, Anioł Śmierci przez długi czas próbuje uzmysłowić sprawcom, że Bóg nie chce, by to się stało. Nie powinno być wojny, powinien być tylko pokój. Anioł Śmierci pracuje wszędzie, nawet na najwyższych szczeblach rządowych, by chronić niewinne istoty, szczególnie w czasie wojny. Bardzo się stara przekonać ludzi. Ale czy oni słuchają aniołów? Czasami tak, ale nie zawsze!

Wcześniej, kiedy myślałam o aniele zwanym Aniołem Śmierci, wyobrażałam sobie, że niesie on tylko nieszczęście, ból i cierpienie, a tymczasem on był pełen miłości i współczucia. Podziękowałam Hosusowi i wróciłam do pracy. Wiedziałam już, kiedy nie należy zadawać więcej pytań. Wszyscy jesteśmy wychowywani tak, żebyśmy bali się Anioła Śmierci, a on pracuje dla życia. Jest dobrym aniołem, który walczy w imieniu żywych o to, co dobre i właściwe.

Od tej chwili baczniej obserwowałam Marka; za każdym razem gdy na niego spojrzałam, widziałam również Anioła Śmierci. Wiem, że był przy nim też anioł stróż, ale nigdy mi go nie pokazano. Codziennie moja uwaga zwracała się ku Markowi; tak jakbym go pilnowała i próbowała wpłynąć na to, żeby w jakiś sposób anioły zostały wysłuchane.

Pewnego dnia zaskoczona odkryłam, że Mark wie, że mu się przyglądam. Jakiś czas później poszedł do kierownika piętra i poprosił, żeby ten „wypożyczył" mnie na trochę do działu torebek, choć pracowały tam już dwie dziewczyny. Wiedziałam, że to nie był pomysł Marka, tylko głos aniołów; to one szeptały mu do ucha i zostały wysłuchane. Mogłam więc teraz spędzać z nim trochę czasu.

Mijały miesiące, a mnie było bardzo ciężko na sercu. Dowiedziałam się więcej o Marku od innych pracownic. Miał dziewczynę w Irlandii Północnej i w każdy weekend jechał do niej autobusem albo pociągiem. Miałam nadzieję, że wszystko będzie dobrze, ale moje anioły cały czas prosiły, żebym mu pomagała, więc w głębi duszy wiedziałam, że nie jest bezpieczny.

W sklepie zawsze panował duży ruch, szczególnie zaś w weekendy i kilka razy do roku podczas wyprzedaży.

Przychodziło wtedy mnóstwo kobiet, niektóre z małymi dziećmi i niemowlętami w wózkach. W czasie wyprzedaży pracownicy zajmowali się głównie podnoszeniem z podłogi ubrań, rzuconych tam przez kobiety pochłonięte szukaniem okazji. Panował chaos i stały ogromne kolejki do kas, ale ja lubiłam wyprzedaże, bo byłam bardzo zajęta i dzień mi szybko mijał. Lubiłam też pomagać ludziom.

Pewnej soboty, gdy trwała właśnie wyprzedaż, przeciskałam się między klientami, starając się odwieszać spódnice na stojaki, i nagle poczułam, że ktoś ciągnie mnie za uniform.

Spojrzałam w dół i ku swojemu zaskoczeniu zobaczyłam dwa małe aniołki. Wyglądały jak dzieci, miały około siedemdziesięciu centymetrów wzrostu i skrzydełka. Spowijało je jasne światło i tryskała z nich radość, były jak dwie wesołe iskierki. Widywałam już wcześniej takie anioły i za każdym razem gdy je widzę, czuję się jak dziecko; te małe aniołki wypełniają mnie radością, szczęściem i śmiechem.

– Chodź za nami, Lorno, szybko! – wykrzyknął jeden z nich.

Poprowadziły mnie na drugi koniec działu ubrań. Zniknęły w tłumie, ale cały czas słyszałam, jak mnie wołają.

– Pod wieszakiem z bluzkami, Lorno, zajrzyj pod wieszak z bluzkami!

Kiedy dotarłam do wieszaka z bluzkami, zatrzymałam się, patrząc na klientki, które oglądały bluzki, gorączkowo szukając okazji i niemal walcząc ze sobą. Byłam wstrząśnięta ich agresywnym zachowaniem. Małe aniołki kazały mi zajrzeć pod wieszak – wiedziałam więc, że musi tam być małe dziecko.

Przepychałam się między kobietami, przepraszając i udając, że porządkuję bluzki, kiedy poczułam, jak dziecięca rączka chwyta mnie za kostkę. Schyliłam się, odsuwając jakąś kobietę, i podniosłam małą dziewczynkę. Wydostałam się z tłumu i za chwilę podeszła do mnie matka dziecka. Zwróciłam jej uwagę, że niebezpiecznie jest w takim miejscu zostawiać dziecko bez opieki, ale ona mnie zignorowała, zabrała córeczkę i się oddaliła.

Oba aniołki były bardzo smutne.

– Ta kobieta mnie nie słucha – powiedziałam do nich.

Aniołki poprosiły, żebym poszła za tą kobietą i ją obserwowała. Małe aniołki również za nią chodziły, widziałam też, jak anioł stróż szepcze jej coś do ucha.

Próbowałam nie spuszczać jej z oka, ale było to trudne, ponieważ klienci ciągle prosili mnie o pomoc. Wokół panował chaos. Gdy tylko mogłam, starałam się odnaleźć matkę z dzieckiem, a małe aniołki ułatwiały mi to, wysyłając w górę promień światła. Za każdym razem kiedy widziałam to światło, czułam ulgę. Nagle aniołki znowu zaczęły mnie ciągnąć za ubranie.

– Chodź szybko! – zwołały. – Coś ma się stać a my nie zdołamy temu zapobiec, jeżeli matka nas nie posłucha.

Szłam za aniołkami najszybciej, jak tylko mogłam. Ku mojemu zaskoczeniu, kiedy znikały w tłumie, zostawiały za sobą smugę skrzących się światełek. Tłum stał się przezroczysty od pasa w dół, dzięki czemu zobaczyłam, gdzie stoi dziewczynka. Kiedy się tam zbliżyłam, krzyknęłam:

– Uwaga na dziecko!

Kobiety były tak zaabsorbowane szukaniem okazji, że nie słyszały moich słów; po prostu nie zwracały na mnie uwagi. Wiedziałam, co się wydarzy, i choć bardzo chciałam, nie mogłam temu zapobiec. Kobiety gorączkowo

zszarpywały odzież z wieszaków. Nagle jedna z nich prze-
jechała wieszakiem po twarzy dziecka, zahaczając o oko,
tak że wyskoczyło z oczodołu.

Zobaczyłam, jak jeden z aniołków kładzie rękę na oku
dziecka. Chociaż gałka oczna wypadła z oczodołu, dotyk
anioła zapobiegł jej całkowitemu oderwaniu się. Dziewczynka zaczęła krzyczeć. Kiedy jej matka zobaczyła, co
się stało, również zaczęła krzyczeć i chwyciła dziecko
na ręce. Podeszłam do nich blisko, dotknęłam ich i poprosiłam Boga, żeby pomógł uratować oko dziewczynki.

– Wezwijcie karetkę! – zawołał ktoś.

Przepełniał mnie ból, gdy patrzyłam na tę dziewczynkę
z okiem zwisającym z oczodołu i na aniołki, które podtrzymywały gałkę oczną, żeby się nie oderwała. Gdy widzimy taką troskę i miłość, wiemy, że jesteśmy kochani;
nawet w trudnych chwilach, kiedy myślimy, że nikt nas
nie kocha i nikogo nie obchodzi nasz los, anioły są przy
nas. Pamiętajcie: anioły kochają nas bezwarunkowo.

Dziewczynka cały czas krzyczała, ale zaraz nadbiegł
kierownik i zabrał matkę z dzieckiem do swojego biura.

Później słyszałam, że oko udało się uratować.

Joe i ja byliśmy zakochani i stawaliśmy się sobie coraz bliżsi. Wieczorami, po pracy, chodziłam do domu
jego matki. Przyjmowała mnie bardzo serdecznie i spra-
wiała, że czułam się częścią rodziny. Była wysoką, dobrze zbudowaną kobietą z kręconymi włosami, zawsze
uśmiechniętą. Dużo rozmawiałyśmy; ja siedziałam przy
kuchennym stole, a ona szykowała posiłek, ale nigdy
nie pozwoliła, bym jej pomogła. Uwielbiałam z nią ga-
wędzić. Szczególnie jedna rozmowa mnie uszczęśliwi-
ła: powiedziała mi, że bardzo się cieszy, iż Joe spotkał
taką miłą dziewczynę, i że chciałaby, abyśmy się pobra-

li i mieli dzieci. I że byłaby szczęśliwa, gdyby jej młodszy syn się ożenił i ustatkował. Prosiła jednak, żebym nie mówiła o tym Joemu, miało to zostać między nami. Joe wracał do domu mniej więcej godzinę później niż ja i wszyscy razem jedliśmy obiad. Jego matka świetnie gotowała; uwielbiałam jej kapustę z boczkiem i tartę z jabłkami. Po obiedzie ja i Joe szliśmy na przystanek, by o dziesiątej złapać autobus do centrum, a stamtąd następny, do Leixlip, gdzie mieszkałam. Kiedy teraz o tym myślę, widzę, że spędzaliśmy mnóstwo czasu w autobusach.

Ciągle nie mówiłam o nas rodzicom, chociaż spotykałam się z Joem już od ponad roku. Dziwne, ale moja matka nigdy nie zapytała, gdzie bywam wieczorami, może myślała, że zawsze pracuję do późna. Obawiałam się, co powie tata, czy zaakceptuje nasz związek, czy nie, ale wiedziałam, że bardzo lubi Joego. Najbardziej jednak bałam się tego, jak zareaguje mama.

Zwykle raz albo dwa razy w tygodniu pracowaliśmy do późna, robiąc remanent. Układaliśmy grafik dyżurów na dwa tygodnie i ja przeważnie zostawałam dłużej w czwartki i piątki; niektóre dziewczyny nie chciały mieć dyżurów w piątki, ale mnie to nie przeszkadzało, bo widywałam Joego prawie codziennie, a on również często musiał pracować w piątkowe popołudnia. Czasami, kiedy był większy ruch, zostawałam dłużej także w środy. Mark wielokrotnie miał dyżury w te same dni co ja. Ciągle pojawiał się przy nim Anioł Śmierci; nie opuszczał jego duszy. Mark był taki szczęśliwy i wprost tryskał życiem, ale z moich rozmów z aniołami wiedziałam, że przegrały walkę.

Pewnego dnia pracowałam przy kasach z Valerie, jedną z dziewczyn, z którymi byłam zaprzyjaźniona. Akurat

składałyśmy ubrania i pakowałyśmy je do toreb, gdy
Mark zrobił coś, czego nigdy wcześniej nie robił – podszedł, żeby z nami porozmawiać. Opowiadał nam o swojej dziewczynie, która mieszkała w Irlandii Północnej
i do której jeździł w każdy weekend. Powiedział, że sza-
leje za nią, że jest ona najlepszą rzeczą, jaka go w życiu spotkała, i w przyszłości zamierza się z nią ożenić.

Widziałam jego pięknego anioła, który obejmował go
tak, jakby był najcenniejszą istotą ludzką na świecie,
i zaczęłam drżeć na całym ciele. Anioł Śmierci nie chciał
zabierać Marka, ale nie miał wyboru, ponieważ ludzie
nie chcą słuchać swoich aniołów. Wyraźnie słyszałam,
jak anioł do mnie mówi. Mogłam dotknąć Marka i Anioła Śmierci, ale nakazano mi, żebym tego nie robiła. Potem Mark się pożegnał i wyszedł.

Powiedziałam Valerie, że muszę iść do toalety. Wy-
biegłam ze sklepu przez tylne drzwi i popędziłam do łazienki. Tam się rozpłakałam. W końcu opanowałam się
i wróciłam do pracy, poddając się woli aniołów; czułam
się taka smutna i bezradna.

Pracowałam w sklepie mniej więcej od roku, gdy pewnego dnia poproszono mnie, żebym została dłużej. Zgodziłam się; wiedziałam, że muszę tam być, bo Mark także miał pracować tego popołudnia. Patrzyłam na Marka
i jego anioła i modliłam się. Czułam wielkie szczęście
i radość Marka, czułam jego ogromną miłość do dziewczyny. Byłam pewna, że jest już zaręczony, że wyobraża
sobie ich wspólną przyszłość i to nadaje sens jego życiu.

Wszyscy poszli już do domu, zostałam tylko ja, kierownik piętra i Mark. Kierownik podszedł do mnie i zapytał, czy już skończyłam. Powiedziałam mu, że potrzebuję jeszcze pięciu minut. Kiedy uporządkowałam
odzież na wieszakach, spojrzałam Marka, który był zaję-

ty w dziale torebek, po czym ruszyłam do szatni. Zbiegłam po schodach, wzięłam z szatni swój płaszcz i wróciłam na górę w nadziei, że zobaczę jeszcze Marka. Rozmawiał właśnie z kierownikiem. Wiedziałam, że widzę
go po raz ostatni.

Drzwi sklepu zamknęły się za mną. Idąc przez parking i uliczki na tyłach sklepu, oddałam się w ręce aniołów. Czułam się taka bezradna. Nagle pojawiły się anioły
w jasnej poświacie, otoczyły mnie i zabrały moją duszę
z ciała. Od tego momentu nic nie pamiętam. Nie pamiętam, jak dotarłam do domu ani co wydarzyło się tamtego wieczoru. Kiedy obudziłam się następnego dnia rano,
wiedziałam, że anioły przeniosły moją duszę do Marka,
tak żebym towarzyszyła mu duchowo; pozostawiły moje
ciało połączone z duszą rodzajem nici.

Gdy tego ranka wstałam z łóżka, moje ciało było tak
lekkie, że prawie nie wyczuwałam podłogi pod stopami.
Byłam bardzo spokojna i wyciszona. Ubrałam się i powoli
zeszłam do kuchni. Czułam się słaba i chora. Mama zapytałam, czy nic mi nie dolega, bo jestem bardzo blada.

Nalałam sobie herbaty, wzięłam kubek i tost i poszłam
do ogrodu zajrzeć do moich królików. Był to tylko pretekst – wolałam wyjść, bo nie chciałam martwić mamy.
A potem się z nią pożegnałam i ruszyłam w stronę przystanku. Wtedy zobaczyłam obok siebie dwa anioły, po
jednym z każdej strony – niosły mnie.

– Dziękuję wam, anioły – powiedziałam z uśmiechem.
– Proszę, pomóżcie mi poczuć się trochę lepiej fizycznie,
bo nie dam rady przetrwać tego dnia.

– Nie martw się, Lorno, opiekujemy się tobą – wyszeptały mi do ucha.

Kiedy dotarłam na przystanek, było tam już ze dwanaście osób.

– Proszę – zwróciłam się do aniołów – pomóżcie mi znaleźć miejsce siedzące, bo nie dam rady stać.

Po kilku minutach przyjechał autobus; był zatłoczony, ale udało mi się znaleźć wolne miejsce na samym tyle. Zasnęłam i obudziłam się dopiero, kiedy siedzący przede mną mężczyzna zaszeleścił poranną gazetą, którą czytał. Dostrzegłam nagłówek: „Młody mężczyzna zastrzelony w Dublinie". Zamknęłam oczy; byłam zdruzgotana.

Kiedy autobus dojechał do pętli, wysiadłam i poszłam przez most na Mary Street. Mijając sklep o nazwie Hector Greys, usłyszałam, jak spiker w radiu mówi: „Zastrzelono młodego mężczyznę".

Puściłam się pędem, a gdy dobiegłam do ulicy, przy której stał nasz dom towarowy, z oczu popłynęły mi łzy. W pobliżu nie było nikogo. Przeraziłam się, gdy zobaczyłam na chodniku narysowane kredą linie i podartą żółtą taśmę – w tym miejscu Mark został zastrzelony. Nikogo tam nie było, żadnej policji, nikogo! Ludzie mówili, iż było to zabójstwo na tle religijnym, być może dlatego, że miał dziewczynę w Irlandii Północnej. Jednego jestem pewna: Mark poszedł prosto do nieba. Jak pamiętacie, widziałam jego duszę, kiedy dotknął jej anioł: była piękna, błękitna, kryształowo czysta, bez najmniejszej skazy. Kiedy umarł, były przy nim anioły, a w szczególności Anioł Śmierci, i członkowie jego rodziny, którzy odeszli wcześniej; delikatnie zabrali jego duszę do nieba.

W przerwie na lunch zadzwoniłam do Joego i poprosiłam, żeby spotkał się ze mną po pracy, przy tylnym wejściu do sklepu. Byłam bardzo słaba i wiedziałam, że sama nie dojdę dalej niż na przystanek autobusowy. Powiedziałam Joemu, że następnego dnia mam wolne i możemy wieczorem gdzieś iść. Czułam się okropnie i chciałam, żeby mnie przytulił. Nigdy nie zapomniałam o Marku.

Rozdział X

Terroryści

Joe i ja uwielbialiśmy weekendy. Co cztery tygodnie miałam weekend wolny od pracy, a Joe, jeżeli tylko było to możliwe, też starał się mieć wtedy wolne. Żartowałam, że ma szczęście, iż pracuje dla mojego ojca. Zawsze planowaliśmy te weekendy z wyprzedzeniem i często odwiedzaliśmy nasze ulubione miejsca: Dublin Mountains, Wicklow Mountains i Brittas Bay, piękną plażą na południe od Dublina.

– Może byśmy w ten weekend pojechali na przełęcz Sally w Wicklow Mountains? – zaproponowałam pewnego wieczora, gdy Joe odprowadzał mnie do domu.

W niedzielny ranek, punktualnie o dziewiątej, Joe po mnie przyjechał. Spotkaliśmy się po przeciwnej stronie ulicy, za rogiem, tak żeby moja rodzina nie mogła nas zobaczyć. Wzięłam kanapki z szynką i serem, jabłka i tabliczkę czekolady na piknik. Pocałowaliśmy się na powitanie i poszliśmy na przystanek, w samą porę, by złapać autobus.

Kiedy dojechaliśmy w góry, wszyscy wysiedli z autobusu i poszli w tym samym kierunku co my. Byłam zaskoczona, widząc tyle par i rodzin z dziećmi, bo nie wiedziałam, że ta okolica jest tak popularna. Tego dnia przeszliśmy około dwóch kilometrów, do położonego wysoko miejsca z ogromnymi skałami. Było cudownie: dookoła góry i rześkie, czyste powietrze. Wspięliśmy się na wielką skałę, co uwielbiałam, ale Joe musiał mi pomagać, bo skały były olbrzymie, a ja jestem malutka – dla niego jednak nie stanowiły żadnego problemu. Świetnie się bawiliśmy.

Usiedliśmy na jednej z wielkich skał, by urządzić sobie piknik; gadaliśmy i napawaliśmy się słońcem i pięknem górskiego krajobrazu. W końcu spakowaliśmy resztę jedzenia, Joe wziął ode mnie torbę i objął mnie ramieniem. Kiedy mieliśmy zejść ze skały, wydarzyło się coś, co mnie zaskoczyło. Po prawej stronie Joego, krok za nim, pojawił się jego anioł stróż. Uśmiechnęłam się do niego, a on się odezwał:

– Lorno, spójrz na to małe jeziorko, w którym odbija się słońce. Idźcie tam.

– Dlaczego się tak uśmiechasz? – zapytał Joe.

Nie mogłam mu powiedzieć, że uśmiecham się do anioła; ciągle nie zebrałam się na odwagę, by mu wyznać, że widzę anioły i inne rzeczy. Obawiałam się jego reakcji.

– Spójrz tam, gdzie odbija się światło słońca, obok tej grupy drzew i skał, czy to nie małe jeziorko?

– Jak to się stało, że go wcześniej nie zauważyliśmy? – zdziwił się Joe.

Poszliśmy w tamtą stronę. Nad jeziorem spotkaliśmy parę, która urządziła tu sobie piknik. Zaprosili nas na herbatę; siedzieliśmy razem na brzegu, rozmawialiśmy i śmialiśmy się.

Anioły pokazały mi tego dnia cudowne rzeczy. Byłoby wspaniale, gdybym mogła podzielić się swoim sekretem z Joem i gdyby anioły pozwoliły mu zobaczyć to, co ja widziałam; niestety tak się nie stało.

Tafla jeziora była jak lustro, odbicia drzew tańczyły na wodzie, podobnie jak odbicie zimorodka, który przefrunął nad jeziorem. Zobaczyłam innego zimorodka przelatującego nad wodą, a potem jego odbicie, które jakby podniosło się z wody, mieniąc się wszystkimi kolorami tęczy. Wzniosło się, a potem rozerwało taflę jeziora, tworząc zmarszczki na wodzie i niemal dotykając ogona innego ptaka. Wyglądało to tak, jakby było tam całe stado ptaków, a nie tylko jeden.

– Lorno, czas już wracać – usłyszałam w końcu głos aniołów.

Powiedziałam do Joego, że zaczyna się ściemniać i że powinniśmy już iść. Ludzie, z którymi siedzieliśmy nad jeziorem, zaproponowali, żebyśmy wracali z nimi, bo znają inną, trochę krótszą drogę, a mają kompas, więc nie zabłądzimy.

Tak też zrobiliśmy. Nie wiem, jak długo szliśmy na przystanek, ale gdy tam dotarliśmy, byłam wyczerpana. Joe, jak zawsze szarmancki, odprowadził mnie pod same drzwi, pocałował na dobranoc i pobiegł, żeby złapać „autobus widmo" do Dublina. Poprosiłam anioły, by go chroniły w drodze do domu. Poprosiłam również, aby chroniły jego zdrowie; wyglądał kwitnąco i tryskał energią, ale widziałam, że niektóre narządy w jego ciele zaczynają chorować; skurczyły się nieco i wyglądały szaro. Była to niewielka zmiana, ale dla mnie wyraźnie widoczna. Bałam się, że to początek choroby, o której mówił Eliasz.

Nigdy nie zapomnę dnia, w którym moja mama odkryła, że spotykam się z Joem. Miałam akurat wolne, zajęłam się więc pracami domowymi i spędziłam trochę czasu z moim królikiem, Isabel. Moja siostra Emer również była tego popołudnia w domu i jak zwykle mama nie zwracała na mnie uwagi. Zauważyłam, że zawsze kiedy mama rozmawiała z kimś z mojego rodzeństwa, a ja wchodziłam do pokoju, od razu milkła. Tak było przez całe życie. Jeżeli zostawałam w pokoju albo siadałam z nimi, ich rozmowa kończyła się na dobre. Czasami było mi smutno, że rodzina nie chce mnie włączać do swoich spraw.

Tego popołudnia byłam umówiona z Joem o wpół do siódmej. Gdy wróciłam z ogrodu do domu, żeby się przygotować do wyjścia, mama była w kuchni. Zapytała, dokąd się wybieram. Powiedziałam tylko, że zamierzam złapać autobus o siedemnastej, i pobiegłam na górę. Kiedy byłam w sypialni, usłyszałam, jak mama i siostra idą na piętro. Dzieliłam sypialnię z siostrą i myślałam, że Emer zaraz tu przyjdzie, ale tak się nie stało. Poszły do sypialni mamy.

Słyszałam, że rozmawiają, ale byłam zbyt podekscytowana spotkaniem z Joem, żeby zwracać na to uwagę. Teraz sądzę, że mama musiała wypytywać Emer. Kiedy wyszłam z pokoju, obie stały na podeście schodów. Emer spojrzała na mnie ze skruchą.

– O co chodzi? – zapytałam.

– Dokąd się wybierasz? – krzyknęła mama.

Byłam zaszokowana, mama nigdy wcześniej tak się nie zachowywała. Powiedziałam jej, że jadę do Dublina. Mama znowu zaczęła krzyczeć, żądając, żebym jej powiedziała, czy to prawda, że spotykam się z chłopakiem, który pracuje u taty.

– Spotykasz się z tym Joem! – wybuchnęła. – Jak długo to trwa? Chcę wiedzieć! Od dzisiaj koniec z tym!

Była bardzo zdenerwowana. Spojrzałam na nią i zdecydowanym głosem oświadczyłam:

– Spotykam się z nim od kilku miesięcy i zamierzam to robić nadal. I teraz właśnie idę się z nim zobaczyć.

Kiedy się odwróciłam, by zejść ze schodów, mama złapała mnie mocno za ramię i zaczęła ciągnąć, krzycząc:

– Jak śmiesz przynosić nam wstyd, spotykając się z kimś niższego stanu!

Byłam wstrząśnięta tym, jak bardzo się zdenerwowała, nie znałam jej od tej strony. Uważała, że Joe należy do niższej klasy niż my. Spojrzałam tylko na nią i znów ruszyłam ku schodom. Trzymała mocno moje ramię i ciągnęła mnie, mówiąc:

– Nigdzie pójdziesz i przestaniesz spotkać się z tym chłopakiem.

Widziałam, że anioł stróż mamy płacze; niektóre z jego łez spadały jej na głowę. Tata dobrze teraz zarabiał i mieliśmy własny dom, a mama już zapomniała, że nasza rodzina była kiedyś bezdomna i że cieszyliśmy się, kiedy dostaliśmy dom komunalny. Byliśmy biedni, jak wiele innych irlandzkich rodzin w tym czasie. Najgorsze było to, że mama sama pochodziła z zamożnej rodziny, która jej małżeństwo z tatą uznała za mezalians.

Teraz trzymała mnie tak mocno, że musiałam być stanowcza.

– Puść moją rękę, to boli. Nie chcę spóźnić się na autobus. Będziesz musiała zaakceptować Joego i to, że się spotykamy.

Piękny anioł mamy pochylił się nad nią i objął całe jej ciało, i wtedy mama mnie puściła.

– Kocham cię, mamo – powiedziałam tylko.

Wyszłam z domu i popędziłam na przystanek. Jadąc autobusem, myślałam o mamie i jej aniele stróżu.

Joe czekał już na mnie na przystanku w Dublinie. Tak bardzo ucieszyłam się na jego widok, że mocno go uściskałam, nie mówiąc mu, jak bardzo jestem zdenerwowana. I nigdy mu nie powtórzyłam słów mamy, bo wiedziałam, jak bardzo by go zraniły.

Poszliśmy w stronę pobliskiego pubu o nazwie Maguire's; mieli akurat muzyczną noc, a ja zawsze lubiłam słuchać muzyki. Joe zamówił kufel guinessa, ja zaś wzięłam 7Up, ponieważ rzadko piję alkohol. Muzyka i objęcia Joego powoli mnie uspokajały i prawie zapomniałam o mamie.

Kilka dni później tata mnie zagadnął:

– Słyszałem od mamy, że ty i Joe jesteście parą. – Przyznał, że zauważył, iż coś między nami jest, ale nie miał pojęcia, że się spotykamy. – Rany, dobrze to ukrywałaś!

Dodał, że najważniejsze, żebym była szczęśliwa. Dużo zrobił dla Joego: uczył go i zachęcał, by szedł w życiu naprzód, co bardzo nam pomogło. Mama nigdy więcej nie wspomniała o tym, co wydarzyło się tamtego dnia, tak jakby tego w ogóle nie było.

Czasami anioły przygotowują mnie na to, co ma się stać; czasem dają mi wizje i wówczas wszystko wokół znika. Jak gdybym została przeniesiona w czasie i przestrzeni. Niekiedy wygląda to tak, jakbym miała przed sobą migający ekran telewizora, innym razem jak odtwarzany w bardzo szybkim tempie film. Zdarza się, że sprawia mi to trudność, bo nie rozumiem, co się dzieje. Ten „film" może się zatrzymać na krótką chwilę i wtedy widzę osobę albo miejsce. Wizje pojawiają się na wiele różnych sposobów.

Pewnego wiosennego ranka, który powinien być pogodny i słoneczny, wstałam, by wyszykować się do pracy, rozsunęłam zasłony w sypialni i wyjrzałam na zewnątrz. Wszędzie wokół panowała szarość – tak jakby ktoś rozpylił w powietrzu szarą farbę, pokrywając nią wszystko i wszystkich. Stałam przez chwilę, patrząc w okno. Zobaczyłam sąsiada, który pożegnał się z żoną, wsiadł do swojego auta i odjechał. On, jego samochód i wszystko dookoła było szare. Potem ujrzałam na drodze inny samochód, również pokryty szarością. Młody człowiek przebiegł ulicą i chociaż powietrze wokół niego tańczyło, również było szare.

Zeszłam na dół, zrobiłam sobie herbatę i dałam Tigerowi, naszemu kotu, mleka. Idąc później na przystanek, wezwałam swoje anioły, ale nie pojawiły się przy mnie w fizycznej postaci.

– Dlaczego wszystko tak dziwnie wygląda? – zwróciłam się do nich.

– Nie martw się, chronimy cię – wyszeptały.

Kiedy doszłam do głównej ulicy, zobaczyłam nadjeżdżający autobus, podbiegłam więc, żeby zdążyć. Był zatłoczony, ale jakoś znalazłam miejsce siedzące. Czułam się dziwnie, zaczynałam odczuwać stopniowo narastający bezruch i ciszę. Spojrzałam na ludzi w autobusie, oni również byli pokryci szarością. Nawet autobus wyglądał inaczej; wszystko wydawało się nierealne. Kiedy autobus dojechał na pętlę, na nabrzeżu rzeki Liffey, znowu zawołałam anioły. Nie odpowiedziały mi.

Wchodząc przez tylne drzwi do sklepu, w którym pracowałam, czułam się bardzo lekka; wszystko działo się jakby w zwolnionym tempie. Część obsługi i kierownictwa zaczęła już pracę. Wtedy zdałam sobie sprawę, że nikt nie ma przy sobie anioła i ludzie w autobusie również ich nie mieli! Zadrżałam z przerażenia.

Sklep był szary. Poszłam do szatni w nadziei, że zobaczę anioła stróża przy którejś z dziewcząt, z którymi pracowałam. Ale szatnia wyglądała tak samo i żadna z dziewcząt nie miała przy sobie anioła, choć wiedziałam, że muszą tam być.

Wciąż wołałam swoje anioły, ale one nie odpowiadały. Opuściłam szatnię i poszłam na górę, do sklepu. Stanęłam przy jednym z wieszaków w dziale ubrań, patrząc w stronę głównego wejścia. Obserwowałam, jak kierownik sklepu i ochroniarz otwierają drzwi i do środka wchodzą pierwsi klienci. Powoli zaczynałam widzieć przy ludziach ich anioły, ale wyglądały inaczej niż zwykle; ich blask zniknął, wydawały się jakby wyblakłe, pokryte taką samą szarością, jaka panowała wokół.

Poczułam klepnięcie w ramię – obok mnie stał anioł Michał. Uśmiechał się i był tak samo świetlisty jak zawsze. Zapytałam go, co się stało.

– Jestem przerażona! Nigdy wcześniej nie widziałam, żeby anioły tak wyglądały. Co oznacza ta szarość? Jest dosłownie wszędzie i we wszystkim.

– Lorno, przez jakiś czas to potrwa. Utrzymamy cię w stanie duchowym, by cię chronić. Nadal będziesz chodziła do pracy, wracała do domu i robiła to co zwykle, ale wszystko będzie ci się wydawało nie całkiem realne – wyjaśnił Michał.

– Michale, nic nie wygląda realnie, nawet teraz. Odczuwam te zmiany fizycznie, czuję się taka lekka, wyciszona i spokojna. Z biegiem dnia to się nasila. Szarość jest dosłownie wszędzie. Na ulicach jest strasznie. – Odwróciłam się i spojrzałam na niego. – Michale, czy ty i inne anioły nie możecie chronić wszystkich, tak jak mnie chronicie?

– Nie, Lorno – odparł Michał. – Czasami chronimy cię w inny sposób. Musi pozostać to dla ciebie tajemnicą, dopóki nie nastanie czas, byśmy zabrali twoją duszę. Koniec pytań, Lorno. Posłuchaj mnie uważnie. Po tym, jak rano przyjdziesz do pracy, nie wolno ci już opuszczać sklepu aż do chwili, gdy będzie pora wracać do domu, a wtedy idź prosto do autobusu. Zrozumiałaś?

W tym momencie zawołała mnie Valerie i Michał zniknął. Podeszłam do kasy, gdzie stała Valerie z Pauline i dwiema innymi dziewczynami. Rozmawiałyśmy o tym, co jest do zrobienia, kiedy zbliżył się do nas kierownik piętra.

– Dzień dobry, dziewczęta – odezwał się. – Nie chcę was straszyć, ale kierownictwo mnie poinformowało, że musimy uważać na podejrzane pakunki, takie jak papierowe torby czy paczki papierosów. Wczoraj wieczorem, w innym sklepie, jedna ze sprzątaczek znalazła coś, co wyglądało jak paczka papierosów, ale tak naprawdę było bombą zapalającą. Kiedy dziś będziemy zamykać, sprawdźcie stojaki z odzieżą i przymierzalnie, czy nie ma tam nic podejrzanego. Jeżeli coś znajdziecie, natychmiast mnie zawołajcie. Nie zapomnijcie przeszukać kieszeni ubrań na wieszakach. Nie chcielibyśmy, żeby sklep spłonął, bo oznaczałoby to dla nas utratę pracy.

Kiedy kierownik piętra odszedł, mruknęłam do siebie: „A więc o to chodzi". Weszłam do jednej z przymierzalni i zawołałam Michała. Zjawił się natychmiast.

– Dlaczego nie wspomniałeś nic o bombach zapalających? – zapytałam.

Michał nie odpowiedział na moje pytanie, tylko położył mi ręce na głowie; całe zdenerwowanie i wszystkie zmartwienia ze mnie opadły. Niewiele pamiętam z następnych kilku tygodni, tak jakby wszystko działo się we śnie, w innym czasie i w innej przestrzeni.

Joe bardzo się martwił, mówił: „Nie jesteś sobą, Nie odzywasz się i sprawiasz wrażenie nieobecnej. Czy wszystko w porządku? – pytał. – Może już mnie nie kochasz?".

„Po prostu jestem zmęczona. Nie martw się, wkrótce mi przejdzie" – odpowiadałam.

To było bardzo trudne dla nas obojga, ale niczego nie mogłam mu wyjaśnić. Potem wybuchły bomby. Nie wiedziałam, jaki jest dzień tygodnia, nie było następstwa czasu, nie byłam go świadoma. Pewnego popołudnia, stojąc przy wieszakach, nagle usłyszałam w pobliżu jakieś stłumione dźwięki.

Kiedy to piszę, ponownie przeżywam to, co stało się tamtego dnia.

Jestem za autobusem, trzymam w ramionach umierającego mężczyznę. Patrzę, jak anioły zabierają dusze, które opuszczają ludzkie ciała; widzę małe duszyczki i rozmawiam z nimi, jakby nic się nie stało.

Widzę, jak anioły klękają obok ludzi, trzymają ich w ramionach, są przy nich, szepczą im do ucha, że wszystko będzie dobrze.

Widzę, jak ludzie wybiegają ze sklepów, a anioły wołają o pomoc, starając się zwrócić uwagę przechodniów.

Przerażający widok.

Nie czuję swojego ludzkiego ciała, tak jakbym była w dwóch miejscach jednocześnie – na ulicach Dublina, gdzie to wszystko się dzieje, i w sklepie, przy stojaku z ubraniami. Poruszam się po ulicach, nie dotykając stopami ziemi. Wszędzie latają szczątki różnych rzeczy i potłuczone szkło, ludzie krzyczą i płaczą, dusze opuszczają swoje ciała. Idę przed siebie, dotykając ludzi, których mijam.

Tego dnia moja dusza opuściła ciało i znalazłam się w innym świecie – na ulicy, z tymi, którzy cierpieli. Powoli wróciłam do swojego ciała i znów byłam w sklepie.

Zobaczyłam, że trzymam się stojaka tak mocno, aż mi zbielały ręce. Wokół panowała cisza.

W następnej chwili do sklepu wpadła młoda dziewczyna, krzycząc z przerażenia. Biegała po całym sklepie, wołając, że wybuchły bomby i wszędzie leżą ciała. Szukała swojej siostry, która pracowała ze mną w domu towarowym. W końcu siostry się spotkały i dziewczyna powoli się uspokoiła.

Potem jeden z kierowników poszedł do biura i przez mikrofon ogłosił, że za pięć minut obsługa ma się spotkać przy tylnym wyjściu ze sklepu i zostaniemy odwiezieni do domów.

Wiedziałam, że to koniec! Wiedziałam, że tego dnia w Dublinie nie wybuchnie już żadna bomba. Gdy szłam do szatni, anioł szepnął mi do ucha, żebym wróciła do telefonu, który był przy wejściu dla obsługi, i zadzwoniła do mamy. Zrobiłam tak, jak mi kazał, i powiedziałam mamie, że nic mi się nie stało. Zbiegłam znowu do szatni, chwyciłam swój płaszcz i dołączyłam do reszty pracowników, którzy szli do tylnego wyjścia.

Ciężarówki już czekały, każdy z kierowców wykrzykiwał kierunek, w którym jedzie. Wdrapałam się do samochodu, który jechał w stronę domu Joego. Wysadzono mnie pod samymi drzwiami. Wszyscy domownicy oglądali wiadomości w telewizji. Mama Joego objęła mnie i powiedziała, że się o mnie martwiła. Napiłyśmy się herbaty i poczułam się lepiej. Podano mi obiad; byłam tak głodna, jakbym nie jadła od tygodni. Potem wrócił do domu Joe i mnie uściskał. Wszyscy płakali, czując ból rodzin, które straciły bliskich, i cierpienie tych, którzy zostali ranni. Tego dnia, 17 maja 1974 roku, w wyniku wybuchu bomb zginęło w Dublinie dwadzieścia sześć osób i nienarodzone dziecko, a setki innych zostały ranne.

Mieszkając w Republice Irlandzkiej, nie mieliśmy
styczności z okropnościami wojny, ale w Irlandii Północnej, około trzystu kilometrów od nas, w latach 1969–
2000 zostało zabitych ponad trzy tysiące ludzi. Do tego
dnia nie zdawaliśmy sobie sprawy, jak to jest żyć w Irlandii Północnej albo w innym miejscu na świecie, gdzie
co trochę wybuchają bomby.

Kiedyś anioł Eliasz powiedział do mnie: „Wywołanie
wojny jest łatwe, natomiast utrzymanie pokoju jest naj-
trudniejszą rzeczą na świecie. Wydaje wam się, że pro-
wadzenie wojny daje wam władzę. Zapominacie, kto tak
naprawdę dał wam tę władzę i że On w każdej chwili
może ją przejąć".

Po tym wybuchu bomb moje ciało i dusza przez dłuższy czas były wstrząsane duchowymi, fizycznymi i emo-
cjonalnymi falami uderzeniowymi. Czułam przerażenie,
rannych i umierających, rozpacz ich rodzin i przyjaciół.
Słyszałam ich głosy i krzyki. Przez całe miesiące uka-
zywały mi się twarze, nie tylko tych, którzy zginęli, ale
również tych, którzy zostali poważnie ranni i walczyli
o życie, oraz twarze ich załamanych rodzin. Byłam tor-
turowana okropnościami tamtego dnia.

Anioły robiły, co mogły, żeby mnie chronić, gdy zbliżały się te fale. Owinęły mnie w rodzaj koca, delikatne-
go jak pióra, śnieżnobiałego, jakby naładowanego elek-
trycznie, tak że cały czas iskrzył. Był ogromny; zdumia-
ły mnie jego rozmiary.

Anioł Eliasz ujął w dłonie moją głowę i rzekł: „Lorno,
wiemy, że to bolesne, ale owinęliśmy cię kocem, by łatwiej było ci to znieść. Pomoże ci utrzymać jedność ciała i duszy".

Potem dmuchnął mi w twarz i zniknął, a ja poczułam
się trochę silniejsza.

Mijały dni i tygodnie. Wciąż musiałam szukać miejsc, gdzie mogłam się schować i popłakać. Czasami w porze lunchu szłam na parking. Albo skrywałam się w łazience dla pracowników, gdy nikogo tam nie było. Chodziłam też wąskimi uliczkami na tyłach sklepu, by znaleźć jakiś zakątek albo murek, gdzie mogłabym usiąść. Często mówiłam aniołom, że chcę być sama.

Kiedyś zjawił się Eliasz; nie chciał zostawić mnie samej. Znowu wziął moją twarz w dłonie i wtedy on i ja staliśmy się jednością. Było tak, jakbym patrzyła jego oczami. Zobaczyłam wszystkie okropności świata: wojny, głód, przemoc. Moja dusza krzyczała z bólu.

Potem zaś pokazał mi drugą stronę: piękną miłość, śmiech, radość i wszystko, co jest dobre w ludziach. Roześmiałam się i łzy popłynęły mi z oczu. Kiedy anioł Eliasz zniknął, ja nadal płakałam z radości.

Wróciłam do pracy, wiedząc, że każdy mężczyzna, kobieta i dziecko ma w sobie to dobro, miłość i radość. Wierzę, że pewnego dnia dobro zatriumfuje nad tym, co w ludziach złe, i wszyscy osiągniemy jedność duszy i ciała.

Rozdział XI

Anioł Matczynej Miłości

Co kilka tygodni opiekowałam się dziećmi mojego wuja Paddy'ego i jego żony Sary. Mieli trzy córki i mieszkali w Walkinstown, na przedmieściach Dublina. Po pracy jechałam do nich autobusem i zostawałam na noc. Dziewczynki były urocze, więc nie miałam nic przeciwko temu, żeby się nimi zajmować. Pozwalało to wujostwu wyjść czasem z domu, chociażby tylko do kina.

Pewnego popołudnia jechałam do nich, by zająć się dziećmi. Siedziałam w autobusie, pogrążona w myślach, kiedy jakaś staruszka dotknęła mojego kolana i powiedziała: „Młoda damo, twój uśmiech napełnia mnie szczęściem". Wszyscy pasażerowie obejrzeli się na mnie, a ja zaraz pożegnałam się ze staruszką, ponieważ autobus dojechał właśnie do Walkinstown.

Wieczorem, gdy pilnowałam dzieci, nagle ktoś zadzwonił do drzwi; nie spodziewałam się nikogo i miałam nadzieję, że dzwonek nie obudzi dziewczynek. Kiedy otworzyłam drzwi, ku swemu zaskoczeniu zobaczyłam przed sobą Joego.

– Zamknij oczy i nie podglądaj! – powiedział i poprowadził mnie ogrodową ścieżką do furtki. – Teraz otwórz oczy. Niespodzianka!

Na ulicy stał piękny ciemnozielony ford escort. Joe był taki szczęśliwy. Jego pierwszy samochód!

– Gdzie go kupiłeś? – zapytałam.

– Jeden z dilerów przyprowadził go na stację twojego taty. Dwa tygodnie temu wspomniałem mu, że myślę o kupnie samochodu. A dzisiaj rano zjawił się z tym. Twój tata i mechanik sprawdzili auto i powiedzieli, że to prawdziwa okazja – odrzekł Joe.

Uściskałam go mocno. Byłam bardzo podekscytowana. Joe otworzył drzwiczki i wsiadłam do środka. Samochód był wspaniały.

– Lepiej już jedź i odbierz mnie jutro z pracy swoim nowym autem – powiedziałam.

Pomachałam mu na pożegnanie i wróciłam do dziewczynek.

Samochód dawał nam dużo wolności, a ja zawsze lubiłam długie letnie wieczory. Często odwiedzaliśmy Celbridge; spacerowaliśmy wzdłuż brzegu rzeki, siadaliśmy i patrzyliśmy na wędkarzy, na kąpiące się dzieci i na rodziców, którzy trzymali za rączki maluchy chlapiące się w płytkiej wodzie.

Przyglądałam się też aniołom, które wynurzały się z wody. Widziałam, jak oblepia je woda, kiedy szybują wysoko w górę, a potem znowu opadają, tuż obok dziecka. Niektóre miały skrzydła, inne nie; kręciły się wokół dzieci i wyglądało na to, że świetnie się bawią.

Lubiłam patrzeć na dzieci chlapiące wodą w kierunku anioła – widziałam, jak woda go dosięga i on też ochlapuje dziecko. Słyszałam, jak śmiech aniołów miesza się ze śmiechem dzieci. Wspaniale było obserwować nurkujące dzieci i towarzyszące im anioły! Kiedyś utworzyły krąg wokół dzieci; odbijały się od nich kolorowe promienie światła – złote, srebrne i białe. Potem promienie zmieniły się w kule różnej wielkości, które tańczyły na wodzie, pod wodą i w powietrzu. Na jednej z kul siedział anioł. Cudowny był widok skrzydeł tego anioła, z piórami ociekającymi wodą, i jego mokrych złotych włosów. Czasami anioły kręciły głowami i poruszały jednocześnie skrzydłami, rozpryskując błyszczące złotem i srebrem kropelki.

Pewnego dnia, siedząc nad rzeką, zobaczyłam wspaniały przykład tego, jak anioły się o nas troszczą. Obserwowałam matkę z małym dzieckiem – może półtorarocznym – nad brzegiem rzeki. Chłopczyk z przejęciem patrzył, jak woda opływa mu stopy; matka obejmowała synka w pasie, chcąc go nauczyć utrzymywania równowagi i stania o własnych siłach. Czasami cofała ręce, żeby zobaczyć, jak długo potrafi sam utrzymać się na nogach i nie upaść. Jego anioł stróż siedział w wodzie, pod nim. Nagle dziecko zaczęło się chwiać i upadło. Matka nie zdążyła go złapać, ale anioł zdążył! Przewracając się i rozpryskując wodę, dziecko wylądowało na pupie i usiadło wprost na kolanach anioła. Zamiast płakać, chłopczyk zaczął rozbryzgiwać wodę i śmiać się. Ja też się śmiałam, a Joe zapytał, co mnie tak rozbawiło.

Spojrzałam na niego z uśmiechem, nic się nie odzywając. Znowu przegapiłam okazję, żeby powiedzieć mu o tym, co widzę. Był jedyną osobą, której się zwierzałam, ale bałam się wspomnieć mu o aniołach, żeby nie wziął mnie za wariatkę.

– Przejdźmy się jeszcze brzegiem – zaproponował Joe.

Wstał i zaczął iść, a ja zostałam nieco w tyle i anioł szeptał mi do ucha o tym, jak anioły pomagają nam we wszystkim, co robimy. Nawet w chodzeniu, oddychaniu, mówieniu czy śmianiu się – w każdej aktywności fizycznej, jaką podejmujemy w naszych ludzkich ciałach.

Pomagają nam także rozwiązywać problemy w naszych umysłach i znajdować wyjaśnienia różnych kwestii. Cały czas szepczą do nas, podsuwając nam odpowiedzi, ale my jesteśmy tak zajęci zadawaniem pytań, że nie zatrzymujemy się, żeby tego szeptu wysłuchać.

– Pospiesz się – zawołał Joe, więc pobiegłam, by go dogonić.

Podczas naszych wypraw do Celbridge poznaliśmy pewne starsze małżeństwo. Nazywali się John i Mary; spotykaliśmy ich, kiedy spacerowali ze swoim psem, uroczym kundelkiem, który wabił się Toby. Mieszkali w Celbridge i niedawno obchodzili trzydziestą rocznicę ślubu. Ich dzieci już dorosły i się wyprowadziły, a oni cieszyli się, że w końcu mają czas tylko dla siebie.

Pewnego popołudnia spotkaliśmy ich i przystanęliśmy, żeby porozmawiać. Kiedy mieliśmy się już pożegnać, John żartobliwym tonem zwrócił się do Joego:

– Kiedy oświadczysz się tej młodej damie?

Zaczerwieniłam się. Byłam tak zakłopotana, że nie wiedziałam, gdzie oczy podziać. Nie śmiałam spojrzeć na Joego, więc nie wiem, jaka była jego reakcja.

– Nie zawstydzaj tej młodej pary – skarciła Johna Mary, po czym wzięła go za rękę i powoli odeszli.

Joe i ja ruszyliśmy dalej brzegiem i przysiedliśmy na jakichś skałach. Zdjęłam buty i skarpetki i zanurzyłam stopy w wodzie. Joe nagle zeskoczył ze skały, w ubraniu wszedł do wody i przyklęknął na jedno kolano. Woda w tym miejscu miała około trzydziestu centymetrów głębokości, a on klęczał, omywany silnym prądem. Był cały mokry. Zachichotałam.

– Próbuję być poważny – powiedział. – Chcę ci się oświadczyć. – Położył jedną rękę na moim kolanie, by utrzymać równowagę. – Wyjdziesz za mnie, Lorno?

Nie mogłam przestać się śmiać. Śmiałam się tak bardzo, że w końcu zleciałam ze skały i wpadłam do wody. Joe wziął mnie na ręce; oboje ociekaliśmy wodą, ale nie przestawaliśmy chichotać. Kiedy wreszcie mnie postawił, zdołałam tylko wykrztusić: „Tak" – i znów wybuchnęłam śmiechem.

Wdrapaliśmy się z powrotem na brzeg i ciągle się śmiejąc, wycisnęliśmy wodę z ubrań – na szczęście był to ciepły wieczór. Kiedy wracaliśmy brzegiem rzeki, Joe nagle się zatrzymał.

– Muszę twojego tatę poprosić o twoją rękę – rzekł. – Co będzie, jeżeli się nie zgodzi?

Zastanowiłam się przez chwilę i pamiętając, co anioły mówiły o naszym małżeństwie, uspokoiłam go:

– Nie martw się, tata nie odmówi. Wiem, że się ucieszy.

Kiedy tak szliśmy, kompletnie przemoczeni, ludzie patrzyli na nas z rozbawieniem, a jedno dziecko zawołało:

– Mamo, oni chyba wpadli do rzeki, bo mają całkiem mokre ubrania!

Grupa wędkarzy krzyczała do nas coś o pływaniu w ubraniach. Musieliśmy wyglądać jak zmokłe kury. Ze śmiechem pomachaliśmy do nich. Nagle coś mi się przypomniało.

– Mam nadzieję – zwróciłam się do Joego – że kluczyki do samochodu są wciąż w twojej kieszeni, a nie na dnie rzeki.

Joe włożył ręce do kieszeni i potrząsnął głową. Musiał je zgubić nad rzeką, tam gdzie się oświadczał.

– Ścigamy się, kto pierwszy dobiegnie i znajdzie kluczyki – powiedziałam i zaczęłam biec.

Joe zawołał mnie; obejrzałam się i zobaczyłam, że stoi z kluczykami w ręku i się śmieje. Zawróciłam do niego i złapałam kluczyki.

– Kto pierwszy do samochodu – rzuciłam.

Joe dobiegł do samochodu pierwszy, co nie było zaskakujące, zważywszy, że miał nogi dwa razy dłuższe niż ja. W drodze powrotnej poruszyliśmy temat ślubu. Zdecydowaliśmy, że nikomu nie powiemy, dopóki Joe nie porozmawia z tatą. Kiedy dotarliśmy do mojego domu, Joe nie chciał wejść, bo wolał, żeby go tu nie widziano takiego przemoczonego. Pocałowaliśmy się na dobranoc i Joe odjechał.

Następnego dnia, tuż przed lunchem, ciocia Sara przyszła do mnie do sklepu i zapytała, czy mogłabym wieczorem zostać z ich dziećmi. Ponieważ nigdy wcześniej nie przychodziła tutaj, domyśliłam się, że bardzo chcą wyjść. Zgodziłam się, chociaż tego dnia, jak ustaliliśmy, Joe miał porozmawiać z moim tatą.

Ciotka bardzo się ucieszyła. Powiedziała, że ona i wujek Paddy idą na kolację, a potem na przedstawienie. Obiecałam, że postaram się być jak najwcześniej. Pożegnałyśmy się; kiedy ciotka wychodziła ze sklepu, promieniała, cała otoczona jasnym światłem. Widziałam, że jest szczęśliwa.

W przerwie na lunch poszłam do automatu telefonicznego i zadzwoniłam na stację. Odebrał tata.

– Cześć, tato, czy mogę rozmawiać z Joem? – spytałam.

– Joe jest na zewnątrz, zaraz go zawołam. – Głos taty był niezwykle radosny.

– Słyszę po twoim głosie, że jesteś dzisiaj bardzo zadowolony – zauważyłam.

Tata roześmiał się tylko.

– Daję ci Joego – odrzekł.

Przekazałam Joemu, że ciotka poprosiła, bym dzisiaj wieczorem została z jej dziećmi, i zapytałam go, czy rozmawiał z tatą o naszym małżeństwie.

– Nie, poczekam z tym do jutra – powiedział. – Odbiorę cię jutro z pracy, około dziewiątej pojedziemy do ciebie do domu i wtedy porozmawiam z twoim tatą.

– Słyszałam podekscytowanie w jego głosie, czy on na pewno nic nie wie?

– Nie, nie mówiłem nic ani jemu, ani nikomu – odparł Joe. – Ale twój tata jest dzisiaj w świetnym humorze. Może dostał jakąś dobrą wiadomość.

– Mam nadzieję, że tata cię teraz nie słyszy – wtrąciłam.

– Nie, rozmawia właśnie z mechanikiem.

W tej chwili ktoś wszedł do biura, więc pożegnaliśmy się i odwiesiłam słuchawkę.

W czasie godzinnej przerwy na lunch postanowiłam wyjść na dwór i nacieszyć się słońcem. Kiedy odwróciłam się, by odejść od telefonu, wpadłam na anioła w postaci kobiety, a potem cała w nią weszłam. Była wszędzie dookoła mnie – wielka, przytulna i piękna. To był Anioł Matczynej Miłości. Kiedy byłam dzieckiem, często mnie przytulała, ale tym razem to uczucie wydawało się silniejsze niż kiedykolwiek.

Anioł Matczynej Miłości jest ogromny i okrągły jak słońce. Jej skrzydła są owinięte wokół niej, ale otwarte, trochę jak u kwoki. Ramiona zawsze są gotowe przytulić cię i uściskać. Zwykle jest koloru kremowego, ale tym razem miała w sobie nutkę różu. Jej skóra jest przezroczysta i płynie z niej światło, ale nie można widzieć przez nią na wylot.

Jej twarz i wielkie jak spodki oczy promienieją matczyną miłością; ma śliczne, delikatne kremowobiałe loki. Chciałoby się wtulić w jej ramiona. I obojętnie, ile miłości daje ci twoja matka, ten anioł zawsze spotęguje matczyną miłość.

Tego dnia obawiałam się reakcji mamy na wieść o moim ślubie z Joem, a Anioł Matczynej Miłości wiedział, że dziś potrzebuję matczynej miłości, i to być może więcej niż moja matka zdoła mi dać.

Byłam taka szczęśliwa i podekscytowana z powodu naszych zaręczyn, że uśmiech nie schodził mi z twarzy.

– Co się dzieje? – zapytała Valerie. – Wyglądasz na bardzo szczęśliwą.

Przez cały dzień wierciła mi dziurę w brzuchu, próbując wydobyć ze mnie tajemnicę. Pod koniec dnia, kiedy razem porządkowałyśmy stojaki ze spodniami, wypaliła:

– Wiem! Ty i Joe zaręczyliście się!

Zaczerwieniłam się.

– Cicho, to jest tajemnica, nie mów nikomu – poprosiłam ją.

Nie chciałam, żeby ktoś się o tym dowiedział, zanim dostanę pierścionek, ale przyjemnie było podzielić się z kimś moim sekretem.

– Gdzie masz pierścionek? – zapytała.

– Jeszcze nie mam, właśnie próbuję ci to powiedzieć. Na razie nie szukaliśmy pierścionka. Może za kilka tygodni, nie wiem. Musimy przedtem wiele rzeczy ustalić, a najpierw Joe musi porozmawiać z moim tatą. Obiecujesz, że nie powiesz o tym innym dziewczynom? Tobie pierwszej pokażę pierścionek i będziesz mogła wypowiedzieć życzenie.

Valerie się zgodziła. Stałyśmy jeszcze przez chwilę, gadając i porządkując wieszaki, a potem ona poszła podliczyć kasę. Cały czas spoglądała na mnie z uśmiechem, ale nikomu nie pisnęła ani słówka.

Po pracy wsiadłam do autobusu i pojechałam do domu wujostwa. W drodze prosiłam anioły, by nie pozwoliły, żeby ciocia i wujek zauważyli moje podekscytowanie; nie chciałam, by zadawali pytania. Anioły sprawiły, że byłam spokojna i żadne z nich nic nie zauważyło. Następnego dnia w pracy czas strasznie mi się dłużył, więc w przerwie na lunch wybrałam się na spacer po wąskich uliczkach na tyłach sklepu.

Te zaułki zawsze były dla mnie schronieniem, miejscem, gdzie mogłam zebrać myśli, być sobą i uciec na chwilę od zadań wyznaczanych mi przez anioły. Siadałam na murku, na jakimś kartonie albo nawet na schodach. Unikałam tylko jednej uliczki, tej, na której zastrzelono Marka.

Po pracy pobiegłam do szatni, wzięłam płaszcz i pospieszyłam na parking. Joe już na mnie czekał. Byłam taka szczęśliwa, że go widzę. Pojechaliśmy do Phoenix Park, gdzie Joe zaparkował, i zaczęliśmy gadać. Joe zaproponował, żebyśmy w najbliższy weekend pojechali poszukać pierścionka zaręczynowego. Odrzekłam, że byłoby cudownie, ale nie będziemy kupować, tylko pooglądamy. Od aniołów wiedziałam, że Joe znajdzie dla mnie pierścionek, ale nie w zwykły sposób.

Zapytał, czy chcę powiedzieć jego mamie o zaręczynach. Ja wolałam poczekać z tym, aż będę miała pierścionek. Zgodził się i dodał:

– Moja mama bardzo się ucieszy, kiedy zobaczy pierścionek zaręczynowy na twoim palcu.

Postanowiliśmy też rozejrzeć się za jakimś mieszkaniem, choć ze ślubem chcieliśmy jeszcze z rok poczekać.

Kiedy zatrzymaliśmy się przed moim domem, drzwi się otworzyły i ukazał się w nich tata. Pomachał do nas i wszedł z powrotem do domu, zostawiając otwarte drzwi. Dzięki temu Joe poczuł się trochę lepiej. Poszliśmy prosto do kuchni. Była tam mama. Joe przywitał się z nią, a ja zaczęłam robić herbatę.

– Co słychać? – odezwała się mama.

– Joe chce porozmawiać z tatą – oznajmiłam.

– Czekałam na ten dzień – powiedziała mama, a po jej minie było widać, że nie jest zadowolona. – Tata czyta gazetę w jadalni. Uprzedzę go, że Joe chce z nim mówić – rzuciła lekceważącym tonem.

Weszła do jadalni, zamykając za sobą drzwi. To sprawiło, że Joe jeszcze bardziej się zdenerwował.

– Dlaczego to nie może być proste? – westchnął.

Po chwili mama wróciła i powiedziała Joemu, że może iść porozmawiać z tatą.

Ja w tym czasie robiłam herbatę i kanapki z dżemem; mama została ze mną w kuchni. Nie odezwała się do mnie ani słowem. W końcu udała się do jadalni.

Mniej więcej pięć minut później wzięłam tacę z podwieczorkiem i poszłam z nią do jadalni. Czułam, że Joe potrzebuje wsparcia, i nie chciałam już dłużej czekać, a poza tym musiałam wiedzieć, jak zareagował tata.

Kiedy tam weszłam, zobaczyłam, że tata i Joe siedzą na sofie, a mama stoi obok; nie usiadła. Uśmiechnęłam się, widząc tatę i Joego razem – obaj wyglądali na szczęśliwych. Rozpromieniony tata wstał z sofy, uściskał mnie i mi pogratulował. Już się nie martwiłam, byłam taka szczęśliwa. Nawet reakcja mamy nie mogła zepsuć mi tej chwili.

Tata był zadowolony, że wychodzę za mąż za miłego i solidnego człowieka. Pewnie poczuł ulgę, że nie będzie już za mnie odpowiedzialny, i miałam wrażenie, że mamie też ulżyło, chociaż nie dała tego po sobie poznać. A później tata powiedział:

– Nigdy nie myślałem, że dożyję tego dnia.

Chociaż byłam już zaręczona i miałam wyjść za mąż, wiedziałam, że wciąż się o mnie niepokoją, zauważyłam to w ich spojrzeniach. Tata zadawał Joemu mnóstwo pytań na temat naszych planów. Mama, która do tej pory się nie odzywała, zapytała, czy myśleliśmy już o dacie ślubu.

– Nie – odparliśmy jednocześnie. A Joe zaproponował: – Może w sierpniu przyszłego roku.

– Przyjęcie weselne urządzimy u nas w domu – oznajmiła mama.

Nic się nie odezwałam, ale byłam przerażona tym pomysłem.

– Porozmawiamy o tym później – powiedział tata.

Po podwieczorku Joe pożegnał się z rodzicami i poszliśmy do samochodu.

– Nie martw się – pocieszył mnie – jeżeli nie chcesz przyjęcia weselnego w domu, rozejrzymy się za jakimś hotelem.

W najbliższy weekend, pojechaliśmy szukać pierścionka. Ale nic mi się nie podobało.

– Chciałabym coś innego – powiedziałam. – Wszystkie pierścionki zaręczynowe wyglądają mniej więcej tak samo, obojętnie, do którego jubilera pójdziesz. Chcę poczekać, aż znajdziemy pierścionek, który naprawdę będzie mi się podobał.

– Jesteś pewna? – zapytał Joe.

Któregoś popołudnia, mniej więcej sześć tygodni później, pracowałam dłużej i nie spodziewałam się zobaczyć w tym dniu Joego, bo miał akurat remanent na stacji. Chciałam złapać autobus o ósmej i jechać prosto do domu, ale kiedy wyszłam na parking, zobaczyłam tam Joego, który stał przy swoim samochodzie.

– Chodźmy na lody – zaproponował.

– Jesteś w doskonałym humorze – zauważyłam. – Mam na sobie sklepowy uniform, jak mogę iść na lody?

– To bez znaczenia – odparł. – Dla mnie wyglądasz pięknie. A teraz chodźmy na te lody.

Trzymając się za ręce, poszliśmy do lodziarni i usiedliśmy naprzeciwko siebie, na naszych ulubionych miejscach. Ja zamówiłam banana split, a Joe deser lodowy.

– Mam dla ciebie niespodziankę – powiedział, sięgając do kieszeni marynarki.

Wyjął małe pudełeczko i je otworzył. Nie wierzyłam własnym oczom! W pudełeczku leżał prześliczny pierścionek zaręczynowy – w kształcie różyczki, z płatkami ze złota i brylancikiem w środku. Był zupełnie inny niż wszystkie pierścionki, jakie do tej pory widziałam. Joe ujął moją dłoń i wsuwając mi go na palec, powiedział:

– Kocham cię. Chcę się z tobą ożenić i przy tobie się zestarzeć.

Kiedy usłyszałam te słowa, oczy wypełniły mi się łzami. Byłam szczęśliwa, ale wciąż pamiętałam, co wiele lat temu powiedział anioł Eliasz: że się pobierzemy, Joe zachoruje, a ja będę musiała się nim opiekować i nie zestarzejemy się razem.

– Nie płacz. – Joe pocałował mnie w rękę.

Widząc, jaki jest szczęśliwy, uznałam, że nie będę teraz myślała o przyszłości. Nachyliłam się, pocałowałam go i zapytałam, gdzie kupił ten pierścionek.

– Nie uwierzysz, na stacji! Mieliśmy dużo pracy i wyszedłem, żeby pomóc przy dystrybutorach, kiedy na stację podjechał samochód z przebitą oponą. Zmieniłem koło, a to uszkodzone zabrałem do warsztatu, by je naprawić. Miało być gotowe za dwadzieścia minut. Stojąc przy samochodzie, zauważyłem, że tylne siedzenie zasłane jest małymi kasetkami w kształcie szafeczek – zaczął wyjaśniać Joe. Zapytał właściciela o dziwne kasetki, a on odrzekł, że jest jubilerem. – Powiedziałem mu, że szukam pierścionka zaręczynowego, ale musi to być coś wyjątkowego. Okazało się, że ma właśnie kasetkę z nowymi wzorami biżuterii i są tam również pierścionki. Otworzył ją, a ja zobaczyłem ten pierścionek i od razu wiedziałem, że będzie dla ciebie idealny. Zapytałem, czy mi go sprzeda. Musiał najpierw skonsultować się z szefem, więc poszliśmy do biura i kiedy on dzwonił do szefa, ja pokazałem pierścionek twojemu tacie. Uznał, że jest śliczny i że na pewno ci się spodoba. Jubiler skończył rozmawiać i oznajmił, że mogę go kupić.

Uśmiechnęłam się do Joego.

– Dziękuję, że znalazłeś dla mnie taki piękny pierścionek zaręczynowy.

Drżałam z emocji; kiedy szliśmy na parking, czułam się, jakbym płynęła w powietrzu.

– Nie mogę się doczekać, kiedy pokażę pierścionek mamie i rodzeństwu – powiedziałam.

Nie pamiętam drogi do domu, pamiętam tylko, jak wchodziłam z Joem przez tylne drzwi. W kuchni nikogo nie było, otworzyłam więc drzwi do jadalni.

– Co tak dużo czasu zabrał ci powrót do domu? – zapytał tata.

– Tobie nie muszę pokazywać mojego pierścionka zaręczynowego, bo już go widziałeś – odrzekłam.

Tata roześmiał się, podszedł do mnie i mocno mnie uściskał. Pokazałam pierścionek mamie i powiedziałam, żeby pomyślała sobie życzenie. Mama również mnie uściskała.

– Jest bardzo delikatny i w dobrym guście – skomentowała z uznaniem.

Przed wyjściem Joe napił się z nami herbaty.

– Nie mów swojej mamie o zaręczynach. Jutro po pracy jak zwykle pojedziemy do ciebie, na obiad, i zrobimy jej niespodziankę. Zobaczymy, czy zauważy pierścionek na moim palcu.

Tak właśnie nazajutrz zrobiliśmy. Siedzieliśmy przy stole, gdy mama Joego stawiając przede mną talerz, wykrzyknęła nagle:

– Lorno, masz pierścionek zaręczynowy! Wstań, żebym mogła uściskać moją przyszłą synową.

Mama Joego zawsze odnosiła się do mnie bardzo serdecznie.

Byłam zaskoczona tym, że po kilku minutach mieszkający w pobliżu członkowie rodziny Joego zaczęli się schodzić, by nam pogratulować. W ciągu godziny przybyła też dalej mieszkająca rodzina. Wokół mnie zrobiło się zamieszanie – rzadko tego doświadczałam i bardzo mi się to podobało.

Około jedenastej poprosiłam Joego, żeby odwiózł mnie do domu, bo następnego dnia rano szłam do pracy. Kiedy żegnałam się z jego mamą, mocno mnie uściskała. Czułam jej radość i szczęście. Teraz, kiedy spełniło się jej marzenie i jej młodszy syn się zaręczył, była spokojniejsza. Uściskała mnie tak mocno, że widziałam i czułam, jak jej anioł stróż również mnie obejmuje. Kiedy odjeżdżaliśmy, stała w drzwiach i machała do nas. Widziałam jej anioła stróża, który stał obok niej i machał, emanując lśniącym światłem.

Gdy się oddaliliśmy, wykręciłam się do tyłu, nie chcąc stracić z oczu widoku przyszłej teściowej i jej anioła. Właściwie widziałam tylko światło anioła.

– Co ty robisz? Chcesz odwrócić siedzenie tyłem do przodu? – roześmiał się Joe.

– Chcę jak najdłużej widzieć twoją mamę – odpowiedziałam.

A potem, w drodze, Joe zauważył:

– Jesteś jakaś cicha.

– Myślę o tym, co będzie jutro, gdy pójdę do pracy z pierścionkiem zaręczynowym. Jeżeli powstanie takie zamieszanie jak u ciebie w domu, będę trochę zakłopotana. Bardzo się denerwuję i wstydzę, ale z drugiej strony nie mogę się doczekać, kiedy pokażę dziewczynom pierścionek.

Bardzo szybko dojechaliśmy do mojego domu. Miałam już wysiąść, gdy Joe się odezwał:

– Pocałuj mnie jeszcze. Baw się dobrze jutro w sklepie, pokazując dziewczynom pierścionek. Zobaczymy się po pracy.

Pożegnaliśmy się. Weszłam do pogrążonego w ciemności domu i powoli, cichutko przemknęłam się do łóżka. Z emocji prawie nie spałam tej nocy. Nie mogłam doczekać się rana.

Wstałam świtem, żeby złapać wcześniejszy autobus. Miałam nadzieję, że dotrę do pracy przed innymi dziewczynami i że Valerie też już będzie, żebym mogła od razu pokazać jej pierścionek. Bardzo się jednak wstydziłam. Przed drzwiami sklepu wzięłam głęboki oddech, zanim weszłam do środka.

Ruszyłam na dół do szatni i podbiłam kartę zegarową. Szatnia mieściła się w kwadratowym pomieszczeniu, z szafkami ustawionymi wokół ścian i rzędem szafek na środku. Minęłam je i zobaczyłam Valerie. Na mój widok skoczyła na równe nogi i zawołała:

– Widzę to po twojej twarzy. Pokaż pierścionek.

– Mówiłam, że dotrzymam obietnicy, tak jak ty dotrzymałaś swojej. Możesz pierwsza pomyśleć sobie życzenie – powiedziałam.

Valerie delikatnie zsunęła pierścionek z mojego palca i założyła na swój. Trzy razy obróciła pierścionek na palcu, ku sobie, i zamknęła oczy, bezgłośnie poruszając ustami. Widziałam wyraźnie jej anioła, ale tylko kawałek swojego, bo stał za mną. Wtedy spojrzałam w górę i zobaczyłam, że nasze anioły stykają się głowami; spojrzałam w dół i zobaczyłam, że ich stopy również się stykają. Anioły zaczęły się owijać wokół siebie nawzajem. Skrzydła mojego anioła stróża splotły się ze skrzydłami anioła Valerie, tworząc owalny kształt. Podłoga pod naszymi stopami zniknęła. Patrzyłam, jak Valerie otwiera oczy. Czułam cudowny spokój i zastanawiałam się, czy ona też coś czuje. Wzięła głęboki oddech i pięknie się do mnie uśmiechnęła.

– Dziękuję, Lorno – powiedziała.

Przychodziło coraz więcej pracownic, otoczyły mnie, gratulując, oglądając pierścionek i wypowiadając życzenia. Szczególnie romantyczka Pauline była przejęta – uwielbiała szczęśliwe historie miłosne. Widziała Joego tylko przez chwilę, ale uważała, że jest bardzo przystojny, i cieszyła się z mojego szczęścia.

Byłam podekscytowana tym, że wszyscy poświęcają mi uwagę. Poprosiłam anioły, żeby spełniły jak najwięcej życzeń, a szczególnie życzenia moich przyjaciółek, bo wiedziałam, że pragną wielu rzeczy, nie tylko dla siebie, ale też dla swoich rodzin i przyjaciół.

Nagle do szatni weszła kierowniczka.

– Co to za zamieszanie? – zapytała. – Niech zobaczę. – Przedarła się przez tłumek dziewcząt, które przymierzały pierścionek, wypowiadając swoje życzenia. – Kto się zaręczył?

– Lorna – odrzekły zgodnym chórem.

– Teraz ja wypowiem życzenie. – Szefowa wzięła pierścionek od jednej z dziewcząt, ignorując inne, które czekały na swoją kolej. Włożyła go na palec i pomyślała swoje życzenie. – Gratuluję, Lorno. A wy, dziewczęta – dodała – idźcie już na górę do sklepu.

Dziewczyny chwilę się z nią przekomarzały, a ona zaczęła się śmiać.

– Piękny pierścionek, Lorno. Jak ma na imię twój wybranek? – zapytała.

– Joe – odpowiedziałam.

– Życzę tobie i Joemu wiele szczęścia. Kiedy ten wielki dzień?

– Wstępnie planujemy na sierpień przyszłego roku, ale jeszcze nie podjęliśmy ostatecznej decyzji.

– Radzę wam się nie spieszyć, dajcie sobie dużo czasu. A teraz wracajmy do pracy – zakończyła.

Później tego dnia w stołówce, kiedy czekałam w kolejce po herbatę, dziewczyna stojąca za kontuarem odezwała się:

– Lorno, słyszałyśmy, że się zaręczyłaś. Gratulacje.

Kierowniczka stołówki powiedziała, że teraz na każdej przerwie mój stolik będzie oblegany, bo każdy zechce zobaczyć mój pierścionek zaręczynowy. Rzeczywiście tak było przez następny tydzień. Byłam szczęśliwa, że wszyscy cieszą się naszym szczęściem. Nawet ochroniarz na parkingu pogratulował tego dnia Joemu, gdy ten przyjechał odebrać mnie z pracy.

Po raz pierwszy w życiu czułam, że jestem w centrum uwagi. Jednak moi rodzice nigdy nie usiedli z nami, by porozmawiać o ślubie. Moja rodzina wydawała się nim w ogóle nie interesować.

Po rozmowie z Joem zdecydowałam się poprosić przyjaciółkę z pracy, Pauline, żeby została moją druhną. Wiedziałam, że się ucieszy i że będzie dla mnie ogromnym wsparciem w tym ważnym dniu. Była trochę podobna do mnie, cicha i spokojna; inne dziewczyny ze sklepu często chodziły po pracy do pubu, ale Pauline i mnie nigdy to nie interesowało.

Następnego dnia powiedziałam mamie, że chcę, aby Pauline została moją druhną, chociaż jej jeszcze nie poprosiłam. Mama wydawała się zaskoczona – uważała, że to mój brat, Barry, powinien być drużbą. Tego samego wieczoru rozmawialiśmy z Joem o ślubie. Wiedział, że nie jestem zadowolona, i zaproponował, że omówi to z moimi rodzicami.

– Wiesz, nie chciałabym, żeby nasz ślub kosztował moich rodziców dużo pieniędzy – powiedziałam.

Oszczędzaliśmy na dom, więc sami też nie chcieliśmy za wiele wydawać.

Joe uścisnął mnie mocno i odrzekł:

– Chodźmy do proboszcza, by ustalić datę ślubu.

Rodzina Joego miała zupełnie inny stosunek do naszego ślubu niż moja. Jego mama zapytała, kogo z przyjaciół chciałabym zaprosić. Powiedziałam, że Pauline, Valerie i Mary z pracy, ale nie wiem, co pomyślą o przyjęciu weselnym w domu.

– Odkąd zaczęłam pracę w sklepie, kilka koleżanek wyszło za mąż i wszystkie organizowały wesela w hotelach – zaczęłam wyjaśniać. – Moja mama jest nastawiona na to, że zorganizujemy przyjęcie w domu, a ja nie chcę jej ranić, odrzucając ten pomysł. Joe i ja chcemy, żeby nasze wesele kosztowało moich rodziców jak najmniej.

– Nie martw się – pocieszyła mnie mama Joego. – Dołożymy się do wesela.

Potem wszystko zaczęło się układać. Kilka tygodni później jadłam w stołówce lunch z Valerie i Mary. Zapytały, czy wyznaczyliście już datę ślubu.

– Tak, na osiemnastego sierpnia, i obie jesteście zaproszone.

Bardzo się ucieszyły i zapytały, gdzie odbędzie się wesele. Powiedziałam, że jeszcze nie zdecydowaliśmy. Nie chciałam im mówić, że u mnie w domu.

Tego samego dnia poprosiłam Pauline, żeby została moją druhną. Odrzekła, że będzie zaszczycona. Powiedziałam, że siostra Joego, Barbara, uszyje dla niej sukienkę.

Rozdział XII

Domek na wsi

Zaczęłam zachęcać Joego, by poszukał innej pracy, żebyśmy stali się bardziej niezależni. Powiedziałam, że musimy stanąć na własnych nogach.

– Porozmawiaj z tatą, na pewno da ci dobre referencje – dodałam.

Joe bez problemu znalazł pracę w CIE (irlandzkim przedsiębiorstwie transportu publicznego). Pracując tam, nie mógł już tak często odbierać mnie z pracy, więc zazwyczaj wracałam do domu autobusem. Pewnego wieczoru, zbliżając się do tylnych drzwi domu, czułam, że coś się wydarzy.

Na stole w jadalni leżała gazeta taty, „The Irish Press". Anioły powiedziały, żebym do niej zajrzała. Niechętnie odsunęłam krzesło, usiadłam przy stole i zaczęłam ją przeglądać. Ręce mi się trzęsły; poruszałam nimi jakby w zwolnionym tempie. Bałam się, że anioły pokażą mi coś przygnębiającego.

– Nie bój się, Lorno, po prostu przewracaj strony, a my powiemy ci, kiedy się zatrzymać – powiedziały anioły.

Powoli przewracałam strony, jedna po drugiej. Czułam na ramieniu rękę mojego anioła, Hosusa.

– Teraz – szepnął mi do ucha – popatrz na sprzedaż domów.

Na wskazanej stronie były setki ofert domów wysta-
wionych na sprzedaż, ale ja nie mogłam nic odczytać,
wszystko rozmazywało mi się przed oczami. Spojrzałam
znad gazety na tłum aniołów zebrany wokół stołu. Co
za widok! Uśmiechnęłam się.

– Witaj – powiedział siedzący naprzeciwko mnie anioł
Eliasz. Wyciągnął rękę i końcami palców dotknął gazety. Natychmiast wszystko stało się przejrzyste. – Popatrz teraz, Lorno.

Zobaczyłam słowa: „Domek w Maynooth na sprzedaż".

– To mały domek z dużym ogrodem, idealny dla ciebie i Joego. Czytaj dalej, Lorno.

Ogłoszenie było bardzo krótkie, zaledwie trzy linij-
ki: że dom jest do kupienia na aukcji, i numer telefonu.

– Teraz zakreśl to ogłoszenie i wyrwij stronę – powiedział Eliasz. Zrobiłam tak i schowałam kartkę do kieszeni. – Kiedy będziesz gotowa, pokaż ogłoszenie swojemu tacie. On ci pomoże.

Byłam taka szczęśliwa, że w oczach stanęły mi łzy.
Anioł Eliasz wstał, podszedł do mnie i koniuszkami palców dotknął moich łez.

– Łzy szczęścia – szepnął.

Potem anioły zniknęły.

Następnego dnia, gdy spacerowaliśmy nad kanałem,
pokazałam Joemu ogłoszenie o domku w Maynooth.

– Porozmawiam z tatą dziś wieczorem, kiedy wróci ze
swojej wyprawy na ryby – powiedziałam.

Złożyłam kartkę i schowałam do torebki. Tego wieczoru tata wrócił późno, gdy Joe pojechał już do domu.
Tata z dumą wyjął z torby dwa świeże różowe pstrągi
i położył je na kuchennym stole. Mama była wniebowzię-
ta. Potem wyczyścił sprzęt wędkarski i usiadł na swoim zwykłym miejscu.

– Tato, widziałam w gazecie ogłoszenie o sprzedaży domku w Maynooth. Jest wystawiony na aukcję. Jak się załatwia takie sprawy? – spytałam.

Spojrzał na mnie zaskoczony; pewnie nie sądził, że będę się zajmowała szukaniem domu. Nie wiedziałam, co myśleć, kiedy zobaczyłam wyraz jego twarzy, ale on bez wahania powiedział:

– Pokaż mi tę gazetę.

Wyjęłam gazetę z torebki i rozłożyłam przed nim na stoliku. Tata zapytał, gdzie jest to ogłoszenie.

– Zakreśliłam je czarnym długopisem. Zobacz, tato, tu na dole, po prawej stronie.

Tata znów popatrzył na mnie ze zdziwieniem, po czym bardzo uważnie przeczytał tekst w gazecie.

– Dobra robota. Czy Joe widział to ogłoszenie? – spytał z uśmiechem.

– Tak, pokazałam mu je dzisiaj. Oboje jesteśmy podekscytowani, ale nie wiemy, jak się do tego zabrać.

– Musicie zacząć od wzięcia kredytu – powiedział tata.

– Joe i ja mamy pieniądze w banku. Czy powinniśmy tam wystąpić o kredyt?

– Tak, ale możecie też spróbować w innych miejscach. Na przykład w Urzędzie Miejskim kredyt na dom powinien być niżej oprocentowany niż w banku. Aukcję pozostawcie mnie. Zadzwonię tam i się dowiem.

Podziękowałam tacie, szczęśliwa, że nam pomoże. Byłam ogromnie przejęta sprawą kupna tego domku.

Następnego dnia miałam wolne w pracy. Poszłam do budki telefonicznej i zadzwoniłam do lokalnego urzędu, mówiąc, że chcę wystąpić o kredyt dla młodych małżeństw. Wspomniałam, że nie jesteśmy jeszcze małżeństwem, ale już wkrótce będziemy. Moja rozmówczyni obiecała, że przyśle stosowne formularze. Potem zadzwoniłam do taty, który powiedział, że aukcja odbędzie się za dwa dni, więc jeżeli jesteśmy zainteresowani, powinniśmy jak najszybciej obejrzeć domek. Zaproponował, żebyśmy się tam wybrali tego popołudnia.

Zostawiłam Joemu wiadomość, by prosto z pracy przyjechał do Leixlip. Pełna entuzjazmu, pobiegłam szybko do domu i przekazałam mamie słowa taty.

– Nie oczekuj zbyt wiele – zgasiła mnie. – Nie jest łatwo dostać kredyt na dom, a ty i Joe nie macie zbyt dużo pieniędzy.

Tata i Joe dotarli tego popołudnia do domu w odstępie pięciu minut. Tata powiedział, że nie ma czasu na jedzenie obiadu, bo w domku jest wyłączony prąd, więc musimy pojechać tam, zanim się ściemni.

Wszyscy, włącznie z mamą, wsiedliśmy do samochodu taty i po jakichś piętnastu minutach byliśmy już na miejscu.

Kiedy zatrzymaliśmy się przed domkiem, prawie nie było go widać zza wysokiego żywopłotu. Brama była zamknięta; idąc za radą człowieka od aukcji, tata zadzwonił do sąsiadów i wziął od nich klucze. Otworzył bramę i wręczył klucze Joemu. Wielki ogród wydawał się całkowicie zdziczały. Poszliśmy ścieżką do domku. Joe włożył klucz do zamka i przekręcił. Kiedy otworzył drzwi, ze środka buchnął zapach stęchlizny. Domek był zatęchły i zagracony – najwyraźniej od dłuższego czasu nikt tu nie mieszkał. Mnie i Joemu wcale nie przeszkadzało to, że jest mały, i bardzo chcieliśmy go kupić.

Powiedzieliśmy tacie, że martwimy się o aukcję, o to, że jak wylicytujemy domek, może trzeba będzie wpłacić zaliczkę. Nie mamy książeczki czekowej, więc czy nie musimy najpierw podjąć gotówki z banku? Tata uspokoił nas, że jeżeli potrzebna okaże się zaliczka, to on ją zapłaci, a my później mu oddamy. Weszłam do małego pokoiku, żeby w ciszy porozmawiać z aniołami o tym, co kłębiło się w mojej głowie.

Kiedy oglądałam dom w towarzystwie Joego i rodziców, anioły co chwila ciągnęły mnie za włosy. Mama zapytała, dlaczego ciągle przykładam ręce do głowy – może sprawdzam, czy nie mam we włosach pajęczyn? Uśmiechnęłam się tylko pod nosem.

Spędziliśmy w domku zaledwie kilka minut, potem wyszliśmy, Joe zamknął drzwi i wrzucił klucz do skrzynki na listy u sąsiadów. Kiedy wracaliśmy do domu, mama zauważyła:

– Ten dom jest w strasznym stanie.

Tata spojrzał na nią i zapytał nas, czy ciągle jesteśmy zainteresowani kupnem.

– Tak – odpowiedzieliśmy jednocześnie.

W najbliższą środę, około dziewiątej rano, wyszłam z domu razem z rodzicami i podjechaliśmy po Joego. Tata zatrzymał się przed jego domem i zwrócił się do mnie:

– Idź i zapukaj do drzwi.

Otworzył Joe. Podszedł do samochodu i zapytał rodziców, czy chcieliby wejść na chwilę, żeby poznać jego mamę. Rodzice odmówili. Ja jednak poszłam się z nią przywitać. Życzyła nam szczęścia i powiedziała:

– Poznam twoją mamę następnym razem. Którejś niedzieli zaprosimy twoich rodziców na obiad.

Mama Joego nie mogła się doczekać, kiedy pozna moich rodziców. Stojąc w drzwiach, pomachała nam na pożegnanie i odjechaliśmy.

W samochodzie trzymałam Joego za rękę. Nic nie mówiliśmy; byliśmy za bardzo zdenerwowani, a ja nieustannie się modliłam. Zanim się zorientowałam, tata już parkował.

Aukcja odbywała się w starym hotelu. Byliśmy za wcześnie, usiedliśmy więc w hotelowym holu, by napić się herbaty i nieco odprężyć. Rozpoznałam dwóch mężczyzn siedzących w holu; pamiętałam ich, ponieważ często odwiedzali stację. Byli to bracia Murphy, którzy mieli firmę budowlaną. Tata podszedł do nich. Patrzyłam, jak uścisnęli sobie ręce i tata zaczął coś do nich mówić. Zamówili dla niego coś do picia, rozmawiali i śmiali się. Tata spojrzał na mnie i się uśmiechnął. Z jego twarzy wyczytałam, że jest zadowolony.

Zapytałam Joego o godzinę; była za piętnaście jedenasta, a aukcja miała się rozpocząć o jedenastej. Tata wrócił do naszego stolika. Wszyscy chcieliśmy wiedzieć, o czym tak długo rozmawiał z braćmi Murphy. Zapytał, czy chcemy najpierw usłyszeć dobrą, czy złą wiadomość.

– Najpierw dobrą – poprosiłam.

– Kilka lat temu – zaczął wyjaśniać tata – kiedy był strajk paliwowy, wyświadczyłem Murphym przysługę i dbałem o to, by nie zabrakło im paliwa. Teraz mogą się odwdzięczyć. Powiedziałem im, że bardzo zależy wam na kupnie tego domku.

Nie wiedzieliśmy, że oprócz domku była wystawiona na sprzedaż także ziemia. Murphym zależało głównie na kupnie ziemi. Chcieli kupić również domek, który stał przy ulicy, żeby zrobić tam biura i parking dla ciężarówek, ale po rozmowie z tatą zgodzili się go nie kupować i pomóc nam, jak tylko będą mogli, w licytacji.

Ludzie zaczęli opuszczać hol i przechodzić do pomieszczenia, gdzie miała się odbyć aukcja. Była to dosyć ciemna sala z rzędami krzeseł. Na jej końcu stało biurko i fotel. Na aukcję przyszło około dwudziestu osób. Usiedliśmy mniej więcej pośrodku sali, po prawej stronie, a bracia Murphy zajęli miejsca po lewej. Zanim przyszła kolej na domek, odbyło się wiele aukcji, między innymi na ziemię, którą kupili bracia.

Wydawało mi się, że trwa to całą wieczność, ale wreszcie, jako ostatnia, rozpoczęła się licytacja domku. Jakaś kobieta podniosła rękę i zaoferowała pewną sumę; potem tata zgłosił wyższą kwotę; potem bracia Murphy zaproponowali jeszcze wyższą, a tata ich przebił, i tak się to przez chwilę toczyło. Kobieta wycofała się z licytacji. Tata podbił stawkę, potem jeszcze raz podbili ją bracia, ale w końcu się wycofali.

– Dwa i pół tysiąca funtów – powiedział tata.

Nie było już więcej ofert. Kiedy człowiek prowadzący aukcję oznajmił: „Sprzedany", poczułam, że znowu mogę oddychać. Licytator dał tacie znak, żeby do niego podszedł.

– Lepiej wy idźcie – zwrócił się do nas tata – bo to wy jesteście nabywcami tego domu.

Licytator zapytał tatę o nazwisko, a on odrzekł, że tylko licytował i że nabywcami jesteśmy my. Mężczyzna spisał nasze nazwiska i poprosił o wpłacenie zaliczki. Tata bez wahania oświadczył, że się tym zajmie.

Pamiętam, jak tata wyjął książeczkę czekową – w tamtym czasie dwieście pięćdziesiąt funtów, czyli dziesięć procent wartości domu, było dla mnie olbrzymią kwotą. Z miłością i czułością patrzyłam, jak tata wypisuje czek; bardzo się cieszyłam, że robi to dla nas, i miałam ochotę go uścisnąć.

Rodzice podwieźli nas do domu Joego. Jego mama stała w ogrodzie i rozmawiała przez płot z sąsiadką. Ponownie zaprosiła moich rodziców na herbatę, ale oni znów odmówili. Kiedy wysiedliśmy z samochodu, podeszła do bramy. Rodzice pomachali na pożegnanie i odjechali, a my od razu przekazaliśmy jej wspaniałą nowinę.

– Poczekajcie, aż wejdziemy do środka – rzekła. – Opowiecie mi wszystko ze szczegółami przy herbacie. Upiekłam właśnie tartę jabłkową.

Weszliśmy do kuchni i mama Joego nastawiła wodę. Na stole czekały już przygotowane filiżanki, spodeczki, mleko, cukier i tarta z jabłkami. Kiedy herbata była gotowa, zasiedliśmy wszyscy przy kuchennym stole. Mama Joego bardzo chciała znać każdy szczegół i przez jakiś czas rozmawialiśmy o aukcji. W tym domu zawsze panował ożywiony ruch, członkowie rodziny wchodzili i wychodzili. Wszyscy chcieli usłyszeć dobrą wiadomość o naszym domku. Niektórzy mówili:

– Maynooth jest za daleko. Ciężko będzie nam oswoić się z myślą, że mieszkacie na wsi.

– Wydaje się, jakbyśmy mieli mieszkać nie czterdzieści, ale milion kilometrów od was – odpowiadałam ze śmiechem.

– Kiedy mogę przyjść i pomóc wam sprzątać domek? – zapytała mama Joego.

Joe spojrzał na mnie i odrzekł:

– Za dwa tygodnie mam wolny weekend.

Miał wolną również najbliższą sobotę, więc uzgodniliśmy, że wybierzemy się tam z samego rana i cały dzień poświęcimy na sprzątanie. Wkrótce potem Joe odwiózł mnie do domu. Oboje byliśmy bardzo podekscytowani wydarzeniami tego dnia.

W sobotę, kilka dni po zakupie domu, Joe i ja poszliśmy pieszo z Leixlip do Maynooth. Kiedy dotarliśmy na miejsce, zobaczyliśmy, że brama jest otwarta. Szukaliśmy klucza do domu i wreszcie Joe znalazł go pod kamieniem.

Nasi nowi sąsiedzi musieli nas usłyszeć, bo do bramy podeszła kobieta i zawołała:

– Dzień dobry! Mieszkam w sąsiednim domu.

– Dzień dobry! – Zbliżyłam się do bramy. – Jestem Lorna. Zamierzamy tu zamieszkać po ślubie, który weźmiemy za sześć miesięcy.

– Wspaniale. – Kobieta się uśmiechnęła. – Cudownie będzie mieć sąsiadów. Jestem Elizabeth.

Zaprosiłam ją do nas. Minęłyśmy zarośnięty podjazd, skręciłyśmy w prawo i przeszłyśmy pod ścianą do głównych drzwi. Stał tam Joe, którego jej przedstawiłam. Ucieszyła się ze spotkania.

– Wyglądacie na wspaniałą parę – powiedziała.

Zaproponowałam Elizabeth, że pokażę jej wnętrze domu. Joe otworzył drzwi i rozmawiając, weszliśmy do środka.

– Obawiałam się waszej reakcji, kiedy zobaczycie, w jakim złym stanie jest dom. Tak długo stał pusty; staruszka, która tu mieszkała, pani Costello, zmarła dawno temu – wyjaśniła Elizabeth.

– Nam się podoba – powiedziałam, kiedy oglądaliśmy pokoje.

– Szybko sprawimy, że będzie tu bardzo ładnie – dodał Joe. – Wyszorujemy wszystko, zerwiemy tapety i linoleum; pozbędziemy się tych starych mebli. – Rozejrzał się dookoła. – No, może nie wszystkich. Stół kuchenny jest całkiem dobry, może zostawimy jeszcze te fotele i komódkę.

Prawda była taka, że nie mieliśmy mebli ani pieniędzy, żeby je kupić. Musieliśmy zadowolić się tym, co było tutaj, i starymi meblami, które mieliśmy już obiecane od różnych ludzi.

– Posprzątacie i wszystko będzie wyglądało jak nowe – powiedziała Elizabeth – Mój mąż na pewno pomoże wam w cięższych pracach.

Zanim zdążyliśmy coś powiedzieć, wybiegła na zewnątrz. Była bardzo miłą kobietą. Mała i okrągła – tak bym ją opisała. Miała cudowny uśmiech; widziałam, że otacza ją energia miłości i troski. Była solą ziemi.

Po chwili wróciła w towarzystwie wysokiego szczupłego mężczyzny o bladej cerze i twarzy pooranej głębokimi zmarszczkami – ta twarz wyrażała charakter.

– Cześć, jak się macie? – powitał nas.

– To mój mąż, John. – Elizabeth przedstawiła nas i wyjaśniła mu, że wkrótce zamierzamy się pobrać i wprowadzić tutaj.

– Będziesz miał tu dużo roboty, Joe, cholernie dużo – powiedział John.

– Masz rację – przyznał Joe. – Chodźmy obejrzeć szopę z tyłu domu.

Obaj wyszli, a ja zostałam z Elizabeth w głównym pomieszczeniu. Był to niewielki pokój z kominkiem. Przeszłyśmy do sypialni; niezbyt przyjemnie tam pachniało.

– Och, spójrz na te zapyziałe zasłony – westchnęłam. – Są w strasznym stanie, a my nie mamy pieniędzy na nowe.

– Nie martw się, Lorno, wezmę je w tym tygodniu do siebie i wypiorę – zadeklarowała się Elizabeth. – I tak nie mam teraz nic do roboty.

Nie mogłam w to uwierzyć.

– Boże, Elizabeth, ale tu jest tak dużo zasłon do prania! – wykrzyknęłam.

– Nie szkodzi. Wypiorę je, uprasuję i powieszę z powrotem. I poproszę Johna, żeby umył okna.

Była tu sypialnia, mały pokój frontowy, mała kuchnia i jeszcze jeden pokój, ale nie było łazienki ani toalety.

– Kuchnia ma dobrą wielkość dla młodej rodziny, ale na waszym miejscu przerobiłabym tę małą sypialnię na łazienkę, która jest potrzebna – odezwała się Elizabeth.

– Pewnie będziecie mieli dzieci – dodała.

– Oczywiście, że będziemy mieli dzieci – potwierdziłam pewnym głosem, bo w końcu anioł Eliasz sam mi to powiedział. – Ale na razie musi nam wystarczyć toaleta na zewnątrz. Ciekawe, w jakim jest stanie.

Przeszłyśmy na tył domu, żeby to sprawdzić. Wszystko było całkiem zdziczałe; żywopłot tak bardzo się rozrósł, że ledwo mogłyśmy cokolwiek dostrzec. Trawa, chwasty, pokrzywy i kłujące jeżyny sięgały mi powyżej pasa. Przedzierałyśmy się przez ten gąszcz do miejsca, gdzie, jak powiedziała Elizabeth, znajdował się wychodek.

Nie widziałyśmy Joego i Johna, ale znalazłyśmy ubikację. Mieściła się w długiej szopie z drzwiami; brakowało deski klozetowej, na której można by usiąść, ale nadawała się do użytku i nie była taka zła. Zapytałam Elizabeth o budynek stojący obok wychodka.

– To druga szopa, mamy taką samą u siebie.

Wtedy usłyszałyśmy naszych panów.

– Nawet nie zaglądaj do tej szopy – powiedział Joe.

Ale oczywiście nie mogłam się powstrzymać.

– Tylko zerknę, bo teraz mnie zaintrygowałeś. – Zajrzałam do środka i zobaczyłam olbrzymi stos różnych rzeczy. – W jakim stanie są inne szopy?

– Nie chciałabyś ich oglądać – odparł John. – Macie jeszcze jedną dużą szopę i dawny chlewik. To taka mała szopa otoczona murkiem, z furtką na małe podwórko. Byłoby to idealne miejsce, gdybyście chcieli hodować kurczaki. Jest tam pełno śmieci, ale następnym razem gdy tu będziecie, uprzątniemy je z Joem i spalimy.

– Jesteś taki dobry, John, że nam pomagasz – powiedziałam.

– No, Elizabeth – zwrócił się John do żony – chodźmy już i zostawmy tych dwoje samych.

– Może potem wpadniecie do nas na filiżankę herbaty? – zaproponowała Elizabeth, gdy już odchodzili. – Będzie nam bardzo miło.

– Chciałbyś? – zapytałam Joego, a on skinął głową. – Przyjdziemy za pięć, dziesięć minut, musimy się jeszcze trochę rozejrzeć i ustalić parę rzeczy.

Sąsiedzi poszli i zostaliśmy sami.

– Czy to nie cudowne, że ten domek należy do nas? – zwróciłam się do Joego. – Czeka nas dużo pracy, ale wiem, że damy radę.

Weszliśmy z powrotem do domu. Joe zaczął zrywać kawałki tapet ze ścian, żeby zobaczyć, czy da się to łatwo zrobić. Nie było tak źle. Linoleum na podłodze było całe podarte i oboje zaczęliśmy je podnosić. Niestety, pod jedną warstwą linoleum zobaczyliśmy jeszcze kilka następnych, a pod ostatnią była dodatkowo gruba warstwa gazet – setki gazet sklejonych razem. Spojrzeliśmy na siebie.

– Zobaczmy, czy da się to oderwać – rzekł Joe.

Pod linoleum i gazetami znajdowała się słoma i glina, a pod nimi, nie uwierzycie – całkiem przyzwoita podłoga z desek. Później dowiedzieliśmy się od Elizabeth, że te warstwy służyły izolacji, żeby było cieplej.

Potem spędziliśmy miłe chwile przy herbacie z Elizabeth i Johnem. Opowiedziała mi o pani Costello, która mieszkała w naszym domku. Podobno wyglądała jak pani Tiggy-Winkle z powieści Beatrix Potter; nosiła duży kapelusz, obszerny płaszcz i wielką torbę. Mieszkała sama i nigdy nie przyjmowała gości.

John oprowadzał Joego po domu i ogrodzie. Patrząc na nich przez okno, zobaczyłam bawiące się wokół nich anioły. Uśmiechnęłam się.

– Wygląda na to, że jesteś szczęśliwa – zauważyła Elizabeth.

– Jestem bardzo szczęśliwa – potwierdziłam.

Cudownie było siedzieć w ich domu i widzieć światło wokół Elizabeth i Johna. Mieli uroczego synka, nie wiem, ile miał lat, może z dziesięć.

– Jeżeli będziecie czegoś potrzebowali, po prostu zadzwońcie – powiedziała Elizabeth.

Podziękowaliśmy im, pożegnaliśmy się i trzymając się za ręce, poszliśmy do naszego domku.

W następną sobotę Joe przywiózł swoją mamę. Ja już tam na nich czekałam. Moja przyszła teściowa wysiadła z samochodu, uścisnęła mnie mocno i wykrzyknęła:

– O Boże! Czeka was tu mnóstwo roboty.

Poprosiła Joego, żeby otworzył bagażnik. Miała tam wszystko, co było potrzebne do sprzątania. Wnieśliśmy to do środka, a mama Joego rozejrzała się po wnętrzu i orzekła:

– Widzę, że ten mały domek ma zadatki na wspaniały dom.

Przez następne dwa dni sprzątaliśmy. Ja i moja przyszła teściowa spędziłyśmy ze sobą więcej czasu, co pozwoliło mi lepiej ją poznać; świetnie się razem bawiłyśmy. Te dwa dni były wspaniałe, zrobiliśmy bardzo dużo, a mama Joego okazała się cudowna. Do czasu naszego ślubu domek nadawał się do zamieszkania... no, prawie.

Rozdział XIII

Mówię Joemu

Pewnego ranka zaczęłam rozmawiać w szatni z Pauline o sukniach ślubnych. Poprosiła kierownika, by wyznaczył nam przerwę na lunch w tym samym czasie, żebyśmy mogły pójść do sklepu z tkaninami. Kierownik się zgodził.

Na przerwie szybko zjadłyśmy lunch w stołówce i popędziłyśmy do sklepów. Obejrzałyśmy setki modeli sukien i mnóstwo różnych materiałów. Byłyśmy bardzo podekscytowane.

W końcu, po wielu przerwach na lunch spędzonych na szukaniu, znalazłam materiał, który naprawdę mi się podobał i wydał mi się odpowiedni na suknię ślubną – kremowy, z rozrzuconymi gdzieniegdzie malutkimi kwiatuszkami w kolorze wina. Pauline wybrała piękny materiał pasujący kolorem do kwiatków na mojej tkaninie. Na razie jednak nic nie kupiłam, bo wiedziałam, że mama będzie chciała pojechać ze mną na te zakupy.

Mimo że spędziłam z Pauline dużo czasu, szukając materiału na suknię, wciąż nie powiedziałam jej – ani dwóm pozostałym koleżankom – że przyjęcie weselne odbędzie się u mnie w domu. Po prostu się bałam.

Pewnego dnia zapytałam anioły, kiedy będzie na to najlepszy moment.

– Teraz – odrzekły.

– To znaczy teraz, w przerwie na herbatę? – upewniłam się.

– Tak! – potwierdziły.

Kiedy weszłam do stołówki, zobaczyłam Valerie i Mary przy stoliku, gdzie zwykle siadałyśmy. Wzięłam herbatę i dołączyłam do nich.

– Lorno – odezwała się Valerie – jesteśmy bardzo ciekawe, gdzie odbędzie się twoje wesele.

Obydwie się uśmiechały i były bardzo przejęte.

– W domu moich rodziców, w Leixlip – powiedziałam.

Z wyrazu ich twarzy wyczytałam, że są zaskoczone.

– Żartujesz? – zapytała Mary.

– Nie, nie żartowałabym z czegoś tak ważnego jak moje własne wesele.

Zaczęły mi zadawać mnóstwo pytań, między innymi o to, dlaczego rodzice chcą zorganizować przyjęcie weselne w domu. Wyjaśniłam, że w rodzinie mojej mamy jest taki zwyczaj i że ona tak sobie to wyobraża. Zapytały, kto będzie na weselu.

– Głównie rodzina. Moi rodzice, rodzeństwo, kilka ciotek z wujkami, rodzina Joego, oczywiście wy dwie i Pauline, moja druhna. W sumie około trzydziestu osób. Kilkoro sąsiadów przyjdzie do kościoła.

Parę dni później, gdy jadłyśmy lunch, Val oznajmiła, że ma kilka propozycji dotyczących mojego wesela.

– Lorno, może po obiedzie pojedziemy wszyscy do jakiegoś pubu w Dublinie, żeby pobawić się przy muzyce i trochę potańczyć?

– Świetny pomysł, jestem pewna, że Joe się zgodzi, zwłaszcza że u mnie w domu nie ma warunków do tańca. Jak dostaniecie się do kościoła w Leixlip w dniu ślubu? – spytałam.

– Spotkamy się w Dublinie i pojedziemy autobusem – odrzekła Val. – Liczę, że nie będzie padało, bo nie chcemy brać płaszczy. I mam nadzieję, że od autobusu do kościoła jest niedaleko, bo wszystkie będziemy w pantoflach na wysokich obcasach!

– Dwie minuty – zapewniłam je. – I bądźcie wcześniej.

Roześmiały się, mówiąc, że już nie mogą się doczekać tego wielkiego dnia.

W tym samym dniu, przed zamknięciem sklepu, kiedy Pauline pomagała mi porządkować ubrania, zwróciłam się do niej:

– Myślę, że już czas, żebym ci powiedziała, gdzie odbędzie się wesele.

– Już to wiem od dziewczyn. Myślę, że to świetny pomysł – powiedziała Pauline.

– To miłe z twojej strony, że tak mówisz.

Kiedy wróciłam do domu, mama zaproponowała, żebyśmy następnego dnia – miałam akurat wolne – pojechały po materiał na moją suknię ślubną. Cieszyłam się na myśl o zakupach z mamą, mimo że już się zdecydowałam, co chcę kupić. Oczywiście nie wspomniałam jej o tym. Wiedziałam, że wybieranie i oglądanie sprawi jej przyjemność.

Miło było chodzić z mamą po sklepach, chociaż trochę się irytowała, bo nie podobał mi się żaden z materiałów, jakie oglądałyśmy, a ona zauważyła kilka, które uznała za idealne.

– Nie chcę tradycyjnej sukni i na pewno nie chcę, żeby była biała! Mamo, jest jeszcze jeden sklep z tkaninami, do którego mnie kiedyś zaprowadziłaś, w takiej bocznej uliczce – powiedziałam.

Wstąpiłyśmy na herbatę, po czym poszłyśmy do tego sklepu. Obejrzałyśmy wiele materiałów w belach, niektóre leżały na ladzie, inne stały. Kiedy trafiłyśmy na materiał, który wcześnie sobie upatrzyłam, odezwałam się:

– Ten materiał jest piękny, podoba mi się kremowy kolor i kwiatki w kolorze wina. Zobacz tu obok jest materiał idealny na suknię druhny.

Mama skinęła głową.

– Jest śliczny – przyznała. – I rzeczywiście świetnie do siebie pasują.

Kiedy to powiedziała, wokół nas pojawiły się anioły. Gdy mama zapytała: „Ile on kosztuje?", mało nie wybuchnęłam śmiechem, bo słyszałam głosy aniołów chóralnie powtarzające: „Nie ma metki z ceną, nie ma metki z ceną". Anioły sprawiły, że metka zniknęła.

Mama chciała zapytać kogoś z obsługi o cenę. Anioły machały rękami pokazując „nie". Wiedziałam, że muszę ją powstrzymać, bo powie, że materiał jest za drogi, i będzie próbowała mnie nakłonić, żebym wybrała coś tańszego. Nie mogłam na to pozwolić, a jednocześnie nie chciałam sprawić jej przykrości.

– Nie martw się, mamo, ja sama zapłacę za materiał, wykrój i wszystko, co będzie potrzebne do tej sukienki. Chodź, obejrzymy katalogi z wykrojami – dodałam.

Anioły prowadziły mamę pod ramię, kiedy szłyśmy do miejsca, gdzie były katalogi z wykrojami. Mama otworzyła jeden i zaczęła przeglądać, a ja zaproponowałam, że w tym czasie przejrzę inny. Musiałam przewertować pięć katalogów, zanim znalazłam model, który wcześniej mi się spodobał.

– Zobacz – pokazałam mamie – ten krój będzie idealnie pasował do materiału, który wybrałam.

Mama świetnie znała się na szyciu i na podstawie wykrojów umiała obliczyć, ile materiału będę potrzebowała na każdą suknię. Poprosiłam ekspedientkę, żeby odmierzyła mi oba materiały. Zrobiła to, po czym złożyła je i zapakowała do torby, dokładając wykroje i potrzebne dodatki.

– Razem to będzie dwadzieścia pięć funtów i dziewięćdziesiąt dziewięć pensów – podliczyła sprzedawczyni.

Kiedy wyjęłam pieniądze, mama powiedziała, że to ona chce zapłacić za materiał na moją suknię ślubną. Jej słowa sprawiły mi przyjemność, ale zaprotestowałam:

– Nie, mamo, to za dużo.

Ona jednak nalegała, więc pozwoliłam jej zapłacić. Kiedy wręczała ekspedientce pieniądze, wyglądała na bardzo zadowoloną i dumną. Gdy wychodziłyśmy ze sklepu, zobaczyłam przy drzwiach anioły. Podziękowałam im szeptem i skierowałyśmy się do domu. Kiedy szłyśmy na przystanek, niosąc torby z zakupami, podziękowałam mamie.

Cieszyłam się jak dziecko i od razu chciałam pokazać materiał Joemu i jego matce. Tego wieczoru mama Joego powiedziała:

– Muszę poznać twoich rodziców. Zapytaj ich, czy przyjmą zaproszenie na obiad w najbliższą niedzielę.

Kiedy Joe odwiózł mnie do domu, jak zwykle weszłam tylnymi drzwiami. Ku mojemu zaskoczeniu rodzice siedzieli jeszcze w jadalni, postanowiłam więc skorzystać z okazji.

– Cześć – odezwałam się. – Myślałam, że już śpicie. Mama Joego zaprasza was w niedzielę o piątej na obiad.

Mama nie była zachwycona, ale tata szybko odrzekł:

– Jasne, że pójdziemy, przekaż mamie Joego, że odwiedzimy ją z przyjemnością.

Bardzo się ucieszyłam i zaproponowałam, że zrobię im herbatę, ale tata powiedział, żebym już się kładła, więc poszłam do sypialni.

Następnego dnia po pracy pojechałam do mamy Joego i przekazałam jej, że moi rodzice przyjadą w niedzielę na obiad. Ucieszyła się, ale też trochę zdenerwowała. Chciała, by to spotkanie wypadło jak najlepiej.

Kiedy w niedzielę przyjechaliśmy, tata zapukał do drzwi i ku mojemu zadowoleniu otworzył nam Joe. Przywitał się z rodzicami i uściskał mnie. Weszliśmy do jadalni; stół był nakryty po królewsku. Joe przedstawił swoją mamę, swoją siostrę Barbarę, jej męża i dzieci. Na początku obiadu wydarzyło się coś zabawnego. Barbara nalegała, by mama zdjęła płaszcz, a mama wciąż odmawiała.

Wyciągnęłam Joego z pokoju i szepnęłam:

– To nie płaszcz, to sukienka o kroju płaszcza. Powiedz Barbarze, żeby przestała nalegać, bo nie wytrzymam i wybuchnę śmiechem.

Joe odparł, że nigdy nie słyszał o takich sukienkach; kiedy wrócił do jadalni, jego siostra akurat znów prosiła moją mamę, by zdjęła płaszcz. Joe po prostu jej przerwał i odsunął mamie krzesło, żeby mogła usiąść przy stole.

Zjedliśmy pyszny obiad składający się z pieczonej wołowiny, pieczonych ziemniaków, kapusty i marchewki. Na deser moja przyszła teściowa podała swoją wspaniałą tartę z jabłkami i krem. Nigdzie nie jadłam lepszego jabłecznika niż u mamy Joego. Byliśmy z niej bardzo dumni, wszystko wypadło świetnie.

Przez całe lato przed naszym ślubem anioły mnie nakłaniały, żebym wyjawiła Joemu mój sekret. Mówiłam im wiele razy, że boję się to zrobić. Chciałam podzielić się z kimś moją tajemnicą, szczególnie z Joem, ale lękałam się jego reakcji – co będzie jeżeli mi nie uwierzy?

„Powinnaś mówić mu o tym stopniowo, po trochu. Pamiętaj też, Lorno, że nie możesz zdradzić mu wszystkiego; są rzeczy, których nigdy nie będzie ci wolno ujawnić. Następnym razem kiedy nadarzy się stosowna okazja, pomożemy ci" – powiedziały anioły.

Kilka dni później Joe, odwożąc mnie do domu, zaproponował, żebyśmy wybrali się na przejażdżkę w góry.

– Mamy taki piękny wieczór, jest pełnia księżyca i niebo pewnie będzie usiane gwiazdami. Znam miejsce, gdzie możemy zaparkować; roztacza się stamtąd wspaniały widok na Dublin i morze w oddali.

Kiedy dotarliśmy na miejsce, okazało się, że jest tam już wiele samochodów.

– Chodźmy się przejść – powiedziałam. – Może usiądziemy na chwilę na tamtym murku?

Murek był w rzeczywistości stosem kamieni, ale usiedliśmy na nim i Joe mnie objął. Pocałowaliśmy się i poczułam się bezpiecznie.

Nie wiem, jak długo tak siedzieliśmy, ale nagle zauważyłam, że niebo jest pełne gwiazd. Potem niektóre z nich zaczęły wirować i spadać, a kiedy zbliżyły się do ziemi, zorientowałam się, że są to anioły. Usłyszałam, jak mówią: „Teraz jest czas, żebyś wyznała Joemu część swojej tajemnicy".

Obróciłam się w jego objęciach, mówiąc, że chcę mu o czymś powiedzieć. Spojrzał na mnie i zapytał, czy to ma związek ze ślubem.

– Nie, chodzi o mnie. Chcę ci coś wyjaśnić. Widzę rzeczy, których ludzie normalnie nie widzą. Czasami widuję anioły.

Na jego twarzy pojawił się wyraz niedowierzania. Popatrzył na mnie i się roześmiał.

– Lorno, z tego, co wiem, tylko zakonnice i księża widzą anioły. To śmieszne! Zwykli ludzie, jak ty i ja, nie mogą zobaczyć aniołów.

Spojrzałam na niego nerwowo – tego właśnie się obawiałam. W myślach zawołałam do setek otaczających
mnie aniołów: „Pomocy!".

Joe mnie objął i więcej o tym rozmawialiśmy.

– Chodźmy już, jutro oboje musimy wstać do pracy.

W drodze powrotnej milczeliśmy. Joe od czasu do
czasu na mnie spoglądał, tak jakby chciał powiedzieć:
„O co tu chodzi?".

„Źle to przyjął" – zwróciłam się do aniołów.

– Lorno – odezwał się Joe, gdy zatrzymaliśmy się przed
moim domem – chciałaś, żebym uwierzył w coś, o czym
nigdy wcześnie nie myślałem.

Poczułam się jednak trochę pewniej, kiedy mnie objął i pocałował.

Idąc do tylnych drzwi domu, cały czas mówiłam do
aniołów. „Nie martw się Lorno, to dopiero początek drogi Joego do zrozumienia" – pocieszyły mnie.

Zastanawiałam się, jak mam go przekonać, żeby mi
uwierzył, ale wkrótce nadarzyła się okazja.

Chociaż Joe nie pracował już z tatą, czasami pomagał mu na stacji. Pewnego czwartkowego wieczoru, kiedy skończyłam pracę, miałam wizję – zobaczyłam mnóstwo szkła i duże okna; padało na nie jasne światło,
sprawiając, że nic nie widziałam, a jednocześnie wokół
było ciemno.

– O co tu chodzi? – zwróciłam się do aniołów.

– Powiedz Joemu – odrzekły.

– Nie chcę tego robić – zaprotestowałam.

– Zapamiętaj tę wizję, Lorno. Czy widzisz, gdzie to
wszystko się dzieje? – zapytały.

– Tak, na stacji.

Wieczorem opowiedziałam Joemu o mojej wizji.

– To nic nie znaczy – odparł.

Nie rozmawialiśmy o tym więcej, ale ja byłam pełna obaw i pożaliłam się aniołom. W piątek wizja się powtórzyła. Tym razem zobaczyłam Joego w samochodzie, jak podjeżdża pod dystrybutor z paliwem, by zatankować; potem ujrzałam mężczyznę, który podszedł do samochodu, i Joego opuszczającego szybę. Wizja zniknęła. Powiedziałam Joemu, że znowu miałam wizję i ze szczegółami mu ją opisałam.

– Nie chcę, żeby coś ci się stało. To ostrzeżenie.

– Nie wierzę w takie rzeczy. Twój tata zadzwonił i zostawił mi wiadomość, że potrzebuje mnie do pomocy w najbliższy weekend. Człowiek, który pracował na nocną zmianę, odszedł, więc nie ma nikogo do pracy w sobotę i niedzielę, od północy do siódmej rano.

Wkrótce znowu miałam tę wizję i tym razem zobaczyłam jeszcze więcej. Joe opuścił szybę w samochodzie, a mężczyzna uderzył go pięścią w twarz. Potem ujrzałam Joego na posterunku policji, a policjant nie uwierzył Joemu, tylko temu mężczyźnie. Nie rozumiałam, o co w tym chodzi, byłam zdenerwowana i poprosiłam anioły, by mi to wyjaśniły.

„Joemu poleci krew z nosa, ale nic więcej mu się nie stanie – uspokoiły mnie. – Początkowo policjant mu nie uwierzy, ale w końcu wszystko się wyjaśni".

Po pracy poszłam do domu Joego i udaliśmy się razem na spacer po osiedlu. Prosiłam Joego, żeby mi uwierzył. Byłam na niego wściekła.

– Dlaczego mi nie wierzysz? – zawołałam.

Jego anioł stróż cały czas szeptał mu do ucha. Miałam ochotę krzyknąć: „Twój anioł stróż próbuje ci coś powiedzieć, ale ty go nie słuchasz". Ponieważ byłam zmartwiona, Joe obiecał, że będzie bardzo ostrożny podczas weekendu.

W ten weekend wizja się spełniła i wszystko odbyło się dokładnie tak, jak to widziałam. Wieczorem Joe naprawiał klientowi samochód, którym podjechał pod dystrybutor, żeby zatankować. Kolega owego klienta przechodził obok i pomyślał, że Joe ukradł samochód. Krzyknął do niego, a gdy Joe opuścił szybę, uderzył go w twarz, po czym wezwał policję. Policjanci nie uwierzyli Joemu i go aresztowali. Tata wyciągnął Joego z aresztu i wszystko się wyjaśniło, ale tego wieczoru Joe mógł się przekonać o prawdziwości moich słów.

Dwa tygodnie przed moim ślubem Pauline, Valerie i Mary zorganizowały dla mnie wieczór panieński. Nigdy nie spotykałam się z nimi po pracy. Najpierw zabrały mnie do pubu Smyth's, gdzie Valerie często bywała w piątkowe wieczory. Pub był pełen ludzi pracujących w domu handlowym. Valerie i Mary znały tam wszystkich i panowała świetna atmosfera. Dziewczyny przywykły do picia, ale ja nie. Namówiły mnie na kieliszek wina, które od razu uderzyło mi do głowy, co wszyscy uznali za bardzo zabawne. Jeden kieliszek zupełnie mi wystarczył, dlatego przez resztę wieczoru piłam 7Up.

Chodziłyśmy od jednego pubu do drugiego, aż wylądowałyśmy w Murphy's – ulubionym pubie Mary. Panowała tam wspaniała atmosfera. Podłogę wykonano z nierównego betonu, nie było stołów, tylko stołki przy barze, ale za to pub po brzegi wypełniali ludzie śpiewający buntownicze irlandzkie piosenki. Bardzo podobała mi się muzyka i śpiewy, do których wszystkie się przyłączyłyśmy. W końcu poszłyśmy do położonej w centrum kawalerki Mary i przy herbacie z ciasteczkami zaczęłyśmy rozmawiać o minionym wieczorze. Przyjaciółki żartobliwie straszyły mnie psikusami, które zrobią mnie i Joemu w dniu ślubu. Znakomicie się bawiłam, ale byłam zadowolona, kiedy w końcu dotarłam do domu i położyłam się do łóżka.

Dzień ślubu zbliżał się wielkimi krokami. Prawie wszystko było już gotowe. Przywieziono bajeczny trzypiętrowy tort weselny, który jedna z ciotek zrobiła dla nas w prezencie ślubnym; wspaniale się spisała. Wciąż mam gdzieś w pudełku dekoracje z niego.

Na dwa dni przed ślubem dom był nieskazitelnie czysty, a wieczorem w przeddzień ślubu przyszli sąsiedzi, żeby pomóc jeszcze w ostatnich przygotowaniach. Nasza sąsiadka, Anne, obiecała wpaść z samego rana, by mnie uczesać.

Wspaniale jest obserwować, ile radości ślub przynosi rodzinie, znajomym, a nawet sąsiadom, widzieć, jak ujawnia się entuzjazm, który każdy ma w sobie. Kiedy wiem o jakimś planowanym ślubie, proszę wszystkie anioły świata, żeby dały dużo szczęścia i pozytywnych emocji wszystkim ludziom biorącym w nim udział.

W końcu nadszedł dzień ślubu! W nocy prawie nie spałam i wstałam wcześnie rano – zresztą wszyscy wstaliśmy wcześnie. Byłam zbyt zdenerwowana, by jeść śniadanie, więc wypiłam tylko filiżankę herbaty. Tata najpierw odwiózł wszystkich do kościoła, a ja stałam w holu, w towarzystwie jednego z sąsiadów, czekając na jego powrót. Tata wrócił do domu, zaprowadził mnie do samochodu i usiadł ze mną na tylnym siedzeniu. Nic nie mówił, tylko trzymał mnie za rękę. To były piękne chwile. Kiedy zatrzymaliśmy się przed głównym wejściem do kościoła, powiedział: „Nie ruszaj się" – i wysiadł z samochodu.

Kierowca chciał otworzyć mi drzwi, ale tata oznajmił, że on to zrobi. Kiedy wysiadłam z auta i zobaczyłam uśmiech na twarzy taty, poczułam się szczęśliwa. Wziął mnie za rękę. Kiedy wchodziliśmy do kościoła, powiedział, że jest bardzo dumny, że może poprowadzić swoją piękną córkę do ołtarza w dniu jej ślubu.

Idąc w stronę ołtarza, wsparta na ramieniu taty, poczułam, jak anioł stróż mierzwi mi włosy, które sąsiadka rano tak długo układała. Joe stał przy ołtarzu i spoglądał w moim kierunku. Był bardzo przystojny. Obok zobaczyłam jego anioła stróża z szerokim uśmiechem na twarzy. Na ołtarzu zaczęły pojawiać się inne anioły: Michał, Hosus, Eliasz, Elisa – wszystkie te, które towarzyszyły mi przez lata. Było ich tyle, że zrobiło się tłoczno.

Ksiądz już czekał; Joe i ja podeszliśmy do ołtarza, stanęliśmy przed księdzem i rozpoczęła się ceremonia. Kiedy Joe wkładał mi obrączkę na palec, Hosus pociągnął mnie za sukienkę i razem ze mną powiedział: „Tak".

Przed kościołem zrobiono nam mnóstwo zdjęć. Potem pojechaliśmy do domu i zjedliśmy wspaniały posiłek razem z rodziną i przyjaciółmi.

Kiedy przyjęcie się skończyło, Joe i ja poszliśmy z przyjaciółmi na drinka do pobliskiego pubu. Niestety okazało się, że jest tam pełno ludzi i nie ma miejsca dla nowożeńców, więc udaliśmy się do innego pubu, w centrum Dublina. Bawiliśmy się doskonale, a potem, wczesnym rankiem, John przeniósł mnie przez próg naszego małego domku w Maynooth.

Rozdział XIV

Nie wiedziałam, że mam anioła stróża

Czasami anioły nie ostrzegają mnie, że coś się stanie. Pewnego wieczoru, około trzech miesięcy po naszym ślubie, stało się coś dziwnego. Dochodziła jedenasta, Joe leżał już w łóżku i czytał książkę, a ja sprzątałam i przygotowywałam się do spania. Wtedy nie mieliśmy jeszcze łazienki, więc myłam się przed kominkiem. Leżałam w łóżku od pięciu minut, kiedy poczułam, że muszę iść do ubikacji. Wstałam, otworzyłam drzwi sypialni i zatrzymałam się jak wryta. Prawie na kogoś wpadłam.

– O, Boże, co pani tu robi? – krzyknęłam.

Stała przede mną pani Costello, staruszka, która do śmierci mieszkała w tym domu! Wyglądała tak, jak opisała ją Elizabeth – ubrana w płaszcz, wspaniały kapelusz z woalką i owocowym przybraniem, z wielką torbą pod pachą.

– Do widzenia, odchodzę – powiedziała.

Uśmiechnęła się do mnie. Wyglądała pięknie, nienagannie, zupełnie jak pani Tiggy-Winkle. Nie wiem, dlaczego musiała się ze mną pożegnać, ale jeżeli musiała to zrobić, w porządku. Aż podskoczyłam na jej widok.

– Co się stało? – zapytał Joe.

– Prawie na nią wpadłam – szepnęłam, zapominając, że Joe nie wie, że widzę również duchy. – Spotkałam starszą panią, która mieszkała tu przed nami, przyszła się pożegnać.

Joe spojrzał na mnie zaskoczony. Powiedział, żebym lepiej wracała już do łóżka.

Zrobiłam to szybko, mając nadzieję, że Joe nie będzie za dużo myślał o tym incydencie. I tak się stało, bo po chwili odwrócił się i zasnął. Najwyraźniej moje anioły maczały w tym palce! Nigdy więcej o tym nie wspomniał.

Leżałam w łóżku, pytając anioły, dlaczego pani Costello pojawiła się tak niespodziewanie, że prawie na nią wpadłam. Nie lubię wchodzić na duchy osób zmarłych, które nie poszły jeszcze do nieba – powoduje to nieprzyjemne odczucia i wstrząsy elektryczne w moim ciele. Duch, który nie był jeszcze w niebie, nie został oczyszczony i wywołuje zupełnie inne odczucia niż ten, który powrócił z nieba na ziemię, jak mój brat Christopher. W takich duchach wyczuwam siłę życiową ich duszy.

Anioły powiedziały, że z jakichś powodów, których nigdy mi nie zdradziły, pani Costello nie mogła opuścić swojego domu, dopóki nie nawiązała ze mną kontaktu – potrzebowała go, by móc iść do nieba. Nie umiem tego wyjaśnić, ale często natykam się na dusze, które jeszcze nie opuściły ziemi i nie poszły do nieba, a ja mam do odegrania jakąś rolę w ich przejściu na drugą stronę.

Kilka miesięcy później zaszłam w ciążę. Joe postanowił sprzedać samochód, żebyśmy mieli pieniądze na dodatkowe wydatki związane z pojawieniem się dziecka. Wróciliśmy więc do podróżowania autobusami i oboje z tego żartowaliśmy.

Źle znosiłam ciążę, więc cały czas skarżyłam się Bogu i aniołom. A one tylko się ze mnie śmiały i kazały mi dużo odpoczywać.

Dziecko zdecydowało się przyjść na świat dwa tygodnie przed terminem. Urodziłam pięknego chłopczyka ważącego prawie trzy i pół kilograma. Byliśmy bardzo szczęśliwi. Dużo wcześniej powiedziałam Joemu o moim bracie Christopherze, który zmarł jako niemowlę, i o tym, że chciałabym nazwać jego imieniem swego pierworodnego syna. Postanowiliśmy więc, że będzie miał na imię Christopher.

Nigdy jednak nie wspomniałam Joemu o moich spotkaniach z duchem brata; nie pozwolono mi o tym mówić do momentu, gdy zaczęłam pisać tę książkę. Poprosiłam Joego, by nie zdradził moim rodzicom, dlaczego chcę nazwać syna Christopher. Kiedy rodzice odwiedzili mnie w szpitalu po narodzinach dziecka, mama powiedziała, że powinniśmy nazwać syna Christopher, po jej ojcu, a moim dziadku. Uśmiechnęłam się do męża, oznajmiając, że już wybraliśmy imię – właśnie Christopher. Joe ścisnął mi rękę.

Gdy przywieźliśmy Christophera ze szpitala do domu, jak każda młoda matka byłam zdenerwowana i przejęta. Był zdrowy i silny, ale pewnego razu pojawiły się anioły i powiedziały, że jest mały problem z dzieckiem.

– Zauważyłam, że nie trawi dobrze mleka. Mam rację? – zapytałam.

– Tak – potwierdziły. – Owiń Christophera w kocyk, włóż go do wózka i idź do budki telefonicznej, by wezwać lekarza.

Zrobiłam tak, jak kazały, i na szczęście budka była wolna. Zadzwoniłam do lekarza i poprosiłam, żeby przyszedł zobaczyć Christophera. Doktor przyjechał po południu. Dzień był bardzo zimny i padał ulewny deszcz. Drzwi nie były zamknięte i doktor wszedł, wołając:

– Czy jest ktoś w domu?

Siedziałam przy kominku i karmiłam Christophera. Uśmiechnęłam się do lekarza, bo widziałam, że podążają za nim wszystkie anioły. Usiadł na krześle i grzejąc dłonie przy ogniu, powiedział, że wnętrze jest miłe i przytulne. Przez chwilę pobawił się z dzieckiem, a potem zapytał, co mu dolega. Wyjaśniłam, że chyba nie trawi prawidłowo mleka. Lekarz spojrzał na mnie dziwnym wzrokiem. Anioły stojące za nim ostrzegły mnie, bym uważała na to, co mówię.

– Często zwraca pokarm – dodałam.

– Lorno, wszystkie niemowlęta tak robią – odrzekł ze śmiechem.

Przysunął bliżej krzesło, by zbadać dziecko, a jeden z aniołów dotknął brzuszka małego i Christopher zwymiotował. Mleko przeleciało przez pokój. Doktor spojrzał na mnie i powiedział:

– To nie jest normalne.

Przyłożył stetoskop do brzuszka dziecka i powiedział, że dzieci, które reagują tak jak Christopher, zwykle są chore na celiakię. Potem dał mi skierowanie do specjalisty w Temple Street Children Hospital w Dublinie.

Okazało się, że Christopher rzeczywiście ma celiakię, i od tej pory był na specjalnej diecie. Oznaczało to częste wizyty w szpitalu, czasami musiał tam zostać na kilka dni, co było trudne i dla niego, i dla nas.

Każdą wolną chwilę Joe poświęcał na pracę w ogrodzic, który powoli zaczynał nabierać kształtu. Pewnego dnia, kiedy obserwowałam go przy tej pracy, na krótką chwilę pojawił się jego anioł stróż, a potem zobaczyłam wokół Joego jeszcze więcej aniołów, które go wspierały. Widziałam, że otaczające go światło jest bardzo słabe.

Zaczęłam płakać, mówiąc do siebie: „Nie! To niesprawiedliwe".

Wiedziałam, że w ten sposób anioły pokazują mi, że Joe zachoruje.

Tak też się stało. Wkrótce potem wykryto u niego wrzody żołądka, a choroba miała cięższy przebieg niż u większości pacjentów. Zawsze tak było, że gdy na coś zachorował, przechodził to gorzej niż inni ludzie i nigdy nie rozumiałam dlaczego.

Pomimo specjalnej diety i wielu leków czuł się bardzo źle i przez sześć miesięcy nie mógł pracować. W rezultacie stracił pracę w firmie transportowej i musieliśmy żyć z zasiłku socjalnego.

To był dla nas trudny okres i tak miało już być przez resztę jego życia, choć wtedy jeszcze tego nie wiedziałam.

Pewnego dnia wyniosłam Christophera do ogrodu, by się pobawił. Zamknęłam furtkę, drzwi wejściowe zostawiłam otwarte i weszłam do środka, by pościelić łóżka. Nagle zobaczyłam przed sobą anioła Elisę.

– Witaj, Lorno. Chcę ci tylko powiedzieć, że będziesz miała gościa.

Zniknęła, zanim zdążyłam się odezwać.

– To była szybka wizyta. – Roześmiałam się.

Elisa więcej się nie pojawiła, wróciłam więc do ścielenia łóżek, co chwilę zerkając przez okno na Christophera. Kiedy przeszłam do pokoju frontowego, zauważyłam błysk światła w drzwiach i usłyszałam śmiech. Do przedpokoju wszedł duch małej dziewczynki. Miała długie kręcone czarne włosy i ciemnoniebieskie oczy. Ubrana była w płaszczyk z czarnym kołnierzem, kapelusz, podkolanówki i czarne buciki. Tanecznym krokiem wbiegła do kuchni, uśmiechając się do mnie. Poszłam za nią.

Przy małym duchu obecny był anioł stróż. Rzadko widywałam duchy, którym towarzyszył anioł stróż – zwykle zostaje z nami po śmierci tylko przez chwilę, bo duch, który przekroczył bramy tego, co nazywamy niebem, nie potrzebuje anioła stróża.

Dziewczynka wyglądała, jakby była z krwi i kości, jak my wszyscy. Żyła jakiś czas temu, ale wtedy nie wiedziałam jeszcze, w jaki sposób umarła. Jej anioł stróż był przezroczysty, jak pełna życia kropla deszczu; odbijał kolory otaczające dziewczynkę. Wszystkie anioły stróże wyglądają podobnie, a jednocześnie się różnią – tak jak bracia i siostry, którzy są do siebie podobni, a zarazem inni. Nie sprawia mi trudności odróżnienie anioła stróża od innych aniołów.

Patrzyłam, jak anioł stróż porusza się wokół dziewczynki, tak jakby chciał ją chronić przed ludzkim światem; nie pozwalał nawet, by jej stopy dotknęły ziemi. Czasami spoglądał na mnie, uśmiechał się i przykładał palec do ust, pokazując w ten sposób, że mam się nie odzywać.

Dziewczynka odwróciła się, wybiegła w podskokach z kuchni do przedpokoju, a potem na dwór. Oboje zniknęli w smudze światła. Przez następne kilka miesięcy mała dziewczynka i jej anioł stróż pojawiali się u mnie wiele razy. Przychodziła tylko wtedy, gdy otwarte były drzwi frontowe, a zwykle zostawiałam je otwarte. Gdy po raz pierwszy do mnie przemówiła, powiedziała, że kiedy umierała, była sama. Potem popatrzyła na swojego anioła stróża i dodała:

– Naprawdę nie wiedziałam, że mam anioła stróża. Nie wiedziałam, że byłeś przy mnie.

Oczy dziewczynki wypełniły się łzami, a jej anioł stróż pochylił się i je otarł. Uczucie miłości i emocje towarzyszące temu wydarzeniu były tak silne, że mnie również stanęły w oczach łzy. A dziewczynka, już bez słowa, wyszła.

Innym razem powiedziała, że nazywa się Annie. Nie miałam okazji o nic jej zapytać, bo jej anioł stróż zawsze przykładał palec do ust, pokazując mi, żebym nic nie mówiła.

Pewnego ranka znowu pojawiła się anioł Elisa.

– Nie waż się więcej znikać, tak jak to zrobiłaś ostatnim razem – wypaliłam.

– Usiądźmy na progu – powiedziała Elisa.

– Eliso, dlaczego duch małej dziewczynki i jej anioł stróż przychodzą do mnie? – zapytałam.

– Annie musi wiedzieć, że ktoś ją kochał, kiedy żyła. Umarła w samotności i sądziła, że nikt jej nie kocha, nawet rodzice, bo nie było ich wtedy przy niej. Jej anioł stróż przyprowadził ją do ciebie, Lorno, żebyś jej matkowała. To poważne zadanie.

– Wiesz, Eliso, to działa, cieszę się na przyjście Annie, mimo że jest ona duchem, a nie zwykłym dzieckiem. Przywiązałam się do niej. Wiem, że jej anioł stróż pracuje nad tym, by to przywiązanie przerodziło się miłość między nami. Dziękuję ci, Eliso.

– Do widzenia, Lorno – pożegnała się Elisa i zniknęła.

Wizyty Annie stały się częstsze, zaczęła przychodzić niemal codziennie. Pewnego dnia zwróciła się do mnie po imieniu.

– Wiesz, Lorno, zginęłam w pożarze. Nie mogłam nikogo znaleźć, krzyczałam ale nikt mnie nie słyszał. Gdzie byli mamusia i tatuś? Nie zajęli się mną, bo pewnie mnie nie kochali. Pamiętam, że położyłam się i płakałam, a gdy się obudziłam, byłam już w niebie.

– Annie, kiedy wrócisz do nieba, spotkasz mamę i tatę i zobaczysz, że cię kochają – odrzekłam.

Kiedy wymówiłam te słowa, Annie objęła mnie na chwilę. W tym uścisku poczułam jej ciało fizyczne.

– Chciałam tylko wiedzieć, że byłam kochana w ludzkim świecie. – Odwróciła się i razem ze swoim aniołem
wybiegła na zewnątrz.

Podziękowałam Bogu. Czułam się szczęśliwa, wiedząc,
że Annie jest teraz w niebie ze swoimi rodzicami. Wygląda na to, że czasami Bóg i aniołowie nie mogą przekonać kogoś, że za życia był kochany. Dlatego Bóg przysłał Annie z jej aniołem do świata ludzi – żeby ktoś ją
upewnił, że naprawdę tak było. Trudno to zrozumieć,
ale musiała się dowiedzieć, że była kochana.

Rozdział XV

Siła modlitwy

Ponownie zaszłam w ciążę. Miałam dwadzieścia pięć lat, a Christopher dwa i pół roku. Tym razem przez pierwsze trzy miesiące ciąży czułam się świetnie; nie było żadnych porannych mdłości. Pewnego ranka, gdy Joe już wyszedł do pracy, postanowiłam dłużej zostać w łóżku. Christopher leżał obok mnie, ale szybko zasnął, więc cichutko wyślizgnęłam się z łóżka. Poszłam do pokoju frontowego, a tam siedział w fotelu anioł Hosus. Poprosił, żebym usiadła.

– Hosusie, tylko mi nie mów, że coś jest nie tak.

– Nie, Lorno, to nic poważnego. Twoje dziecko ma znamię z lewej strony. Lekarze będą zaniepokojeni i wezwą specjalistę z innego szpitala. Musisz pamiętać, że wszystko będzie dobrze. Twoje dziecko jest doskonałe, tylko chce szybko przyjść na świat. Nie może się doczekać, kiedy weźmiesz je w ramiona. My, anioły, i anioł stróż dziecka zrobimy wszystko, żeby jak najdłużej zatrzymać je tam, gdzie powinno być.

Hosus wyciągnął rękę i dotknął mojego brzucha. Poczułam, jak dziecko się poruszyło.

– Dziecko wie, że dotknąłeś mojego brzucha. W szóstym tygodniu ciąży poczułam ruch dziecka. Doktor mówi, że to niemożliwe. Ale ja wiem, że tak było. Kiedy stoję przed lustrem, proszę Boga, żeby pozwolił mi zerknąć, i widzę wtedy wirującą energię. Czasami przez chwilę Bóg pokazuje mi dziecko i widzę, że jest doskonałe. Ale dlaczego chce się urodzić przed czasem?

Nie odpowiedział na moje pytanie, tylko rzekł:

– Czeka cię teraz ciężki czas, większość ciąży spędzisz w szpitalu.

Kilka dni później gdy pojechałam do szpitala na USG, i mogłam zobaczyć dziecko.

– Pani dziecko jest bardzo aktywne – oznajmił lekarz.

– Wszystko wygląda dobrze. Jest wielkości paznokcia mojego kciuka, ale porusza rękami i nogami. Otwiera nawet oczy i wkłada kciuk do ust.

Lekarz zdecydował, że powinnam zostać przez kilka dni w szpitalu, i zawieziono mnie na oddział. Joe pojechał do domu, ale wieczorem wrócił i przyniósł mi wszystkie potrzebne rzeczy. Spędziłam w szpitalu tydzień; byłam bardzo szczęśliwa, kiedy lekarz powiedział, że mogę iść do domu.

Zaledwie po dwóch tygodniach znów musiałam wrócić do szpitala. Mama wzięła do siebie Christopherem, dzięki czemu Joe mógł nadal pracować – ostatnio dostał pracę w urzędzie samorządowym. Synek bardzo za mną tęsknił i mamie trudno było go pocieszyć. Joe jeździł do rodziców codziennie po pracy, przed wizytą u mnie w szpitalu. Weekendy Christopher spędzał z ojcem.

W szpitalu leżałam pod kroplówką i nie wolno mi było wstawać. Lekarze nie mogli zrozumieć, jaki jest powód tego, że ciągle grozi mi przedwczesny poród. Już do końca ciąży pozostałam w szpitalu. Tydzień przed świętami Bożego Narodzenia, kiedy byłam w siódmym miesiącu, oddziały szpitalne opustoszały – jeśli tylko było to możliwe, pacjentów wypisywano do domu. Wyglądało na to, że mnie nie wypuszczą, ale wciąż się modliłam do Boga, żebym mogła spędzić święta z mężem i synkiem. W dzień Wigilii, przed lunchem, przyszedł lekarz i powiedział, że mogę wyjść do domu na dwa, trzy dni, ale pod warunkiem, że jeżeli tylko gorzej się poczuję, natychmiast wrócę do szpitala.

Wieczorem przyjechał tata z Joem i Christopherem, żeby mnie odebrać. Czułam się świetnie. W naszym domku było tak miło i przytulnie. Nasza cudowna sąsiadka Elizabeth napaliła w kominku. Przed wyjściem tata powiedział, że jesteśmy zaproszeni do nich na obiad w drugi dzień świąt i że przyjedzie po nas około dwunastej. Christopher i Joe poszli zamknąć bramę za tatą, a kiedy wrócili, ja już siedziałam wygodnie przy kominku. Synek usiadł mi na kolanach. Uściskałam go mocno, podczas gdy Joe robił dla nas herbatę. Nie pamiętam za wiele z tych świąt, nie wiem też, jak mój mąż dał sobie ze wszystkim radę.

Pamiętam tylko, jak w Wigilię ściskałam Christophera, siedząc przy kominku, i jak w drugi dzień świąt u rodziców poczułam się źle i poprosiłam tatę, by odwiózł mnie do szpitala.

Dwa tygodnie później, w ósmym miesiącu ciąży, urodziłam mojego drugiego syna, Owena. Trudno w to uwierzyć, ale ważył prawie cztery kilogramy, mimo że przyszedł na świat cztery tygodnie za wcześnie.

Nie wiem, jak do tego doszło, ale moi rodzice zaangażowali się w działalność grup modlitewnych, co miało bardzo pozytywny wpływ na tatę. Zaczął pomagać ludziom. Zawsze pomagał, ale teraz robił to na większą skalę. Kiedy słyszał, że ktoś ma kłopoty, starał się za wszelką cenę mu pomóc.

Któregoś dnia tata przyszedł do nas i zapytał, czy chcielibyśmy pójść na spotkanie grupy modlitewnej, które ma się odbyć wieczorem w Maynooth College.

Spojrzałam na Joego i oboje skinęliśmy głowami. Byłam zachwycona możliwością wyjścia z domu i zafascynowana perspektywą grupowej modlitwy. Zawsze lubiłam kościoły i kiedy tylko mogłam, chodziłam na mszę.

– Jak wyglądają spotkania grup modlitewnych? – zapytałam.

– Mamy do dyspozycji pomieszczenie w Maynooth College. Modlimy się wspólnie i czytamy ustępy z Biblii. Każdy może poprosić, by grupa pomodliła się za jego rodzinę lub kogoś, kto znajduje się w trudnej sytuacji. Po modlitwie zwykle gawędzimy przy herbacie i ciasteczkach – wyjaśnił tata.

– I zawieracie nowe znajomości – powiedziałam.

Elizabeth obiecała, że zaopiekuje się naszymi dziećmi, i od tamtej pory robiła to za każdym razem, kiedy szliśmy na spotkanie modlitewne.

Podobało mi się to pierwsze spotkanie, mimo że bardzo się denerwowałam. Prawdę mówiąc, byłam tak przejęta, że niewiele z niego zapamiętałam. Staraliśmy się jak najczęściej chodzić na te modlitwy i na stałe dołączyliśmy do grupy.

Modlitwa ma wielką moc: nigdy nie modlimy się sami, zawsze modli się z nami nasz anioł stróż i wszystkie inne anioły, którc akurat są przy nas, a nawet nasi bliscy, którzy już poszli do nieba.

Nie ma spraw zbyt błahych, by się o nie modlić, i żadna modlitwa nie jest za krótka – nieważne, czy jest to jedno słowo, czy wiele słów. Możemy się modlić wszędzie: w samochodzie, na spacerze, na spotkaniu, w tłumie lub samotnie. Czasami modlimy się, nie zdając sobie nawet z tego sprawy, zwłaszcza gdy myślimy o kimś bliskim, kto jest chory lub ma kłopoty.

Kiedy modlitwa wypływa z głębi naszego jestestwa, ma szczególnie wielką moc. Obojętne, jakiego ktoś jest wyznania: Bóg jednakowo słyszy modlitwy wszystkich swoich dzieci.

Siła modlitwy jest jeszcze większa, kiedy grupa osób modli się razem w tym samym miejscu, tak jak my na spotkaniach modlitewnych, lub gdy ludzie na całym świecie modlą się o coś w tym samym czasie. Taka modlitwa wyzwala niezwykle intensywną moc duchową.

Lubiliśmy chodzić pieszo na te spotkania; po drodze rozmawialiśmy o grupie modlitewnej, a Joe opowiadał o tym, co wydarzyło się u niego w pracy. Pewnej środy, gdy szliśmy na spotkanie, powiedziałam do Joego, że mam nadzieję, iż tego dnia przyjdzie dużo ludzi. Zwykle w spotkaniach uczestniczyło około dziesięciu osób, ale niekiedy, szczególnie podczas letnich wakacji, było nas mniej. Kiedy wakacje się kończyły, grupa znowu rosła i czasami musieliśmy przenosić się z jednego końca kampusu na drugi.

Tata często brał udział w spotkaniach modlitewnych, lecz na tych w Maynooth był tylko kilka razy. Wprowadził nas do tej grupy, ale od tamtej pory bywał rzadko, dlatego ucieszyłam się, widząc go tamtego wieczoru, i natychmiast podbiegłam do niego. Razem weszliśmy po schodach i skierowaliśmy się do jednej z sal po lewej stronie. Zobaczyłam tam około dwudziestu krzeseł ustawionych w krąg i prawie wszystkie były już zajęte. Przywitaliśmy się i usiedliśmy.

Potem weszło kilka osób w towarzystwie księdza, który przedstawił się jako ojciec David i zapytał, czy może dzisiaj dołączyć do nas grupa seminarzystów i zakonnic.

Zgodnym chórem powiedzieliśmy, że serdecznie ich zapraszamy. Ponieważ w sali było już około dwudziestu osób, ksiądz zaproponował, żebyśmy przenieśli się do większego pomieszczenia. Po kilku minutach wrócił i oznajmił, że możemy przejść do większej sali, w innej części kampusu, ale musimy wziąć ze sobą krzesła, również te ustawione pod ścianą. Wszyscy ruszyli do pomocy.

Sala, do której się przenieśliśmy, była o wiele większa od pierwszej. Wkrótce zaczęli się schodzić seminarzyści (młodzi mężczyźni uczący się na księży) w towarzystwie księży – było ich chyba siedmiu. Przyszło również kilka zakonnic z młodą dziewczyną, która mieszkała w domu zakonnym na terenie kampusu. Zjawiło się też jeszcze parę świeckich osób.

Pokój wypełnił się żywą energią i światłem. Widziałam także, chociaż niezbyt wyraźnie, wiele aniołów; byłam ogromnie przejęta. Moja duszę przepełniała radość, a anioły szeptały mi do ucha, że przyjdzie ktoś bardzo wyjątkowy.

– Wiem – odrzekłam. – Wiem, kto przyjdzie.

Miałam ochotę skakać z radości i powiedzieć to wszystkim, ale anioły przytwierdziły moje stopy do ziemi, żebym nie mogła się poruszyć.

– Nic nie mów – pohamowały mnie. – Nikt by ci nie uwierzył.

Stałam na prawo od wejścia, ze stopami przyklejonymi do podłogi, i patrzyłam na krzcsła. Ustawiono je w koncentryczne okręgi, ale bez przerwy przybywali kolejni uczestnicy, przynosząc nowe krzesła, i stopniowo okręgi zmieniły się w pięć czy sześć owalnych rzędów, powiększających się z minuty na minutę.

Joe zawołał mnie, żebym usiadła obok niego. W dużej sali było już sześć owalnych rzędów krzeseł. Anioły uwolniły moje stopy, żebym mogła się poruszać. Widziałam, że miejsce obok Joego jest wolne, ale przedostanie się tam było trudne. Niektórzy ludzie wstawali i odsuwali krzesła, żebym mogła przejść, i w końcu udało mi się usiąść obok męża.

John, jeden ze świeckich uczestników, powitał zebranych. Potem wszyscy zaczęli na głos wychwalać Boga własnymi słowami. (Każdy modlił się po swojemu, tak jak uważał za najbardziej odpowiednie). Powietrze stało się naelektryzowane i przepełniło się wysokimi wibracjami. W rytm uderzeń anielskich skrzydeł także światło stawało się coraz jaśniejsze. Wychwalałam Boga całym sercem i duszą; chciałam zamknąć oczy, ale anioły mi nie pozwoliły. Czułam, jak dłonie aniołów osłaniają moje oczy i dotykając podbródka, podtrzymują mi głowę. Zaczynałam pogrążać się w ekstazie. Widziałam, że wszyscy wokół mnie pochylili głowy; modlili się i sławili Boga. Z przodu, z tyłu i po bokach każdej modlącej się osoby migotały anioły. Pomieszczenie wypełniło się aniołami od podłogi do sufitu; nie było kawałka wolnej przestrzeni.

Jeden z aniołów szepnął mi do ucha: „Usłysz ich wszystkich, Lorno".

Wsłuchałam się uważnie i doświadczyłam czegoś niezwykłego. Słyszałam każdego z osobna. Jedni modlili się własnymi słowami, inni powtarzali w kółko te same modlitwy, jeszcze inni śpiewali hymny i z głębi duszy wysławiali Boga.

Anioły pozwoliły mi schylić nieco głowę, a wtedy przestałam czuć pod sobą krzesło. Poprosiłam anioły, żeby nie dały mi zamknąć oczu podczas modlitwy. Powiedziały, że tylko trochę je przymkną. Potem zapanowała kompletna cisza, nie słyszałam ani ludzi, ani aniołów.

Przepełniona życiem chmura olśniewającego białego światła powoli zalewała całe pomieszczenie, otaczając i oczyszczając wszystko i wszystkich. Stopniowo z tej chmury zmaterializował się Bóg i zobaczyłam go pod postacią młodego mężczyzny. Rozpoznałam jego potężną obecność jako tę, z którą zetknęłam się jako dziecko, gdy szłam do domu babci w Mountshannon.

Młody mężczyzna – Bóg – był ubrany w białą szatę. Widziałam koniuszki palców jego stóp, które wydawały się złote. Ramiona miał opuszczone wzdłuż ciała, z otwartych dłoni, skierowanych w dół, wychodziły promienie światła, a palce promieniowały złotą poświatą. Jego twarz jaśniała, a jasne oczy lśniły wiecznym życiem. Brązowe włosy opadały mu w puklach na ramiona. Jak mogę opisać olśniewające światło – istotę życia – pełne miłości, współczucia i nadziei?

Bóg obrócił się powoli, by spojrzeć na każdego z obecnych, i bez ruchu, w takim sensie jak my rozumiemy ruch, krążył między ludźmi siedzącymi w środkowym owalnym rzędzie. Ludzie sławili Boga i dziękowali mu w ciszy, w medytacji, w modlitwie, nieświadomi jego obecności. Kiedy Bóg znalazł się między ludźmi siedzącymi obok mnie, poczułam Go. Jego obecność była przepełniona niezwykłą mocą. Wypełnił mnie płynący z Niego spokój. Modliłam się o to, żeby Bóg został i cały czas przechadzał się między nami, tak jak w tej chwili.

Kiedy skończyłam modlitwę, poczułam na ramieniu dotknięcie Jego ręki. Bóg fizycznie dotknął mojej duszy za pośrednictwem tego lśniącego światła. Jak opisać to, co zobaczyła moja dusza? Nieskończona czystość; pełna jasność.

Potem Bóg zniknął w błysku światła i pokój powrócił do normalnego stanu. Otworzyłam szeroko oczy i ujrzałam, że chmura pięknego, olśniewającego światła – obecność Boga między nami – zniknęła. Uśmiechnęłam się, a w oczach miałam łzy.

W chwilę później wszyscy skończyli się modlić i podnieśli głowy. Ktoś powiedział, że modlitwa i medytacja w tak dużej grupie napełniła go niewysłowioną radością i spokojem. Potem odezwał się młody duchowny (nie wiem, czy był już księdzem, czy dopiero seminarzystą). Niewysoki, z lekkim zarostem i jasnobrązowymi włosami. Siedział na krześle w środkowym kręgu.

– Czy ktoś to czuł? – zapytał.

Wiedziałam, co za chwilę powie, i zapytałam anioły:

– Czy mogę powiedzieć, że ja również to czułam, by mu w ten sposób pomóc?

Nie zgodziły się.

– Poczułem Boga między nami. Poczułem, że mnie dotknął. Czy dotknął jeszcze kogoś?

Tak bardzo chciałam zawołać: „Tak ja też to poczułam, mnie też dotknął". Niestety nakazano mi milczenie. Smutne było to, że nikt więcej nie miał odwagi powiedzieć: „Tak, Bóg mnie dotknął", nikt nie miał odwagi przyznać się do Niego. A przecież w istocie Bóg ich dotknął! Boimy się powiedzieć, że Bóg jest w naszym życiu, boimy się do tego przyznać i otwarcie o Nim mówić.

Nie wiem, kogo jeszcze z zebranych Bóg dotknął, ale pamiętam tamtego młodego człowieka i po dziś dzień mam nadzieję, że jakkolwiek potoczyły się jego losy, wciąż przyznaje się do tej wspaniałej rzeczy.

Po spotkaniu jak zwykle była herbata i ciasteczka. Niepostrzeżenie wymknęłam się z kubkiem w dłoni na parking. Minęłam go i wciąż drżąc z emocji, zaczęłam spacerować między niskimi drzewkami, a wszędzie wokół mnie były anioły.

– Wiem, że ten młody człowiek rozpaczliwie pragnął potwierdzenia tego, co przeżył – rzekłam do wszystkich aniołów, nie zwracając się do żadnego w szczególności.

Poprosiłam je oraz anioła stróża tego młodego mężczyzny, żeby niezależnie od tego, czy zostanie księdzem, czy nie, pomogły mu zachować ufność i wiarę w Boga.

– Czy mogę powiedzieć Joemu, że Bóg do nas przyszedł i dotknął niektórych z nas? – zapytałam.

– Nie, Lorno, nie zrozumiałby tego. Przyjdzie czas, kiedy będziesz mogła mu zdradzić więcej, ale też nie wszystko. A to jest jedna z rzeczy, których nigdy nie będziesz mogła mu wyjawić.

Zrobiło mi się trochę smutno. Zawróciłam do budynku, a przy wejściu pojawiła się anioł Elisa i przytrzymała mi drzwi.

– Nie smuć się – odezwała się z uśmiechem.

A kiedy to usłyszałam, cały mój smutek zniknął.

W korytarzu spotkałam tatę, który oznajmił, że chce już wracać. Powiedziałam, że odszukam Joego i spotkamy się w samochodzie. W ciągu kilku minut dotarliśmy do domu. Ani tata, ani mój mąż nie mówili nic szczególnego o tym spotkaniu modlitewnym, więc myślę, że nic nie widzieli.

Rozdział XVI

Tunel

Po czterech latach nasz ogród nabrał pożądanego kształtu. Uprawialiśmy mnóstwo warzyw i hodowaliśmy kilka kur, tyle że trudno było odnaleźć składane przez nie jajka. W końcu odgrodziliśmy część ogrodu płotem, przeznaczając ją na kurnik, i wtedy kłopot zniknął. Joe zawiesił też sznurki do suszenia prania; wciąż pamiętam, jak to robiliśmy – on z młotem stał na drabinie, a ja trzymałam słupki. Mieliśmy przy tym dużo zabawy.

Pewnego popołudnia Christopher i Owen zrobili namiot ze słupków, koca i kawałka sznurka; świetnie się w nim bawili, podczas gdy ja wieszałam pranie. Nagle wielki promień światła wylądował u moich stóp, poczułam jakby klepnięcie i o mało się nie przewróciłam. To był oczywiście anioł Hosus! Roześmiałam się, wiedząc, że robi to dla żartu.

– Lorno, muszę ci coś powiedzieć – odezwał się. – To jest zarazem wesoła i smutna nowina. Bóg ześle ci małą dziecięcą duszyczkę. Po nowym roku zajdziesz w ciążę, ale to dziecko z tobą nie zostanie: powróci do Boga.

– Już mi jest smutno. Dlaczego mi to mówisz, Hosusie? Dlaczego to nie może się po prostu stać, tylko musisz informować mnie o tym? Byłoby mi łatwiej, gdybym nie wiedziała – westchnęłam.

– Twój mąż bardzo się ucieszy, że znów jesteś w ciąży, Lorno. Gdy to dziecko wróci do Boga, Joe będzie w pewien sposób w tym uczestniczył i pomoże mu to zrozumieć twoje zdolności.

– Myślisz, że zrozumie?

– Tak – potwierdził Hosus. – Wyda mu się to niewiarygodne, ale przekona się o tym, gdy w waszym życiu wydarzą się jeszcze inne rzeczy. Nadszedł czas, żebyś znowu z nim porozmawiała.

– Dobrze, porozmawiam z nim, może pójdziemy potem na spacer.

Dzieci wciąż bawiły się w namiocie i biegały po ogrodzie przed domem. Kiedy Joe wrócił z pracy i otworzył furtkę, Christopher i Owen natychmiast do niego podbiegli, a on wziął ich obu na ręce i zaniósł do domu. Wieczorem poprosiłam Elizabeth, by zajęła się dziećmi, a ja i Joe poszliśmy na spacer.

Idąc wzdłuż kanału, gawędziliśmy o różnych rzeczach, aż wreszcie się odezwałam:

– Chcę się z tobą podzielić czymś, co pokazały mi anioły.

Kiedy przechodziliśmy obok dzikich kwiatów rosnących nad brzegiem kanału, opowiedziałam mu trochę o energii, którą widzę wokół roślin.

– Weź mnie za rękę – poprosiłam – a może anioły pomogą ci dostrzec energię wokół tych kwiatów. – Mocno chwyciłam go za rękę. – Spójrz na tamten kwiatek, czy widzisz wylatujące z niego bańki energii? Kwiat pozbywa się energii. Czy dostrzegasz różne kolory: żółty, biały, niebieski? – Odwróciłam się, wciąż trzymając go za rękę i prosząc anioły, by pozwoliły mu to zobaczyć. – Popatrz na ten kwiat maku, czy widzisz u jego podstawy spirale, które wybuchają z ziemi na trzydzieści centymetrów w górę? Wyglądają jak strzelające fajerwerki, pojawiają się, jedna za drugą, na kilka sekund i nikną.

Joe patrzył, ale po jego minie domyślałam się, że nic nie widzi i wątpi, czy w ogóle jest coś do zobaczenia. Poczułam w sercu niepokój.

– Chodźmy do domu – powiedział Joe.

Nagle nad kanałem pojawiły się anioły. Delikatnie dmuchnęły w stronę kwiatów. Joe chciał już odejść, ale chwyciłam go za rękę i zawołałam:

– Spójrz na wiaterek poruszający kwiatami, czy teraz widzisz, Joe?

Stał zadziwiony, jakby przyklejony do ziemi.

– Nigdy nie spotkałem czegoś takiego.

Opisał mi, co widzi. Uśmiechnęłam się ze szczęścia. To był pierwszy raz, kiedy dostałam potwierdzenie, że ktoś inny widział to samo co ja!

Joe uśmiechnął się do mnie z zachwytem.

– W niektóre rzeczy trudno uwierzyć, ale nie powinienem był w ciebie wątpić.

Odwrócił się i znów spojrzał na kwiaty; z rozczarowaniem dostrzegł, że energia wokół nich zniknęła.

– Ja też tego nie rozumiem – przyznałam. – To tak jakby ktoś włączał i wyłączał energię, żeby ludzkie oko mogło ją czasami dostrzec.

Trzymając się za ręce, zadowoleni wróciliśmy do domu. Położyliśmy dzieci spać i usiedliśmy, żeby porozmawiać. Joe zadawał mi wiele pytań, ale na niektóre nie mogłam mu odpowiedzieć.

Z biegiem czasu tata zaangażował się w działalność kilku grup modlitewnych w Dublinie i w swojej okolicy, włączając w to „narodzonych na nowo chrześcijan". Czasami zdarzało się, że kiedy odwiedzałam z dziećmi swoich rodziców, w drzwiach ich domu spotykałam wychodzących członków grupy modlitewnej. Pewnego dnia, kiedy mijaliśmy już furtkę posesji rodziców, otworzyły się frontowe drzwi i stanął w nich mężczyzna.

Spojrzał na nas, potem odwrócił się do mamy i zapytał, kim jesteśmy.

Mama wyjaśniła, że to jej córka i wnuki, a mężczyzna zaproponował, żeby w którąś niedzielę przyprowadziła nas na spotkanie grupy modlitewnej. Przywitałam się i poszłam z dziećmi do tylnych drzwi. Zapytałam mamę, kim jest ten mężczyzna. Powiedziała, że to jeden z kaznodziejów z grupy modlitewnej narodzonych na nowo chrześcijan z Dublina. Nie pytałam o nic więcej, a mama nic więcej na ten temat nie mówiła.

Dzieci i ja wróciliśmy autobusem do naszego domu w Maynooth. Zmywając w kuchni naczynia, jednym okiem zerkałam na Christophera, który bawił się w jadalni; Owen spał. Myślałam o tym zaproszeniu do grupy modlitewnej w Dublinie. W tym momencie drzwi kuchenne lekko skrzypnęły i otworzyły się. Od razu wiedziałam, że to anioł Michał.

Zwykle anioły nie ingerują w materialną stronę naszego świata, ale w moim przypadku jest inaczej. Często pomagają mi w drobnych sprawach, na przykład Michał pomaga mi podnosić różne rzeczy, a Hosus dmucha na pranie. Słyszałam, że w wyjątkowych okolicznościach anioły dostają pozwolenie na interwencję fizyczną. Pewna kobieta opowiedziała mi, że próbowała się dostać do domu swojej starej matki, by jej pomóc, ale nie mogła przekręcić klucza w zamku. Przez jakiś czas bezskutecznie mocowała się z zamkiem; była zrozpaczona. Modliła się do Boga i błagała anioły o pomoc. Nagle drzwi otworzyły się, kiedy w ogóle ich nie dotykała. To było coś, co nazywamy cudem: nie umiemy tego wyjaśnić, ale wiemy, że nie zrobiliśmy tego sami. To rzadkie zjawisko, ale zdarza się coraz częściej, w miarę jak ludzie rozwijają się duchowo i proszą anioły po pomoc.

– Czy to ty Michale? – zapytałam, nie odwracając się od zlewu.

Wszedł do kuchni i dotknął mojego ramienia.

– Wzywałaś mnie, Lorno!

– Nie zdawałam sobie z tego sprawy, Michale – odrzekłam.

– Już od dłuższego czasu wcale nie musisz nas wołać po imieniu. Wszystkie boże anioły są z tobą zawsze.

– Skąd wiedziałeś, Michale, że to właśnie z tobą chcę rozmawiać? – zapytałam.

– Lorno, twój ludzki umysł i dusza są połączone. Twoja dusza wie wcześniej niż twoja świadomość, że ludzka część ciebie chce ze mną porozmawiać – wyjaśnił Michał.

Zaczęłam się śmiać na myśl o tym, że moja dusza wie wcześniej niż ja, aż Christopher zawołał:

– Mamo, z czego się śmiejesz? – Wstał, wszedł do kuchni, zakrył rączką oczy i spytał: – Mamo, co to za jasne światło?

Połaskotałam go tylko i wysłałam, żeby pobawił się z braciszkiem.

– Michale, wiesz, że lubię chodzić na spotkania grupy modlitewnej w Maynooth. Spotkałam tam wspaniałych ludzi.

Anioł Michał roześmiał się.

– Zdradź mi, co naprawdę cię trapi.

Wzięłam głęboki wdech i opowiedziałam Michałowi o swojej wizycie u mamy w Leixlip i o człowieku, który zaprosił naszą rodzinę do Dublina na spotkanie grupy modlitewnej narodzonych na nowo chrześcijan.

– Wiesz, że zawsze się denerwuję, kiedy mam iść w nowe miejsce – dodałam.

Anioł Michał zaśmiał się i ujął moją rękę.

– Lorno, nie będziesz musiała stawać na głowie ani nic w tym rodzaju. Nie martw się – powiedział. Oboje roześmialiśmy się, po czym Michał mówił dalej: – Rób to samo co na spotkaniach modlitewnych w Maynooth, módl się i wychwalaj Boga. Postępuj w ten sam sposób; poczuj się wolna, módl się i wysławiaj Boga. Różnica jest taka, że ludzie przybywają tam całymi rodzinami. Kiedy nastanie właściwa pora, pójdziecie razem z rodzicami na to spotkanie, jako rodzina, ale zdarzy się to dopiero za jakiś czas.

Michał jak zwykle miał rację.

Minęło jeszcze wiele czasu, zanim poszliśmy tam razem. Był to w moim życiu punkt zwrotny, który zbliżył mnie do ojca.

Christopher zajrzał do kuchni.

– Mamusiu, znowu widzę światło.

Anioł Michał zniknął. Podniosłam Christophera i pobawiliśmy się przez chwilę.

Po Nowym Roku, tak jak powiedziały anioły, okazało się, że jestem w ciąży. Oboje z Joem bardzo się cieszyliśmy, mimo że było mi ciężko na sercu, bo wiedziałam, że to dziecko nie zostanie z nami.

Kiedy kobieta zachodzi w ciążę, dusza dziecka już wie, czy kobieta poroni albo dokona aborcji, wie, czy ono urodzi się martwe lub chore. Niezależnie od tego, co się stanie, dusza dziecka kocha swoich rodziców i zawsze będzie przy nich, by pomagać im przejść przez życie. Jeżeli straciliście dziecko, nie zapominajcie, że jego dusza wybrała was na swoją matkę lub ojca. Wybrała was, jesz-

cze zanim dziecko zostało poczęte. Ta mała duszyczka
was kocha i cieszy się, że doszło do poczęcia.

W Biblii możesz przeczytać, że Bóg znał cię, zanim
zostałeś poczęty – a to dlatego, że wszyscy byliśmy isto-
tami duchowymi w niebie i czekaliśmy na swoją kolej,
żeby się urodzić na ziemi.

Na świecie dokonuje się wielu aborcji, ale musimy
pamiętać, że nawet kiedy matka decyduje się na aborcję, mała duszyczka już wie, że matka to zrobi, i mimo
to chce, by była jej matką, nawet jeżeli ona nigdy się
nie urodzi. Duszyczka wybrała tę matkę i będzie ją kochać bez względu na wszystko. To miłość bezwarunko-
wa. Chciałabym, żeby wszystkie kobiety o tym pamię-
tały, a szczególnie te, które dokonały aborcji. Może jako
młoda dziewczyna zdecydowałaś się na aborcję, bo ba-
łaś się życia, rodziców lub nie miałaś nikogo, na kim
mogłabyś polegać. Pamiętaj, że dusza dziecka cię kocha
i nigdy nawet przez chwilę nie miała ci za złe tego, że go
nie urodziłaś. Dobrze wiedziała, co się wydarzy, i obda-
rza cię miłością.

Później, kiedy ludzie zaczęli przychodzić do mnie po
radę, pewna kobieta w trakcie rozmowy powiedziała:

– Kilka razy poroniłam.

– Tak, wiem o tym od aniołów – odrzekłam.

Pamiętam, że spojrzałam wtedy w stronę kuchennych
drzwi i zobaczyłam pięcioro małych dzieci siedzących na
podłodze, pięć małych duszyczek otoczonych światłem.
Były to piękne duszyczki i piękne dzieci. Odwróciły się
i uśmiechnęły do matki. Ona ich nie widziała, ale przekazałam jej, co widzę. Opisałam, jak wyglądają i jakiej
są płci. Była bardzo szczęśliwa. Małe duszyczki poprosiły, żebym powiedziała ich matce, że zawsze, cokolwiek
się działo, były przy niej.

– Tak, zawsze czułam, że są przy mnie. Czasami nawet wydawało mi się, że mała rączka dotyka mojej nogi. Teraz też czuję, że mnie dotykają.

Uśmiechnęłam się, ponieważ w tej chwili dzieci rzeczywiście jej dotykały.

– Owszem – potwierdziłam z uśmiechem – dotykają cię. Masz szczęście, że możesz czuć dotyk swoich dzieci, które zesłał Bóg. Pamiętaj, kiedy nadejdzie czas twojego odejścia z tego świata, te pięć małych duszyczek będzie czekało z otwartymi ramionami, by zaprowadzić cię do nieba.

– Dziękuję. Nigdy nikomu nie mówiłam, że czuję ich obecność i ich dotyk. Obawiałam się, że ludzie uznają mnie za wariatkę – powiedziała kobieta.

Trzeba pamiętać, że miliony ludzi mają doświadczenia duchowe, ale boją się o nich mówić. Wielu ludzi wierzy, że anioły im pomagają, czasami nawet czują ich obecność, ale przekonują samych siebie, że pewnie tak naprawdę ich nie widzieli, pewnie zadziałała tylko wyobraźnia. Możemy potwierdzić ich doświadczenia, mówiąc: „Tak, wierzę w anioły i w Boga".

Jednakże najczęściej tego nie robimy. Mówimy takie rzeczy tylko wtedy, gdy jesteśmy pogrążeni w smutku po stracie kogoś bliskiego, gdy poważnie chorujemy lub znajdujemy się w jakiejś rozpaczliwej sytuacji. Tylko wtedy się modlimy i zwracamy do Boga. Często boimy się uznać istnienie Boga i jego aniołów. Zobaczysz, że kiedy rozwiniesz się duchowo, przestaniesz bać się uznawać istnienie Boga, aniołów i innych istot duchowych przybyłych z nieba.

W pierwszych miesiącach mojej ciąży Joe nie wyglądał dobrze. Skarżył się na silne bóle żołądka i lekarze wysłali go do szpitala na badania. Stwierdzili, że ma problemy z wyrostkiem robaczkowym, ale nie na tyle poważne, by konieczna była operacja. Przepisali mu więc lekarstwa i odesłali go do domu. Nadal miał silne bóle i nie zatrzymywał jedzenia, przez co bardzo stracił na wadze. Widziałam, że jego stan się pogarsza. Szarość wokół jego narządów wewnętrznych, którą zauważyłam jeszcze przed ślubem, stała się ciemniejsza, a w okolicach wyrostka robaczkowego dostrzegałam spuchniętą czerwoną masę.

Skarżyłam się aniołom, że to niesprawiedliwe, iż całymi miesiącami muszę patrzeć, jak Joe cierpi. Błagałam je o pomoc. Lekarz oznajmił, że nie może nic zrobić, że mu przykro, ale szpital nie usunie wyrostka, jeżeli to nie zagraża życiu.

Poroniłam w trzecim miesiącu ciąży. Przez tydzień przed odejściem mojego nienarodzonego dziecka anioły dotykały mojego brzucha i wychodziły z niego promienie światła. Wiele razy prosiłam, żeby moje dziecko mogło zostać, ale zawsze słyszałam: „Nie". Czasami Joe pytał, dlaczego jestem smutna; mówiłam mu, że to tylko hormony i żeby się tym nie przejmował. Nigdy mu nie powiedziałam, co wiem od aniołów.

Joe zawsze uczestniczył pracach domowych, niezależnie od tego, jak bardzo był chory. Tego pamiętnego dnia pomagałam mu układać torf w szopie. W pewnym momencie powiedziałam, że jestem zmęczona i idę się położyć na kanapie. Zasnęłam na chwilę, a potem przyszedł Joe, oznajmiając, że skończył układanie torfu. Dzieci bawiły się na zewnątrz. Chciałam wstać i zrobić herbatę, ale Joe kazał mi leżeć i sam się tym zajął.

Był w kuchni zaledwie minutę, kiedy przeszył mnie potworny ból; czułam, że życie ucieka z mojego ciała. Natychmiast zawołałam Joego. Przyszedł, usiadł przy mnie na kanapie, zaniepokojony, że jestem taka blada. Przyniósł z sypialni poduszkę i podłożył mi ją pod głowę.

Poczułam, jak moja dusza wychodzi z ciała i trzymając duszę mojego dziecka, unosi się wysoko, ku pięknemu światłu. Wiedziałam, że moje dziecko umarło i że ja też umieram.

Trzymając dziecko, wznosiłam się ku światłu. Ból minął. Podróżowałam srebrnozłotym tunelem, cudownym tunelem utworzonym ze świetlistych białych aniołów. Nie widziałam końca tunelu, ponieważ zakręcał. Choć nikt mi tego nie mówił, wiedziałam, że jestem w drodze do nieba. Nie czułam strachu, tylko ogromną radość.

Zobaczyłam też inne dusze podążające do nieba. Miały ludzkie kształty i ubrane były w olśniewająco białe szaty. Nazywam ten kolor białym, ponieważ nie umiem znaleźć innego określenia, ale był on dużo bardziej lśniący niż to, co nazywamy bielą. Przez szaty widziałam światło ich dusz rozjaśniające ich twarze. To światło sprawiało, że byli czystsi i bardziej świetliści niż za życia na ziemi.

W pewnym momencie pojawił się przede mną piękny anioł w kobiecej postaci; zatrzymała mnie i nie pozwoliła iść dalej. Wiedziałam, że nie pozwoli mi przejść; przemówiła do mnie słodkim, delikatnym i pełnym współczucia głosem.

– Lorno, nie możesz iść ze swoim dzieckiem. Musisz wrócić.

– Nie chcę wracać – odparłam, ale w głębi duszy wiedziałam, że jeszcze nie nadszedł mój czas, by iść do nieba.

– Spójrz za siebie, Lorno, w dół tunelu – powiedział anioł.

Odwróciłam się i zobaczyłam Joego, który przytulał moje sztywne ciało leżące na kanapie, próbował wyczuć puls i oddech, potrząsał mną i mówił:

– Wróć, wróć, nie możesz umrzeć. – Modlił się, wypowiadając te słowa.

– Bardzo kocham Joego i dzieci – odezwałam się do anioła – ale nie chcę wracać do świata ludzi. Po co miałabym to robić? Tutaj stoję przed obliczem Boga. Jestem doskonała w każdym calu. Czuję się pełna życia, nie odczuwam żadnego bólu ani smutku. Dlaczego muszę wracać?

– Nie masz wyboru, Lorno, musisz wrócić – powiedział piękny anioł.

Spojrzałam na duszę dziecka w moich ramionach. Synek uśmiechnął się do mnie, jego błękitne oczy błyszczały; promieniował życiem. Piękny anioł stojący przede mną wyciągnął ramiona, by go zabrać. Potężna moc zawładnęła moją duszą. Wiedziałam, że nie mam wyboru, muszę wracać, nie tutaj jest moje miejsce.

Pocałowałam i mocno przytuliłam mojego synka, a potem niechętnie oddałam go w ręce pięknego anioła. Nie chciałam się z nim rozstawać, chociaż wiedziałam, że pewnego dnia znowu go zobaczę i że do tego czasu zaopiekuje się nim ten piękny śnieżnobiały anioł.

Kiedy tylko oddałam dziecko, poczułam, jakby Bóg chwycił moją duszę i delikatnie przeniósł ją tunelem z powrotem do domu w Maynooth, na kanapę, na której leżało moje ciało.

Dusza powoli wchodziła do ciała; przenikał mnie potworny ból. Czułam każdy por skóry, każdy narząd, każdą kość, każdy mięsień. Życie powróciło do ciała, które przez kilka minut było martwe. Nie wiem dlaczego, ale mimo tego okropnego bólu nie mogłam krzyczeć ani wydobyć z siebie żadnego dźwięku.

– Lorno, dzięki Bogu, żyjesz – usłyszałam w końcu głos Joego. – Już myślałem, że umarłaś.

Uśmiechnęłam się słabo. Leżałam tam przez kilka godzin. Anioły obejmowały mnie, a ja nie pozwalałam Joemu odejść ode mnie ani na chwilę, nawet po to, żeby zadzwonił po lekarza albo karetkę. W głębi duszy wiedziałam, że będę żyła, że tak ma być. Nigdy nie powiedziałam Joemu, że przez te kilka minut byłam martwa; to by go tylko jeszcze bardziej wystraszyło. W końcu Joe poszedł do budki telefonicznej i zadzwonił po moich rodziców, którzy od razu do nas przyjechali.

Poprosiłam męża, żeby nie mówił im nic o tym, co się stało. Powiedziałam im tylko, że cały dzień źle się czułam i zaczęłam krwawić. Tata i Joe zawieźli mnie do szpitala, a mama została z dziećmi.

W szpitalu wszyscy zaniepokoili się, że jestem taka słaba; oczywiście niczego im nie wyjaśniałam. Zrobiono mi USG i okazało się, że nie widać dziecka.

– Bardzo mi przykro, straciła pani dziecko – rzekł lekarz, biorąc mnie za rękę. – Musiało się to stać, zanim dotarła pani do szpitala.

Potem przyszedł do mnie tata.

– Tak ci współczuję, że straciłaś dziecko – powiedział. – Wiem, jak wiele ono dla ciebie znaczyło.

Kiedy ze mną rozmawiał, miał łzy w oczach. Nigdy nie widziałam, żeby tak się przejmował czymś, co miało związek ze mną.

Lekarze uznali, że muszę zostać w szpitalu; kiedy umieszczono mnie na oddziale, tata i Joe wrócili do domu. Kilka dni później zrobiono mi zabieg łyżeczkowania macicy.

Joe odwiedzał mnie każdego popołudnia. Martwił się bardzo o mnie i o to, że straciliśmy dziecko. Dwa tygodnie później wypisano mnie ze szpitala, ale wciąż byłam słaba i dużo czasu spędzałam w łóżku. Cieszyłam się, że jestem znowu w domu i mogę przytulić i ucałować moje dzieci.

Dopiero kilka lat później powiedziałam Joemu więcej o wydarzeniach tamtego dnia; dnia, w którym umarłam i przebyłam kawałek drogi do nieba i z powrotem. Powiedziałam mu to na pocieszenie, w ostatnich miesiącach jego życia.

Wielu z nas boi się śmierci, ale całkiem niepotrzebnie. W chwili śmierci nie ma bólu ani żadnych nieprzyjemnych doznań. Niektórzy mogą odczuwać ból do ostatniej chwili życia, ale potem znika. Nie czuje się bólu ani niepokoju – jest się wolnym. Śmierć jest jak narodziny; wiem, że może ci się to wydać dziwne, ale rodzisz się do nowego życia. Tak naprawdę nie umierasz, tylko porzucasz cielesną powłokę, jak pustą skorupkę jajka.

Wiem, że jest miejsce zwane piekłem, i ono naprawdę istnieje, ale Bóg nigdy nie pokazał mi nikogo, kto został tam zesłany. Mogę mówić tylko o tym, co widziałam – że Bóg przebacza wszystkim, niezależnie od tego, co zrobili. Trudno nam to zrozumieć. Tak wiele czasu poświęcamy na poszukiwanie sprawiedliwości i zemsty i dlatego trudno nam to pojąć, ale kiedy dusza po śmierci staje przed Bogiem, czuje tak wielką miłość i pragnienie bycia z Nim, że chce tam zostać, i w bardzo głęboki, prawdziwy sposób prosi o wybaczenie wszystkiego, co uczyniła na ziemi, a czego przyczyną była słabość ludzkiej natury.

Bóg, w swej nieskończonej łasce, przebacza swoim dzieciom. W obliczu Boga, który jest naszym ojcem, wszyscy jesteśmy tylko dziećmi.

Twoja dusza jest doskonała; kiedy uwolni się z ciała, może podróżować po wszechświecie, do miejsc, o których nigdy ci się nawet nie śniło. Jak mogę pomóc ci zrozumieć, jakie to wspaniałe uczucie? Nie sposób tego wyrazić ani opisać, trzeba samemu tego doświadczyć. Większość z nas musi poczekać na to aż do śmierci.

Kiedy umierasz, nie jesteś sam, towarzyszą ci aniołowie i duchy, które odeszły przed tobą. Nie będziesz chciał wracać. Po co miałbyś to robić, skoro nie czujesz już bólu ani smutku i nie masz już żadnego powodu do płaczu. Dlatego ludzie, którzy umarli, nie chcą wracać, a dusze powracają do ludzkiego ciała tylko dlatego, że jeszcze nie nadszedł ich czas i Bóg je odsyła na ziemię.

Nasze społeczeństwo stało się bardzo materialistyczne. Często patrzymy na śmierć i mówimy: „I to wszystko? Moje ciało ulegnie rozkładowi i nic po mnie nie zostanie?". Zapewniam cię, że tak nie będzie. Mam nadzieję, że dzięki książkom, które piszę, pomogę ludziom to zrozumieć. Uwierz mi. Uwierz, że po śmierci coś jest, nawet jeżeli teraz nie mogę tego udowodnić czy pokazać. Każdy sam się o tym przekona w chwili śmierci. Niektórzy uważają, że nie trzeba czekać do śmierci. Ludzie otrzymują dowody jeszcze za życia, ale czasem trzeba się bardzo uważnie wsłuchać i przyjrzeć, żeby je rozpoznać.

Rozdział XVII

Trzy stuknięcia w okno

Kilka dni po moim wyjściu ze szpitala nastały chłody. Joe był w pracy – znów pracował w urzędzie samorządowym, chociaż zatrudniono go tylko czasowo. Wyszłam do szopy, by wziąć trochę torfu na opał, gdy usłyszałam, że ktoś woła mnie po imieniu. Odwróciłam się, ale nikogo nie zobaczyłam. Wzięłam wiadro z torfem i ruszyłam do domu. Kiedy weszłam do środka, ujrzałam anioła siedzącego na krześle przy kominku.

Byłam zaskoczona, ponieważ bardzo różnił się od wszystkich aniołów, które do tej pory widziałam. Wyglądał jak złożony z kawałków tłuczonego szkła; wszystkie miały identyczną wielkość i odbijały światło. Jego twarz i pióra były bardzo spiczaste, a kiedy wstał, okazało się, że jest bardzo wysoki; mierzył około trzech i pół metra, a jego głowa niemal dotykała sufitu. Każda część jego ciała emitowała niezwykłą muzykę, czarującą, delikatną i łagodną; nigdy nie słyszałam czegoś takiego. Nie była to ludzka muzyka, ale taka, jakiej moglibyśmy oczekiwać w niebie.

– Witaj, Lorno, nazywam się Kaphas. Coś niezwykłego przydarzy się tobie i Joemu, ale szczególnie będzie to dotyczyć Joego – przemówił anioł bardzo łagodnym, melodyjnym głosem.

– Aniele Kaphasie, czy możesz mi powiedzieć, kiedy to się stanie? – zapytałam.

– Wkrótce, Lorno. Poznasz po tym, że mnóstwo aniołów zjawi się w twoim domu – odrzekł, po czym wstał z krzesła i zniknął.

Minęło parę tygodni, nie pamiętam dokładnie ile, ale na dworze było coraz zimniej. Joe wciąż bolał nad utratą naszego dziecka, ja także, ale ponieważ zostałam uprzedzona, miałam więcej czasu, by się z tym oswoić. Pogoda bardzo się pogorszyła, nastał duży mróz i pojawiły się obfite opady śniegu. Pewnego dnia Joe wrócił z pracy i postanowił iść jeszcze do sklepu po jakieś produkty spożywcze. Ciągle mam przed oczami, jak stanął w drzwiach, trzymając torby z zakupami, i odezwał się:

– Boże, jak zimno i jaka śnieżyca...

Ledwie wypowiedział słowo „Boże", do naszego domu zaczęły zstępować anioły. Wyglądało to tak, jakby przenikały przez dach, ściany, a nawet przez podłogę. Były wszędzie, wypełniały całe wnętrze naszego domu. Dzieje się tak, kiedy w moim życiu ma wydarzyć się coś niezwykłego. Wiedziałam, że stanie się to, o czym mówił Kaphas, coś, co będzie niezwykłe dla Joego.

– Nigdy nic nie wiadomo... – mówił dalej Joe. – Do jutra rana tak nas może zasypać, że nie zdołamy wyjść z domu.

Rzeczywiście, śniegu ciągle przybywało, a w radiu podawano wiadomości o zaśnieżonych i oblodzonych drogach i braku dojazdu do Leixlip.

Tego wieczoru rozpaliliśmy w kominku – wyłączono prąd, więc było to jedyne źródło światła. Pamiętam, że w naszym domku było ciepło i przytulnie. Dzieci już spały. Mieliśmy duży zapas jedzenia i opału; czuliśmy się spokojni i bezpieczni. Około dziesiątej siedzieliśmy z Joem przy kominku, pijąc gorącą herbatę i jedząc kanapki, i rozmawialiśmy o dziecku, które straciliśmy. Nadaliśmy mu imię.

Pokój rozjaśniały światła aniołów; zauważyłam, że niektóre z nich poszły do sypialni. Kiedy wróciły do naszego saloniku, usłyszałam, jak mówią o Christopherze i Owenie: „Śpią beztrosko, jak małe aniołki".

Panowała zupełna cisza, nie dochodziły do nas żadne dźwięki. Wstałam z fotela i wyjrzałam przez okno; na zewnątrz było całkiem ciemno, widziałam tylko iskrzący odblask śniegu. Ogarnął mnie lekki niepokój, a zarazem gorączkowe napięcie. Nie miałam pojęcia, co się wydarzy, ale wiedziałam, że będzie to coś niezwykłego.

W następnej chwili oboje usłyszeliśmy trzy stuknięcia w okno i aż podskoczyliśmy.

– O Boże, ktoś tam jest na zewnątrz – wykrzyknął Joe.

Kiedy wstawał z fotela, rozległy się trzy stuknięcia w drzwi.

– Może to mama i tata po coś przyjechali – powiedziałam. – Na pewno strasznie zmarzli.

– Muszą być niespełna rozumu, żeby podróżować w taką noc – mruknął Joe.

Nie zdawał sobie z tego sprawy, ale zewsząd otaczało go całe mnóstwo aniołów. Nagle zrozumiałam, co się dzieje, i zaczęłam się śmiać.

– Dlaczego się śmiejesz? – zdziwił się Joe.

– Za drzwiami nikogo nie ma. Wiem, kto pukał – powiedziałam.

– Kto? – zapytał Joe.

– Nasze dziecko. Chciało się pożegnać. Pukało, żeby dać nam jakiś fizyczny znak i pomóc ci uwierzyć.

– Daj spokój! Nie opowiadaj takich bzdur – zmitygował mnie Joe.

– Otwórz drzwi i sam zobacz, że na śniegu nie ma żadnych śladów.

Widząc wyraz jego twarzy, znowu wybuchnęłam śmiechem. Pokój był pełen aniołów. Wiedziałam, że przyprowadziły duszę mojego dziecka, aby mogło zapukać w okno, a potem miało wrócić z innymi aniołami do nieba. Nie ujrzałam naszego synka, ale wiem, że zrobił to dla swojego taty, żeby pomóc mu uwierzyć.

Joe otworzył drzwi frontowe. Na zewnątrz było ze trzydzieści centymetrów śniegu i trochę wpadło do środka; wtargnęło też mroźne powietrze. Wyjrzał na zewnątrz i popatrzył ze zdumieniem: pokrywa śnieżna była zupełnie gładka, nietknięta. Długo się przyglądał, wypatrując na śniegu jakichkolwiek śladów ptaka czy zwierzęcia. Wyszedł na dwór. Zbladł, a na jego na twarzy pojawił się wyraz niedowierzania. Spojrzał na mnie i potrząsnął głową.

– O Boże, to dla mnie za dużo! – wykrzyknął.

W końcu wrócił do środka i zamknął drzwi.

– Nie przejmuj się. Usiądź przy ogniu i się ogrzej. To był twój syn, nasze dziecko, przybył tu, żeby się pożegnać. Poszedł z aniołami do nieba, gdzie jego miejsce. Teraz możesz pozwolić mu odejść – powiedziałam.

Joe siedział przy kominku, płacząc. Objęłam go i też zaczęłam płakać. Oboje byliśmy jednak spokojni.

– Czy to nie cudowne – uświadomiłam mu – że nasze dziecko zrobiło to dla nas, że anioły pozwoliły, by tak się stało, żebyśmy wiedzieli, że nasze dziecko ma się dobrze? Nasz synek podziękował nam za to, że jesteśmy jego rodzicami.

Tata miał zwyczaj wpadać do nas znienacka, zazwyczaj wieczorami. Zawsze to lubiłam. Pewnego dnia pracowałam w ogrodzie, wyrywając chwasty i okopując ziemniaki – sami hodowaliśmy większość warzyw i owoców. Pomagał mi Christopher. Chociaż miał dopiero pięć lat, zawsze był chętny do pomocy. Odwróciłam się, gdy usłyszałam samochód taty zatrzymujący się przed bramą. Obaj chłopcy krzyknęli: „Dziadek!". Christopher pobiegł przez rzędy ziemniaków i próbował otworzyć bramę, a Owen podreptał za nim. Brama była związana sznurkiem, więc wzięłam Owena na ręce i pomogłam Christopherowi rozsupłać sznurek. Wreszcie brama się otworzyła i Owen zaczął wiercić się niecierpliwie, żebym postawiła go na ziemi. Christopher przywitał się z tatą, kiedy ten wysiadł z samochodu. Ubrany był w strój wędkarski i swój ulubiony kapelusz – tweedowy, z wpiętymi kolorowymi muchami wędkarskimi. Miał ten kapelusz od lat, nosił go przy każdej okazji i troskliwie o niego dbał.

Tata przywitał się z dziećmi, głaszcząc je i klepiąc je po głowach – zawsze tak robił i czasami zwracałam mu uwagę: „Tato, to nie są pieski". Ale tylko się z tego śmiał.

– Ogród wygląda świetnie – powiedział tata, a Christopher już go ciągnął go ku zagonom ziemniaków.

– Kiedy dzieci skończą pokazywać ci wszystkie warzywa, jakie uprawiamy, przyjdź do domu na herbatę – poprosiłam.

Owen, który miał teraz około trzech lat, pierwszy zjawił się w kuchni; na progu upadł i się przeturlał. Urodził się za wcześnie, jego biodra nie zdążyły się w pełni rozwinąć przed narodzinami i dlatego chodził, kołysząc się lekko na boki. Poruszał się tak szybko, że wstrzymywałam oddech, kiedy na niego patrzyłam; przewracał się trzy, cztery razy, wstawał i szedł dalej. Był taki giętki, że wydawało się, jakby od pasa w dół w ogóle nie miał kości. Wiele razy, kiedy niemal bez tchu patrzyłam, jak się przewraca, widziałam chroniące go anioły, które wirowały wokół niego we wszystkich kierunkach. Widząc, jak się przewraca, można by sądzić, że połamie sobie kości, ale nigdy nic takiego się nie stało. Lekarze w szpitalu powiedzieli, że biodra Owena nie rozwiną się prawidłowo, dopóki nie skończy siedmiu lat. Często mówiłam Joemu, że nie mogę się doczekać, kiedy osiągnie ten wiek i będę mogła odetchnąć z ulgą.

– Lorno, czy ty, Joe i dzieci chcielibyście pojechać z nami w lecie do małej chaty w Mullingar? – spytał tata.

Przyjęłam to z zachwytem. Nigdy nie byliśmy na wakacjach, nie mieliśmy nawet miesiąca miodowego. Już cieszyłam się na myśl o tym wyjeździe.

– Byłoby świetnie. Oczywiście, że chcemy jechać. Mam nadzieję, że Joe będzie mógł wziąć wolne – dodałam.

Joe czuł się dobrze, ale wciąż dostrzegałam wokół jego wyrostka robaczkowego czerwoną masę energii, wiedziałam więc, że choroba znów się nasili. Dostał pracę w miejscowej fabryce dywanów. Była to ciężka fizyczna praca, w trudnych warunkach, przy praniu i farbowaniu wełny, i to najczęściej na nocną zmianę. Nie wpływało to dobrze na jego zdrowie, ale bardzo potrzebowaliśmy pieniędzy.

Jedną z niewielu korzyści z tej pracy, oprócz małego, ale stałego dochodu, było to, że Joe miał dostęp do taniej niefarbowanej wełny. Jako dziecko dziergałam trochę na drutach, ale kiedy uzyskaliśmy dostęp do wełny zabrałam się do tego z wielkim zapałem, mimo że wszystkie moje wyroby były w jednym kolorze – w kolorze owcy! Zrobiłam więc wełniane swetry dla dzieci, dla Joego i dla taty. Tata uwielbiał ten sweter i często go nosił wtedy, gdy nie szedł do pracy.

Tego dnia wypiliśmy z tatą herbatę i rozmawialiśmy przez chwilę. Dzieci również były zachwycone pomysłem wyjazdu i zadawały tacie mnóstwo pytań o to, gdzie jest chata, jak wygląda, czy w ogrodzie są drzewa.

– To całkiem dziki ogród, rośnie w nim mnóstwo drzew i trawa jest taka wysoka jak wy, a ścieżki są zarośnięte jak dżungla. Będziecie się świetnie bawić.

– Kiedy pojedziemy? – spytały dzieci.

– Jak tylko tata i dziadek dostaną urlop – odrzekłam.

Tata wypił herbatę i wyszedł z dziećmi do ogrodu.

– Pa, Lorno. Idę już – zawołał po chwili.

Dzień przed zaplanowanym wyjazdem był słoneczny, gorący i bezwietrzny, ale kiedy wieszałam pranie, nagle nadciągnął silny wiatr. Wiedziałam, że nie był to zwykły wiatr, i zaczęłam się śmiać.

– Założę się, że to ty, Hosusie. O co chodzi? – spytałam.

Wtedy się pojawił. Jak zwykle robił sztuczki, żeby mnie rozśmieszyć. Potem znowu zniknął, jak światło wsiąkające w powietrze. To wspaniały anioł. Tego dnia zobaczyłam, że mój syn, Christopher, stoi i patrzy w tym samym kierunku; po jego oczach poznałam, że widzi to samo co ja. Nic jednak nie powiedział, ani wtedy, ani później. Może o tym nie pamięta; może kiedy przeczyta tę książkę, przypomni sobie – nie wiem, poczekam i zobaczę.

W dniu wyjazdu na wakacje, martwiłam się o to, czy całą rodziną zmieścimy się do samochodu taty. Nie był duży, a my mieliśmy sporo bagażu, do czego dochodziły wszystkie ubranka dla dzieci. Chłopcy byli w ogrodzie, niecierpliwie wypatrując dziadka i babci, a kiedy samochód zajechał przed bramą zaczęli krzyczeć z radości.

Chistopher i Owen natychmiast wsiedli do auta, trzymając swoje zabawki, a tata i Joe jakoś zdołali upchnąć wszystko do bagażnika. Wyruszyliśmy w kierunku Mullingar w hrabstwie Westmeath, około osiemdziesięciu kilometrów od Maynooth. Joe dużo mówił, a ja siedziałam w milczeniu i bawiłam się z dziećmi.

Dojechaliśmy na miejsce późno, już się ściemniało, ale była pełnia księżyca i na niebie lśniły miriady gwiazd. Mała kamienna chata okazała się cudowna – ładna i przytulna. Byłam szczęśliwa, że tam jestem. Mama i tata spali na dole, a my z dziećmi na górze. Tę pierwszą noc przespałam naprawdę dobrze.

Podczas tych wakacji tata i Joe dużo wędkowali w okolicznych jeziorach. Tata zabierał też mnie i dzieci na przejażdżki łodzią. Chociaż nie odpływaliśmy daleko od brzegu i szybko wracaliśmy, dzieciom bardzo podobało się to, że są na wodzie i że łódka łagodnie się kołysze.

Kilka lat wcześniej tata miał wypadek na stacji i od tego czasu nie był zdolny do ciężkiej pracy fizycznej. Mimo że Joe też nie czuł się najlepiej, wykonywał w te wakacje wiele prac, aby wyręczyć tatę. Ja też pomagałam. Układaliśmy płyty gipsowe na ścianach chaty, by ochronić je przed wilgocią. Okazało się to ciężką pracą, ponieważ jedna ze ścian była bardzo wysoka, a płyty ważyły całkiem sporo. Przez kilka dni pracowaliśmy od rana do wieczora, ale udało nam się skończyć przed końcem wakacji.

Kilka wieczorów tata i Joe spędzili na łowieniu ryb na muchy. Jednak pewnego wieczoru poprosiłam Joego, żeby został z dziećmi. Chciałam pobyć trochę sama, żeby porozmawiać z aniołami; nie tylko po cichu, ale też głośno, tak by mogły zjawić się przy mnie w fizycznej, ludzkiej postaci. Wyszłam około ósmej wieczorem. Wiedziałam, że o tej porze nad jeziorem nie będzie wielu ludzi. Przecięłam główną drogę i skręciłam w lewo, ku węższej dróżce, by dojść do ścieżki prowadzącej nad jezioro. Zamiast jednak skręcić w lewo, nad jezioro, zdecydowałam się iść prosto.

– Teraz możecie ze mną spacerować. Wiem, że jesteście tu w postaci duchowej, ale chcę, żebyście pokazały mi się w formie fizycznej, żebym mogła z wami porozmawiać – zwróciłam się do aniołów.

Nagle pojawił się tuż obok mnie anioł Michał. Położył mi rękę na ramieniu; to było miłe uczucie. Kiedy szliśmy razem ścieżką, Michał się odezwał:

– Kawałek dalej, po prawej stronie, jest las. Chodźmy tam.

Kiedy dotarliśmy do lasu, okazało się, że jest bardzo zarośnięty i ciemny.

– Nie mogę tam iść – powiedziałam.

Michał wziął mnie za rękę, a jeżyny rozstępowały się przed nami, aby ułatwić nam przejście. Doszliśmy do małej polany, skąd roztaczał się widok na pola i jezioro. Czasami miło jest po prostu iść i wiedzieć, że anioły są przy mnie i nie mam się czego bać, ale tego wieczoru, spacerując po lesie z Michałem, miałam niejasne przeczucie, że coś mnie obserwuje.

Nie zastanawiałam się jednak nad tym i o nic nie pytałam Michała.

Następnego ranka po śniadaniu tata znowu zaproponował Joemu wyprawę na ryby, wzięli więc sprzęt wędkarski i poszli. Zawołałam za nimi, żeby wrócili do domu na herbatę i przynieśli trochę ryb. Tata krzyknął, że się postarają, ale nie mogą nic obiecać, i ruszyli w kierunku jeziora. Mama pracowała w ogrodzie, zajmując się donicami z kwiatami, a ja posprzątałam i wzięłam dzieci do lasu, w zupełnie dzikie miejsce w gęstwinie; bardzo im się tam podobało.

Później mama i ja zabrałyśmy chłopców na spacer w kierunku jeziora, rozkoszując się ostatnim dniem wakacji. Rozmawiałyśmy z napotkanymi po drodze ludźmi – jedni przyjechali tu na wakacje, tak jak my, inni byli miejscowi, których mama już wcześniej poznała. Nad jeziorem wypoczywało wiele rodzin. Bawiłam się z dziećmi w wodzie; rzucały kamykami i patrzyły, jak woda się rozpryskuje i ochlapuje im nogi. Kiedy oznajmiłam, że czas już wracać do domu, chłopcy się rozpłakali.

Zaraz po naszym powrocie przyszli tata i Joe, przynosząc złowionego pstrąga. Tata wyniósł go na dwór i pokazywał dzieciom, jak odciąć łeb i ogon i oczyścić rybę.

– Bleeee – skrzywili się chłopcy.

– To bardzo proste – wyjaśniłam im. – Nauczyłam się czyścić i przyrządzać rybę, kiedy byłam dzieckiem. Fajnie jest wiedzieć, jak to zrobić, szczególnie kiedy potem piecze się rybę na ognisku.

Wtedy Christopher zaczął się domagać, żebyśmy rozpalili ognisko i upiekli na nim rybę. Niestety nie mieliśmy na to czasu, ponieważ wieczorem wracaliśmy do Maynooth. Zjedliśmy pysznego pstrąga, ale usmażyliśmy go na kuchni. Po herbacie posprzątaliśmy i zapakowaliśmy rzeczy do samochodu. Rodzice odwieźli nas do Maynooth i pojechali do domu – wakacje się skończyły.

Nigdy nie mieliśmy dużo. Czasami pytałam Boga: „Jak zdołamy przetrwać?". Ale jakoś się udawało. Zawsze ledwo wiązałam koniec z końcem. Musiałam liczyć każdy grosz, a także uprawiałam warzywa, żeby wystarczyło nam na życie. Ani Joe, ani ja nie kupowaliśmy dla siebie żadnych nowych ubrań. Od czasu do czasu mama mówiła, że ma worek ubrań, nie wiem, skąd je brała, ale nigdy na mnie nie pasowały – były za duże i wyglą-

dałam w nich jak własna babcia. Czasami, ale nie zawsze, zdarzało się, że były tam spodnie lub sweter, które pasowały na Joego, a wtedy śmialiśmy się, mówiąc:
„Żebracy nie mogą być wybredni".

Wiele razy mój pierścionek zaręczynowy okazywał się
dla nas darem niebios. Błogosławieństwem były dla nas
lombardy – tak jak dla wielu irlandzkich rodzin w tamtych czasach; prawie zawsze stało się tam w kolejce. Pamiętam, że kiedy wychodziłam z lombardu z pieniędzmi
w kieszeni, czułam się jak milionerka. Zdarzało się, że
nie mieliśmy nawet na chleb, a wtedy Joe jechał autostopem do Dublina i zastawiał w lombardzie mój pierścionek. Dostawał za niego około dziesięciu funtów i później zbierał pieniądze, żeby go wykupić. Ten pierścionek
wielokrotnie ocalił nam życie!

Joe dostał rower od sąsiada – starszego człowieka,
mieszkającego przy naszej ulicy, który często prosił Joego o pomoc w domu i w ogrodzie i żeby się odwdzięczyć,
oddał mu swój stary rower. Wystarczyło go wyczyścić
i dokonać drobnych napraw. Dziękowałam Bogu i aniołom za ten dar i staruszkowi za to, że posłuchał swojego anioła. Teraz Joe mógł jeździć na rowerze do fabryki
dywanów, gdzie wciąż pracował.

Pomimo braku pieniędzy to były piękne lata; wspaniałe czasy, kiedy byłam szczęśliwa, że żyję, że mogę
patrzeć, jak moje dzieci się uśmiechają i jak Joe cieszy
się życiem.

W lecie, po stracie naszego dziecka, Joe wpadł na
świetny pomysł. Pojechał do sklepu z rowerami w Celbridge i zawarł umowę z właścicielem: w zamian za dwa
tygodnie sprzątania sklepu i porządkowania co wieczór
rowerów i części składowanych na podwórzu miał dostać dwa rowery – jeden duży i jeden dziecięcy. Wtedy,

z Owenem na bagażniku, moglibyśmy całą rodziną jeździć na wycieczki.

Każdego wieczoru po pracy mój mąż jechał do sklepu rowerowego i wracał do domu po północy. Ale było warto – pod koniec pierwszego tygodnia przyniósł do domu dziecięcy rowerek. Wyglądał jak kupa złomu i potrzebował wielu napraw. W połowie drugiego tygodnia właściciel sklepu dał mu normalny duży rower, który wyglądał dużo lepiej.

Christopher bardzo się ucieszył i chętnie pomagał ojcu wyszykować oba rowery. Choć był drobnym chłopcem, dzielnie uczył się smarować łańcuch, naprawiać szprychy i robić wszystko, co było potrzebne. Świetnie opanował też jazdę na rowerze.

Do dziś pamiętam naszą pierwszą wycieczkę rowerową na piknik, do oddalonego o dziesięć kilometrów Donadea. Joe powiedział, że taka trasa to całkiem spory wyczyn dla pięciolatka, ale zobaczymy, jak daleko uda nam się dojechać, zanim Christopher się zmęczy. Joe miał na bagażniku fotelik dla Owena, a ja wiozłam torby z jedzeniem.

Martwiłam się, że to za daleko dla Christophera, ale niepotrzebnie, bo świetnie dawał sobie radę. Od czasu do czasu zatrzymywaliśmy się na krótki odpoczynek albo szliśmy kawałek pieszo, prowadząc rowery.

Od tamtej pory często jeździliśmy na pikniki do Donadea i bardzo miło spędzaliśmy czas. Panowały tam cisza i spokój, szczególnie wieczorami, kiedy wszyscy wycieczkowicze już odjechali. Było tam coś, co wiele osób określało jako jezioro, a ja nazywałam to stawem – z kaczkami i mostkiem, który prowadził na malutką wysepkę, gdzie rosły cztery drzewa i stało kilka stołów piknikowych, ale nie było trawy.

Po przyjeździe rozpalaliśmy małe ognisko i robiliśmy herbatę. Dzieci uwielbiały siedzieć przy ognisku na wyspie, gdzie zewsząd otaczała je woda, a kaczki przychodziły do nich w poszukiwaniu chleba. Piliśmy herbatę, jedliśmy kanapki i patrzyliśmy na gwiazdy. Wiem, że wśród tych drzew nie powinniśmy rozpalać ogniska, ale zawsze zachowywaliśmy dużą ostrożność. Kiedy byłam dzieckiem, tata nauczył mnie wielu rzeczy: jak rozpalać ogień, jak bezpiecznie poruszać się nad brzegiem rzeki, jak pływać, unikając wirów; mówił, że zawsze trzeba przestrzegać pewnych żelaznych zasad.

Pewnego wieczoru siedzieliśmy na wyspie, niebo rozjaśniały gwiazdy i księżyc w pełni. Wokół nie było żywej duszy – tylko kaczki. Rozpaliliśmy niewielkie ognisko; dzieci jadły kanapki i bawiły się – jak to mali chłopcy. Powiedziałam Joemu, że chciałabym chwilę pobyć sama, i poprosiłam go, żeby przypilnował dzieci, a ja pójdę na spacer. Od jakiegoś czasu miałam wrażenie, że coś obserwuje mnie z daleka. Chciałam porozmawiać o tym z aniołami.

Joe zaprotestował, mówiąc, że jest zbyt ciemno, ale powiedziałam, że wezmę latarkę.

Przeszłam przez drewniany mostek, a następnie ruszyłam ścieżką w stronę starego zamku, potem skręciłam w prawo i skierowałam się ku oddalonej polanie wśród gęstych drzew. Schowałam się za dużym dębem, żeby Joe mnie nie widział. Naprawdę chciałam pobyć sama, a wiedziałam, że będzie miał na mnie oko.

Pojawił się anioł Eliasz, jak intensywne światło między drzewami, i wołając mnie, wyszedł na polanę. Wyciągnął do mnie ręce i wtedy moje ręce uniosły się ku niemu, a on ujął moje dłonie.

Porozumiewaliśmy się bez słów.

– Lorno – wypowiedział bezgłośnie – on porusza się w ciemności. Nie bój się, nie może się zbliżyć, jeżeli Bóg mu na to nie pozwoli. Czy wiesz, o kim mówię?

– Tak, Eliaszu. Mówisz o Szatanie. Czy to on obserwuje mnie w ciemności? Wyczuwałam czyjąś obecność na obrzeżach mojego życia, poza kręgiem otaczającego mnie światła, miliony kilometrów ode mnie, w kręgu ciemności, gdzie się ukrywa. Przez ostatnie pół roku odczuwałam lęk, choć wiedziałam, że Bóg i wy, aniołowie, zawsze mnie chronicie.

– Lorno, dzieje się tak, ponieważ Bóg chce poddać cię próbie i postawić przed obliczem Szatana – odrzekł Eliasz.

– Gdzie będzie Bóg, kiedy to się stanie? – zapytałam.

– Bóg będzie po twojej prawej stronie, a Szatan po lewej – wyjaśnił Eliasz.

– Bóg będzie ze mną, żeby dodać mi sił. Tylko to się liczy – powiedziałam, choć ogarnęło mnie przerażenie.

Anioł Eliasz puścił moje ręce i kiedy opadły wzdłuż ciała, wypełniło mnie uczucie spokoju i miłości. Eliasz z uśmiechem kazał mi się obejrzeć, po czym zniknął.

W moją stronę szedł Joe z dziećmi. Christopher prowadził swój rower, a Joe pozostałe dwa rowery i Owena.

– Lorno, musimy już wracać. Robi się naprawdę późno – odezwał się Joe ściszonym głosem, jakby nie chciał budzić leśnych stworzeń.

– No tak, w ogóle nie zauważyłam upływu czasu – powiedziałam.

Wzięłam swój rower i poszliśmy w kierunku drogi. Byłam spokojna i wyciszona; odseparowana od ludzkiego świata i mojej rodziny. Od tej pory czułam, że Szatan zbliża się do mnie; mogły minąć miesiące lub lata, zanim się przede mną pojawi, ale byłam pewna, że się spotkamy.

Rozdział XVIII

„Lorna ma szczęście..."

Pewnego zimowego wieczoru Joe i ja przyszliśmy na spotkanie grupy modlitewnej w Maynooth. W pokoju było już około dwudziestu pięciu osób, w tym wielu młodych mężczyzn. Johnny, bardzo uduchowiony mężczyzna, przywitał wszystkich i zaczęliśmy się wspólnie modlić i śpiewać, co zawsze lubiłam. Potem wszyscy, włącznie ze mną, modlili się po cichu. Było tak cicho, że można by usłyszeć upadającą szpilkę. Anioł szepnął mi do ucha:

– Lorno, otwórz oczy i podnieś głowę, czy widzisz tego młodego mężczyznę po prawej stronie?

– Tak – potwierdziłam szeptem.

– Zaraz zobaczysz jego wizję. Schyl głowę i zamknij oczy – polecił mi anioł.

Natychmiast weszłam w tę wizję. Szłam obok młodego człowieka po krętej zakurzonej wyboistej drodze; nie widziałam, co jest przed nami, bo droga co chwilę skręcała. Mężczyzna szedł dłuższy czas, omijając dziury i kamienie. W końcu za kolejnym zakrętem ukazał się budynek ze schodami po lewej stronie. Z wielkim wysiłkiem młodzieniec zaczął wspinać po schodach, które z każdym stopniem stawały się coraz bardziej strome. Powoli doszedł do drzwi.

Widziałam, że w jego wizji budynek urósł i stał się ogromny. Z drogi wyglądał na dom normalnych rozmiarów, ale teraz był gigantyczny. Młody człowiek przystanął, patrząc ze zdziwieniem. Drzwi były wielkie i ciężkie, a on w porównani z nimi wydawał się malutki. Chciał wejść do środka, ale wymagało to ogromnego wysiłku. Naparł całym ciężarem na drzwi, aż w końcu zdołał je otworzyć i wśliznął się do wielkiego pustego holu zalanego pięknym światłem. Usiadł na podłodze, pogrążając się w modlitwie i medytacji; malutka drobinka w tej ogromnej przestrzeni.

Poczułam na głowie dotyk dłoni anioła i wtedy połączenie między mną a młodym człowiekiem zostało zerwane.

– Teraz jest czas na dzielenie się wrażeniami – odezwał się Johnny.

Ludzie po kolei zaczęli opowiadać. W końcu zabrał głos ten młody człowiek. Opisał swoją wizję – i wszystko dokładnie zgadzało się z tym, co widziałam. Po raz pierwszy zdarzyło mi się uczestniczyć w czyjejś wizji i byłam tym bardzo podekscytowana. Kiedy skończył prezentować swoją wizję, przyznał, że nie wie, co ona oznacza.

Anioły poprosiły, żebym przemówiła; miałam wyjaśnić młodemu człowiekowi znaczenie jego wizji, by dodać mu odwagi do kontynuowania tej podróży.

Byłam zdenerwowana i przerażona.

– Nie mogę tego zrobić, nikt nie będzie chciał mnie słuchać, jestem całkiem zwykłą osobą – odparłam.

Anioły powtarzały mi, że muszę zabrać głos, a ja ciągle tłumaczyłam im, dlaczego nie mogę tego zrobić. Wtedy odezwał się inny młody mężczyzna, a anioły kazały mi uważnie posłuchać tego, co mówi, choć były to zaledwie dwa zdania.

– Na tym spotkaniu jest jeszcze ktoś, do kogo przemawia Bóg. Ta osoba jest wystraszona i zdenerwowana. Bóg prosił mnie, żebym się dłużej nie ukrywała. Wzięłam już głęboki oddech, gdy Johnny oznajmił:

– Jeżeli to wszystko, zmówmy wspólnie modlitwę.

I wtedy się wyrwałam:

– Nie, ja mam jeszcze coś do powiedzenia.

Odwróciłam się do pierwszego młodzieńca i wyjaśniłam mu, że wizja mówi o jego strachu przed zostaniem księdzem. Powiedziałam, że Bóg postawił przed nim na tej drodze wiele przeszkód, ale uda mu się je pokonać i odegra znaczącą rolę nie tylko w Irlandii, ale też w innych częściach świata. Powinien wyruszyć w tę podróż, nie tracąc nadziei i wiary w siebie i w Boga. Wyjaśniłam, że tę wiadomość dla niego przekazały mi anioły.

Potem Johnny zaczął się modlić i wszyscy przyłączyli się do niego, śpiewając i sławiąc Boga. Bardzo lubiłam tę część spotkania. Anioły powiedziały, że na następnych spotkaniach będę musiała zrobić jeszcze więcej, ale odparłam, że boję się na samą myśl o tym, o co mogłyby mnie poprosić.

Spotkanie modlitewne dobiegło końca i jak zwykle wypiliśmy potem herbatę. Gdy wracaliśmy do domu, Joe w żaden sposób nie skomentował mojego wystąpienia.

Kilka miesięcy później, na kolejnym zebraniu grupy modlitewnej, Johnny powiedział:

– Pomódlmy się teraz wszyscy i poprośmy o uzdrowienie dla naszych rodzin, przyjaciół i wszystkich ludzi na świecie.

Każdy po kolei wymieniał kogoś, za kogo chciałby się pomodlić: za swoich najbliższych, za rodziny lub przyjaciół. Modliliśmy się o uzdrowienie dla krewnych i przyjaciół, o sukces córki na egzaminie, o pomoc w decyzji dotyczącej wakacji i kupna samochodu. Proszono o cuda, które pomogą pokojowi na świecie, rządom, księżom i zakonnicom prowadzącym działalność charytatywną – o wiele rzeczy. Wyglądało na to, że potrzeba wielu cudów. Przez cały czas anioły klepały mnie po ramieniu, mówiąc:

– Teraz, Lorno, wiesz, co powiedzieć.

Wzięłam głęboki wdech.

– Jest tu ktoś, kto ma rodzinę bardzo potrzebującą modlitwy. Brat tej kobiety, który jest żonaty, ma problemy z alkoholem i znęca się nad żoną i dziećmi. Siostra bardzo go kocha. Toczy się też jakaś sprawa w sądzie, dotycząca czegoś innego, i towarzyszy jej ogromny stres. Bóg mówi ci, że nie ma powodu do wstydu. Chodź i porozmawiaj z Nim. Miej wiarę i módl się, żeby wszystko się dobrze skończyło.

Zamilkłam. Nikt więcej się nie odezwał.

Czasami w grupach modlitewnych kilka osób kładzie na kimś dłonie i modli się razem z nim, niekiedy na głos. Johnny zapytał, czy ktoś chce, by się za niego w ten sposób pomodlić, i wymienił imiona osób, które będą się za tego człowieka modlić. Nie byłam jedną z nich – nigdy nie byłam – ale tego dnia sprawy potoczył się inaczej. Bóg miał inne plany.

Ludzie wstali i rozeszli się po sali, rozmawiając; część osób wyszła, żeby przygotować herbatę. Zbliżyła się do mnie zakonnica; z uśmiechem przywitałam się z nią. Nie przypuszczałam, że chce mnie poprosić, żebym się z nią pomodliła, ale tak się stało.

– Czy pomodliłabyś się ze mną, Lorno? To ja jestem tą kobietą, o której mówiłaś, i muszę porozmawiać z Bogiem za twoim pośrednictwem.

Prawie odebrało mi mowę.

– Tak, oczywiście, ale nie tutaj, nie przy wszystkich. Może wyjdźmy stąd i znajdźmy jakieś miejsce, gdzie będziemy same? – zaproponowałam.

– Oczywiście – zgodziła się natychmiast.

Ruszyłyśmy na korytarz i znalazłyśmy pusty pokój, trzy pomieszczenia dalej. Usiadłyśmy tam razem, tylko my dwie. Zakonnica nie zdawała sobie sprawy, jaka jestem roztrzęsiona.

„Co Ty robisz, Boże?" – modliłam się.

Zewsząd pojawiły się anioły, szepcząc mi do ucha: „Lorno, jesteś w rękach Boga".

Modliłam się za zakonnicę i dziękowałam Bogu za cudowne zmiany, które nastąpią w jej życiu. Potem zwróciłam się do niej:

– Nadszedł czas, żebyś porozmawiała z Bogiem.

Zaczęła mówić i mówiła chyba z godzinę. Kiedy skończyła, pomodliłyśmy się razem. Od czasu do czasu anioły mówiły, żebym otworzyła oczy i popatrzyła na nią. Był z nią piękny anioł, jej anioł stróż. Nazwałam go aniołem pokoju i spokoju. Nigdy nie powiedziałam zakonnicy, że ujrzałam jej anioła ani że anioł objął ją, otulił skrzydłami i połączył się z nią. Uśmiechnęłam się, zamknęłam oczy i dalej się modliłam. Potem anioły kazały mi wracać.

Kiedy wróciłyśmy do sali, w której odbywało się spotkanie, prawie wszyscy już wyszli. Ja i Joe ruszyliśmy do domu. Powiedział, że był bardzo zaskoczony, kiedy odezwałam się na forum grupy, a ja odrzekłam, że było to trudne, bo bardzo się denerwowałam, ale musiałam zrobić to, o co prosił mnie Bóg, z pomocą aniołów. To był pierwszy raz, kiedy w taki sposób modliłam się za kogoś. Wcześniej modliłam się za wiele osób, ale zawsze robiłam to tak, że one o tym nie wiedziały.

*

Pracując w fabryce dywanów, Joe większość nocy spędzał w pracy. Często, kiedy dzieci już były w łóżkach, siadałam przy kominku, brałam głęboki oddech i zamykałam oczy, a kiedy je otwierałam, wokół mnie siedziało pełno aniołów. Rozmawiałam z nimi o wszystkim. Mówiłam im, jak wspaniałe jest to, że mogę z nimi rozmawiać, niezależnie od tego, gdzie jestem, i wiem, że zawsze usłyszą moje słowa. Rozmawiałam z nimi przez cały czas – były moimi towarzyszami i najlepszymi przyjaciółmi.

Kiedy robiło się późno, mówiłam im, że muszą już iść, ponieważ zaraz wróci Joe i mam jeszcze trochę roboty. Znikały w postaci fizycznej, ale ciągle czułam ich obecność; czasami nawet czułam, jak anioł się o mnie ociera. Pewnego wieczoru tak właśnie się stało – jeden z aniołów otarł się o mnie, a potem się na chwilę pojawił. Uśmiechnął się do mnie i dotknął mojego brzucha, mówiąc: „Bóg spełnił twoje marzenie o kolejnym dziecku", po czym zniknął.

Niedługo potem odkryłam, że jestem w ciąży. Joe był zachwycony i powiedział, że byłoby cudownie, gdyby urodziła się dziewczynka. Tym razem nie było żadnych powikłań w czasie ciąży i dziękowałam za to Bogu.

Po świętach Bożego Narodzenia postanowiliśmy poszukać imienia dla naszego dziecka. Joe powiedział, że nie ma sensu szukać imienia dla chłopca, bo jest pewien, że tym razem to będzie dziewczynka. Wybraliśmy imię Ruth. Poczułam skurcze dziesięć dni przed terminem i przyjęto mnie do szpitala, ale potem skurcze minęły. W tym czasie mama i tata przyszli mnie odwiedzić i przynieśli trochę owoców. Tata mówił, że nie może się doczekać kolejnego wnuka, ale Joe odrzekł:

– Tym razem to na pewno nie będzie chłopiec! Zobaczysz, że urodzi się dziewczynka.

Kiedy rodzice wychodzili ze szpitala, postanowiłam odprowadzić ich z Joem do głównego wyjścia. Rodzice szli przed nami i spotkali się w drzwiach z moimi dziadkami, rodzicami mamy. Zatrzymali się, by z nimi porozmawiać. Ja i Joe byliśmy może pół metra od nich, kiedy babcia zwróciła się do rodziców:

– Lorna ma szczęście, że jej chłopcy nie są opóźnieni w rozwoju, tak jak ona sama albo jeszcze gorzej. Obawiamy się, że to dziecko będzie upośledzone.

Jej anioł stróż pojawił się przed nią, miał łzy w oczach i wyciągnął rękę, żeby mnie dotknąć i dodać mi sił. Byłam załamana. Widziałam, że Joe też był wstrząśnięty tym, co usłyszał. Dziadkowie rozmawiali z rodzicami tak, jakby nas tam nie było. Joe objął mnie ramieniem i odeszliśmy.

– Nie przejmuj się nimi, to ciemni ludzie.

Odprowadził mnie powrotem na oddział. Płakałam z powodu tego, co o mnie myślą. Wokół mojego łóżka pojawiły się anioły, wypełniając mnie i Joego spokojem i miłością. Poprosiłam męża, żeby nie rozmawiał z moimi rodzicami o tym, co usłyszeliśmy.

Najbardziej zasmuciło mnie to, że tata mnie nie bronił, że nie zwrócił dziadkom uwagi, chociaż rozumiałam, dlaczego tak postąpił. Wiedziałam, że rodzice mamy nie w pełni go akceptują – mieli poczucie, że wyszła za mąż za kogoś niższego stanu, mimo tego, co osiągnął. Tata bardzo kochał mamę; miał poczucie, że spowodował rozdźwięk pomiędzy nią a jej rodzicami, i nie chciał go pogłębiać.

Rozumiałam, dlaczego tata mnie nie bronił, ale i tak mnie to bolało. Przepłakałam całą noc.

Wiele lat później przypadkowo odkryłam, że babcia, matka mojej matki, która wypowiedziała te okropne słowa, urodziła dziecko z zespołem Downa. Dziecko miało wadę serca i żyło tylko sześć czy siedem lat. Przez całe swoje krótkie życie dziewczynka była trzymana w sypialni na górze, z dala od sąsiadów. Dowiedziałam się, że dziadkowie wstydzili się „upośledzonego" dziecka.

Następnego dnia rano poród na nowo się rozpoczął i urodziła się nasza córeczka, Ruth. Było to dwudziestego piątego marca, w moje urodziny. Co za wspaniały prezent urodzinowy!

Kiedy wypisano nas ze szpitala, przyjechał Joe z Christopherem i Owenem. Chłopcy podbiegli do mojego łóżka, ale Joe szedł powoli. Podtrzymywały go anioły. Jego anioł stróż powiedział, że jest z nim źle. Miałam ochotę się rozpłakać, ale musiałam się uśmiechnąć. Christopher i Owen chcieli przywitać się ze swoją małą siostrzyczką. Joe wyjął ją z łóżeczka i pozwolił im ją przytulić. Zapytałam Joego, czy dobrze się czuje. Potwierdził, chociaż oboje wiedzieliśmy, że to nieprawda. Powiedziałam aniołom, że bardzo się o niego martwię, i poprosiłam, by zrobiły wszystko, co w ich mocy, żeby mu pomóc.

Jakieś dwa miesiące później Joe pracował na nocną zmianę, kiedy dostał bólów żołądka. Poszedł do szefa, oznajmił, że źle się czuje, i zapytał czy ktoś może odwieźć go do domu.

– Moim zdaniem wyglądasz całkiem dobrze – odrzekł szef i odesłał go z powrotem do pracy.

Joe nigdy nie wyglądał na chorego, ponieważ był wysoki i dobrze zbudowany. W końcu jednak oświadczył szefowi, że idzie do domu, bo zbyt źle się czuje, żeby pracować. Około drugiej nad ranem anioły mnie obudziły.

– Lorno, wstawaj – odezwały się. – Joe źle się czuje; jest w drodze do domu. Wysyłamy mu pomoc.

Od razu się zerwałam, zapaliłam wszystkie światła i nastawiłam czajnik. Stałam w oknie, wypatrując Joego i modląc się do Boga, żeby sprowadził go bezpiecznie do domu.

Joe powiedział mi później, że w połowie drogi między Celbridge a Maynooth przewrócił się na poboczu drogi. Pamiętał, że odzyskał przytomność i czołgał się na czworakach, kiedy oświetliły go reflektory samochodu. To był nasz sąsiad z Maynooth; zatrzymał się, zawrócił samochód i wysiadł, by pomóc. Na początku myślał, że ma do czynienia z pijakiem, i nie mógł uwierzyć własnym oczom, kiedy rozpoznał Joego. Joe wyjaśnił mu, że ma ostry ból brzucha, i sąsiad zaproponował, że odwiezie go do domu.

Anioł klepnął mnie w ramię.

– Lorno, idź otworzyć bramę, Joe zaraz tu będzie.

Kiedy otworzyłam bramę, nadjechał sąsiad. Zaprowadziliśmy Joego do domu i pomogłam mu położyć się do łóżka. Sąsiad powiedział, że zaraz zadzwoni po lekarza, a ja gorąco podziękowałam mu za pomoc.

Wyjaśnił, że nie mógł spać i postanowił wybrać się na przejażdżkę; teraz się cieszy, że to zrobił. Pożegnał się i odjechał. Zrobiłam Joemu herbatę i jakieś dziesięć minut później Joe poczuł się znacznie lepiej i mógł już usiąść na łóżku. Lekarz roześmiał się, kiedy go zobaczył.

– Mam nadzieję, że nie obudziliście mnie na próżno. Powiedziano mi, że ma pan napad bólu i znaleziono pana czołgającego się na czworakach na poboczu drogi.

– Ból minął. Już czuję się dobrze – odrzekł Joe.

Rozmawiali i żartowali przez chwilę, a potem lekarz polecił Joemu:

– Proszę się położyć płasko, może pański wyrostek znowu się uaktywnił.

Dotknął jego brzucha, a wtedy Joe natychmiast poderwał się i usiadł wyprężony, krzycząc z bólu.

– Źle z panem. Przyślę po pana karetkę i sporządzę notatkę dla szpitala – powiedział lekarz.

Anioły mnie zadziwiają. Tej nocy poszły również do mojego taty! Kazały mu wstać i jechać do naszego domu. Zaparkował na podjeździe za samochodem doktora w momencie, kiedy lekarz pytał, gdzie jest najbliższa budka telefoniczna.

– Co się dzieje? – zapytał tata, wchodząc.

Lekarz wyjaśnił mu, że Joe musi szybko trafić do szpitala, a on właśnie miał dzwonić po karetkę. Tata zaproponował, że ich odwiezie do szpitala, ale lekarz się nie zgodził, twierdząc, że potrzebna jest karetka. Tata przestawił swój samochód i lekarz pojechał do najbliższego automatu telefonicznego. Wrócił po dwóch minutach, mówiąc, że karetka jest już w drodze. Wyszedł do samochodu, by sporządzić notatkę dla szpitala, a ja poszłam do kuchni, zostawiając Joego z tatą.

Napełniałam czajnik wodą, kiedy poczułam delikatny, pieszczotliwe muśnięcie dłoni anioła, który usuwał z mojego ciała niepokój i szeptał, że wszystko będzie dobrze, że Joego czekają trudne chwile, ale wyjdzie z tego.

Przyszedł lekarz, mówiąc, że przyjechała karetka. Tata powiedział, że pojedzie za karetką swoim samochodem i przez cały czas będzie przy Joem. Ja musiałam zostać z dziećmi w domu, bo wciąż karmiłam Ruth piersią. Uściskałam męża.

– Nie martw się – uspokoił mnie – niedługo znów będę w domu.

Kiedy odjechali, wróciłam do sypialni. Dzieci spały głębokim snem, a ich anioły stróże czuwały nad nimi. Uśmiechnęłam się, widząc, że nie obudziły się podczas tego zamieszania dzięki opiece aniołów. Podziękowałam im, a kiedy się odwróciłam, zobaczyłam przed sobą anioła Hosusa.

– Lorno, idź teraz do łóżka – rzekł. – Uśpimy cię.

Położyłam się i spałam do dziesiątej rano. Dzieci również spały. Kiedy przygotowywałam śniadanie, Christopher wszedł do kuchni i zapytał, gdzie jest jego tata. Wyjaśniłam mu, że musiał iść do szpitala i jak tylko zjemy śniadanie, zadzwonimy tam i zapytamy, jak się czuje.

Karmiłam Ruth, kiedy przyszedł tata. Dzieci ucieszyły się na jego widok. Podziękowałam mu za pomoc i zapytałam, jak się czuje Joe i jak długo przy nim siedział. Tata spędził w szpitalu całą noc. Joemu natychmiast zrobiono operację i czuł się już dobrze, chociaż przez chwilę obawiano się o jego życie.

– Co wieczór będę woził cię do niego do szpitala – zaoferował się tata.

Zaprotestowałam, mówiąc, że to za duży kłopot, ale on nalegał i uspokoił mnie, że dziećmi zajmie się mama.

Kiedy tego dnia wieczorem zobaczyłam Joego, wyglądał okropnie. Spędził w szpitalu dwa tygodnie, a potem, po dziesięciu dniach spędzonych w domu, znów tam wrócił z powodu infekcji. Nie pracował w sumie przez sześć miesięcy.

Pewnego dnia, kiedy szłam do kasy w lokalnym supermarkecie, zawołał mnie anioł stróż małej dziewczynki siedzącej w wózku. Znałam jej matkę z widzenia, ale nie wiedziałam, jak się nazywa.

Przywitałam się z dziewczynką; jej anioł stróż wyjaśnił, że jest chora, i poprosił, bym jej dotknęła. Dotknęłam jej rączek i pogratulowałam matce ślicznej córeczki. Kobieta pożegnała się i poszła dalej, zabierając ze sobą dziecko.

Anioły powiedziały, że po to, by dziewczynka mogła wyzdrowieć, musiało nawiązać się połączenie między mną a nią. Coś takiego często się zdarza, chociaż nie do końca to rozumiem. Mniej więcej rok później znów natknęłam się na tę matkę z dzieckiem i znów zawołał mnie anioł stróż dziewczynki. Kobieta powiedziała, że jej córeczka zachorowała i leżała w szpitalu, ale już czuje się lepiej.

Kiedy matka z dzieckiem odeszła, jej anioł stróż odezwał się do mnie:

– Ta dziewczynka poważnie choruje, Lorno, ale dzięki twojemu dotykowi, nawiązała się między wami silna duchowa więź, która da jej siłę do pokonania choroby. Od tej chwili, aż do czasu gdy w pełni wyzdrowieje, będziesz ciągle widziała jej uśmiech.

Przez następne miesiące regularnie widywałam przed sobą uśmiech dziewczynki i czułam jej chorobę i łzy. Za każdym razem modliłam się za nią i prosiłam Boga i jej anioła stróża, by poczuła się lepiej. Wiedziałam, że ta mała dziewczynka jest poważnie chora. Byłam jej liną ratunkową i w jakiś sposób, duchowo, podtrzymywałam ją przy życiu. Za każdym razem gdy okazywało się to potrzebne, byłam przy niej duchowo i nie pozwoliłam, żeby jej dusza opuściła ciało. Tak jak w wielu innych przypadkach, czułam fizyczne aspekty jej choroby.

A wtedy, gdy przestałam widywać jej twarz, wiedziałam już, że wyzdrowiała. Podziękowałam Bogu i aniołom i nie myślałam o tym więcej. Wiele lat później zobaczyłam tę matkę i córkę na głównej ulicy Maynooth, ich anioły stróże szły obok nich. Dziewczynka była teraz nastolatką, wyglądała na zdrową i silną. Uśmiechnęłam się, dziękując Bogu i aniołom.

*

Pewnego letniego dnia, kiedy Ruth miała kilka miesięcy, wsadziłam ją do wózka i wyszłam z nią na spacer, ciesząc się ciepłymi promieniami słońca. Nagle jednak poczułam, że zmienia się atmosfera. Zapanowała niezwykła cisza. Powietrze stało się nieruchome i jakby jaśniejsze. Wiedziałam, że nadchodzi anioł. Szłam, ale moje stopy zdawały się nie dotykać ziemi, a wokół mnie nic się nie poruszało. Wyczułam za plecami czyjąś obecność. Zatrzymałam się i odwróciłam, ale nikogo nie zobaczyłam. Chciałam iść dalej, lecz zaledwie zrobiłam jeden krok, znowu poczułam tę obecność.

– Proszę, ktokolwiek za mną idzie, niech da się rozpoznać – zawołałam, ale nie usłyszałam żadnej odpowiedzi. – Nie rób tak, nie znoszę tego!

Bardzo powoli ruszyłam dalej, gdy nagle poczułam klepnięcie w ramię. Odwróciłam się i ujrzałam anioła. Był jak światło – błyszczące i migoczące jak gwiazda, ale o wiele jaśniejsze.

– Witaj – odezwałam się.

Zero reakcji. Czasami wstydzę się rozmawiać z aniołami i myślę, że one też niekiedy się wstydzą. Komunikacja jest tak samo ważna w świecie duchowym jak w świecie fizycznym i bywa równie trudna. Powiedziałam mu, że byłoby mi łatwiej rozmawiać, gdyby przybrał bardziej ludzki wygląd.

Tak też zrobił i wtedy zdałam sobie sprawę, że jest to anioł Michał. Przeistoczył się w bardzo przystojnego mężczyznę około czterdziestki, wysokiego – miał jakieś metr osiemdziesiąt wzrostu albo nawet więcej – o przenikliwych, niebieskich oczach i długich ciemnych włosach opadających na ramiona.

– Tym razem pojawiłeś się w naprawdę przystojnej postaci – zauważyłam i oboje zaczęliśmy się śmiać.

Pchałam przed sobą wózek ze śpiącym dzieckiem, a Michał szedł obok. Powiedział, że przyszedł porozmawiać ze mną o tym, że anioły chcą, bym napisała książkę, w której powiem o pewnych rzeczach. Odrzekłam, że głęboko w środku czułam, że muszę napisać taką książkę, ale bałam się, że zostanę wyśmiana.

– Lorno, przyjdzie dzień, kiedy zrobisz to dla nas – oznajmił anioł Michał.

Minęło wiele lat i ten dzień w końcu nadszedł – i to właśnie jest ta książka.

Od czasu kiedy jako dziecko po raz pierwszy ujrzałam go w mojej sypialni, Michał, ten piękny anioł, regularnie mnie odwiedza. Pojawia się w moim życiu i znika; czasami przychodzi i spaceruje ze mną albo siedzi przy moim kuchennym stole, kiedy indziej siada przy kominku, tłumacząc, że musi się ogrzać. Ja wtedy śmieję się, że anioły przecież nie czują zimna, ale on wyjaśnia, że może sobie wyobrazić, jak to jest, ponieważ przebywał z wieloma ludźmi.

Rozmawiamy tak, jakby był moim ludzkim przyjacielem. Czasami o błahych sprawach, czasami o bardzo ważnych. Michał mówi, że coraz mniej ludzi prosi anioły o pomoc i miliony aniołów nie mają nic do roboty.

Piszę tę książkę właśnie dlatego, żeby ludzie uświadomili sobie, że cały czas są wokół nich anioły i tylko musimy im pozwolić, by nam pomogły. To takie proste. Słucham Michała i on podpowiada mi, co napisać; mówi, żebym pisała to, co dyktuje mi serce.

Bóg wysyła do nas piękne anioły, a my je ignorujemy. Musimy tylko poprosić je o pomoc. To takie proste.

Rozdział XIX

„Tu jestem, tu jestem, jestem tutaj"

Pewnego ranka, gdy Ruth miała kilka miesięcy, zabrałam ją do ośrodka zdrowia na badania kontrolne. Po powrocie do domu, kiedy ją karmiłam, wyczułam obecność jakiegoś ducha, stopniowo zbliżającego się do naszego domu. Odmówiłam krótką modlitwę i więcej już o tym nie myślałam.

Z biegiem czasu zauważyłam, że ten duch dość często mnie odwiedza i coraz bardziej się zbliża; czułam, jak coś mocno ciągnie moje ciało w dół. Tak jakby ktoś z dużą siłą przyciągał mnie w dół, do podłogi. Modliłam się i prosiłam Boga, żeby zabrał tego ducha, kimkolwiek on jest, do nieba. Pewnego ranka stałam przy zlewie; drzwi frontowe były otwarte i zobaczyłam ducha wchodzącego do holu. Był niewyraźny, więc nie widziałam dobrze, jak wygląda, ale miałam wrażenie, że jest to dużo wyższy ode mnie mężczyzna. Przerwałam zmywanie. Zanim poczułam go fizycznie, zapytałam:

– Co się stało? Jak mogę ci pomóc?

Duch uczepił się mnie, mówiąc:

– Tu jestem, tu jestem, jestem tutaj!

W kółko powtarzał te słowa, a ja nie rozumiałam dlaczego. Wiedziałam, że nie chce mi zrobić krzywdy, ale był zdesperowany i bardzo mocno ciągnął moje ciało

w dół. Na chwilę straciłam świadomość, a kiedy ją od-
zyskałam, zobaczyłam, że trzymam się kurczowo zlewu,
starając się nie przewrócić. Nagle duch odszedł; zawołałam moje anioły i zaczęłam się modlić. Usłyszałam pukanie do drzwi, mimo że były otwarte. Odwróciłam się
i w drzwiach ujrzałam Michała, Hosusa i Eliasza. Hosus
wszedł, naśladując chód klauna, co mnie rozśmieszyło. Podziękowałam mu, bo bardzo było mi to potrzebne.

– Co się dzieje z tym duchem? – zapytałam.

Anioł Michał poszedł i chwycił mnie za ręce. Anioł Hosus stanął po mojej lewej stronie, a Eliasz po prawej.

– Michale, ten duch prawie ściągnął mnie na podłogę! – poskarżyłam się.

– Lorno, damy tobie i temu duchowi siłę fizyczną i psy-
chiczną, ale na razie nie możemy ci nic więcej wyjaśnić.
Pamiętaj, że jesteśmy przy tobie cały czas, nigdy nie będziesz sama – powiedział Michał.

– Michale, nie cierpię, kiedy tak mówisz. Dlaczego nie
możesz mi chociaż trochę tego ułatwić?

– Przykro mi, Lorno, nie możemy powiedzieć ci nic
więcej, bo wtedy nie będziesz mogła pomóc duchowi –
odrzekł, po czym puścił moje ręce.

Duch zjawiał się codziennie. Nigdy nie byłam pewna,
czy pojawi się rano, czy wieczorem, ale za każdym razem ciągnął mnie w dół, krzycząc desperacko: „Tu jestem, tu jestem, jestem tutaj!".

Mijały miesiące, a ja byłam coraz bardziej wyczerpana. Joe wracał z pracy w fabryce i zdawał się nie zauważać, jak bardzo jestem zmęczona. W tym okresie czuł się
dobrze, ale ciągle widziałam ten szary kolor.

W końcu zobaczyłam w swojej wizji, że duch jest młodym mężczyzną, niespełna dwudziestoletnim. Miał na
imię Peter. Był w wodzie, został tam uwięziony i usiłował

się wydostać. Ale nie mógł użyć rąk, nie mógł się niczego złapać. Czasami woda zdawała się błotnista i nad głową miał jakby półkę z ziemi. Duch tego młodego człowieka ciągle podciągał się i walczył. Próbował i próbował. „Tu jestem, tu jestem, jestem tutaj!" – powtarzał nieustannie. Moje ciało zostało w jakiś sposób splecione z jego duchem i fizycznie czułam, jak walczył o życie. Czułam też jego emocje: chciał, żeby go znaleziono, chciał iść do domu, chciał, żeby jego rodzina wiedziała, gdzie jest. Modliłam się do Boga o to, by został znaleziony.

Zapytałam anioły, czy mogę powiedzieć o tym Joemu, a one się zgodziły. Pewnego wieczoru Joe przyszedł z ogrodu, spojrzał na mnie i zapytał:

– Co się dzieje? Wyglądasz okropnie! Jesteś chora?

– Nie, Joe, muszę ci o czymś powiedzieć.

Nadal nie wiedział wiele na temat mojego życia duchowego, ale anioły uznały, że tym razem naprawdę będę potrzebowała jego pomocy.

Usiedliśmy i mówiłam dalej:

– Odwiedza mnie duch młodego mężczyzny. Prosi mnie o pomoc. Bardzo mnie to wyczerpuje fizycznie i emocjonalnie; oczekuję twojego wsparcia i pomocy, tego, żebyś się mną zajął, kiedy będę tego potrzebowała. Czasami pragnę, żebyś mnie przytulił.

Joe objął mnie ramieniem i spojrzał na mnie. Nie rozumiał, co się dzieje, bo jak mógł to zrozumieć?

– Zrobię, co w mojej mocy – obiecał.

Podczas jednej z wizyt ducha miałam wizję: widziałam jakby jego oczami, przez wodę – pokazano mi, co się z nim stało, jakby spod wody. Szedł brzegiem rzeki, nad którym biegła ścieżka. Towarzyszyły mu dwie albo trzy osoby, które go popychały. Był bardzo przestraszony. Ci ludzie obwiniali go o coś, czego nie zrobił, i w ogóle

nie wiedział, o czym mówią. Próbował się tłumaczyć:
mówił im, że się mylą. Jeden z nich krzyknął do niego:
„Nie ma mowy o żadnej pomyłce".

Przewrócili go na ziemię, bili go i kopali, zadając mu
ból. Został ukarany za coś, co zrobił ktoś inny. Nagle
wizja się skończyła i nic więcej nie zobaczyłam.

Pewnego niedzielnego popołudnia, kiedy Ruth miała
około ośmiu miesięcy, a duch cały czas mnie odwiedzał,
usłyszałam pukanie do drzwi. Była to Sally, niedawno
poślubiona żona mojego brata Cormaca. Nie znałam jej,
bo kiedy brali ślub, ja byłam z Ruth w szpitalu i Joe poszedł na uroczystość sam, tylko z chłopcami. Poprosiłam, żeby usiadła przy kominku i się ogrzała.

– Cormac nie przyszedł z tobą? – zapytałam.

– Nie, chciałam po prostu się przedstawić i dać ci kilka zdjęć ze ślubu – powiedziała, przepraszając, że nie
może długo u nas zabawić.

Joe zrobił jej herbatę i kiedy usiedliśmy przy kominku, mówiła, jak się cieszy, że mogła nas poznać i zobaczyć naszą małą córeczkę. Kiedy odprowadzaliśmy ją do
drzwi, zatrzymała się i powiedziała, że zaginął jej brat.
Była zaskoczona, że nikt nas o tym nie powiadomił. Jej
brat zaginął już jakiś czas temu; pewnego wieczoru wyszedł, żeby spotkać się ze swoją dziewczyną, ale nigdy
nie dotarł na spotkanie. Mówiła, że jej rodzice bardzo
się o niego martwią; myślą, że mógł pojechać do Anglii,
więc byli w kontakcie się z Armią Zbawienia i wszelki-
mi tamtejszymi schroniskami. Został wpisany na listę
zaginionych, ale nikt nie rozumiał, dlaczego miałby wy-
jeżdżać w taki sposób.

– Jestem pewna, że wkrótce się pojawi – odrzekłam,
starając się ją pocieszyć. – Odwiedzaj nas, Sally, zawsze
jesteś tu mile widziana – dodałam.

Czasami wolno kojarzę; dopiero po jakimś czasie zdałam sobie sprawę, że kilka lat temu, dziwnym zbiegiem okoliczności, nawiązałam z tym młodym mężczyzną kontakt wzrokowy. Pewnego popołudnia poszliśmy odwiedzić moją siostrę Aoife i jej męża Alana w ich nowym domu. Dom położony był w centrum miasta i miał z przodu maleńki ogródek ze srebrzystym ogrodzeniem. Joe podniósł Christophera, żeby ten mógł dosięgnąć kołatki. Aoife otworzyła drzwi i serdecznie nas przywitała.

Weszliśmy do jadalni i zostaliśmy przedstawieni teściowej Aoife, uroczej starszej pani, która bardzo ciepło nas przyjęła. Dom wydawał się mały, być może dlatego, że było tam dużo pięknych starych mebli, które zajmowały większość przestrzeni. W rogu jadalni znajdował się kominek, przy którym stały dwa krzesła, jedno na wprost ognia, a drugie po prawej stronie. Ogień na kominku sprawiał, że pokój wydawał się zapraszać do środka. Między meblami prowadziła ścieżka z holu do kominka i dalej do maleńkiej kuchni.

Siedziałam przy kominku, trzymając Owena na kolanach i karmiąc go, a wszyscy inni goście stali. Było nas siedem osób stłoczonych w jadalni i małej kuchni. Rozległo się pukanie do drzwi i do pokoju wcisnęło się jeszcze kilka osób. Nie dostrzegłam, kto przyszedł, i dalej karmiłam Owena. Byli to mój brat Cormac i Sally, dziewczyna, którą później poślubił. Wszyscy rozmawiali, a w pokoju było tak tłoczno, że nawet nie widziałam brata ani jego dziewczyny.

Nagle przez krótką chwilę zobaczyłam światło i starałam się dociec, skąd pochodzi. Wszyscy swobodnie gawędzili, a ja oczywiście nie mogłam otwarcie rozmawiać z aniołami, więc starałam się z nimi porozumieć bez słów. Nie odpowiadały.

Spojrzałam w górę i znowu ponad stojącymi osobami dostrzegłam światło, jak gdyby wysyłał je ktoś w grupie, na wpół zasłonięty przez innych. Ludzie jakby nieco się rozstąpili; każdy przesunął trochę głowę w lewo albo w prawo, tworząc wąską ścieżkę, przez którą mogłam widzieć drugi koniec pokoju. Zobaczyłam z profilu twarz młodego mężczyzny, którego nie znałam. Obrócił głowę i spojrzał w moim kierunku. Jego twarz jaśniała delikatnym światłem; lekko się uśmiechnął. Ja również się uśmiechnęłam. Jego oczy błyszczały i widziałam go jeszcze tylko przez ułamek sekundy. Potem ludzie znowu się poruszyli i zasłonili mi go.

Później zapytałam moją siostrę Aoife, kim jest ten młody mężczyzna. Powiedziała, że to młodszy brat Sally, Peter. Więcej o tym wydarzeniu nie myślałam.

Joe również nie skojarzył, że duch jest zaginionym bratem Sally. Być może nie pozwolono nam się domyślić. Bóg musiał maczać palce w tym, że mój mąż nie połączył ducha z Peterem; jest z natury bardzo dociekliwy i w normalnych okolicznościach zaraz po wyjściu Sally, powiedziałby mi, że duch jest jej bratem. Widać jednak Bóg miał inne plany i jeszcze nie nadszedł czas na to, by chłopak został odnaleziony.

Duch młodego człowieka kontynuował dramatyczną walkę pod wodą o to, żeby złapać oddech, nie wiedząc, gdzie jest i co się z nim dzieje; widział ciemność i słabe przebłyski światła. Tonąc, próbował zaczerpnąć powietrza, ale zamiast tego wciągnął do płuc wodę. Rozpaczliwie pragnął, żeby ktoś go odnalazł, żeby jego rodzina wiedziała, że nie zrobił tego specjalnie, że ich kocha. Ciągle do mnie przychodził i w kółko powtarzał: „Tu jestem, tu jestem, jestem tutaj". Wiele razy prosiłam Boga i anioły, by dali mi siłę. Cały czas modliłam się o to, żeby ten człowiek został odnaleziony, a jego duch mógł się uwolnić i zaznać spokoju. Modliłam się, żeby rodzina mogła pochować jego ciało i opłakiwać stratę, żeby wiedziała, że nie uciekł i że ich kochał.

Pewnego wieczoru siedziałam przy kominku, zupełnie wyczerpana; Joe spojrzał na mnie i powiedział:

– Ależ ty jesteś blada! Ten duch znowu tu był. Za bardzo cię wyczerpuje. Wyglądasz, jakbyś miała zaraz umrzeć, tak jak ten młody człowiek. To musi się skończyć!

Joe był bardzo zdenerwowany i wściekły na Boga.

– Joe, proszę cię, nie denerwuj się – odparłam. – Nie dam sobie rady, jeżeli będziesz teraz się sprzeciwiał. Po prostu mnie wspieraj i dodawaj mi otuchy. Ten młody człowiek zostanie odnaleziony, tylko błagam Cię, Boże, żeby to nastąpiło szybko.

Joe przytulił mnie i musiałam zasnąć, bo kiedy się ocknęłam, nadal siedziałam na krześle przy kominku, otulona kocem. Dzieci były już w łóżkach; Joe uśmiechnął się do mnie, wstał i poszedł zrobić mi herbatę.

Siedząc przy kominku z kubkiem herbaty w ręku, zwróciłam się do niego:

– Nie możesz się tak zachowywać, Joe. Potrzebuję twojego wsparcia i opieki, zwłaszcza wtedy, gdy Bóg i aniołowie pozwalają mi dzielić się z tobą nadprzyrodzonymi wydarzeniami, które Bóg zsyła do mojego życia. Potrzebuję twojej pomocy szczególnie wtedy, gdy jestem wyczerpana.

Joe uścisnął mnie i pocałował. Trzymając się za ręce, razem pomodliliśmy się za tego ducha młodego człowieka, o to, by szybko go znaleziono i żebyśmy oboje – i on i ja – byli znowu wolni. Joe ukląkł na podłodze przed moim krzesłem, ujął moją twarz w dłonie i powiedział:

– Gdyby Bóg poprosił mnie o zrobienie rzeczy, które ty robisz, musiałbym odmówić, bo nie znalazłbym w sobie wystarczająco dużo odwagi, siły i twojej mocnej wiary.

Życie rodzinne potoczyło się dalej zwykłym torem, aż pewnego dnia niespodziewanie poczułam, że jestem wolna. Nie pytajcie, którego to było dnia ani o której godzinie, bo nie wiem, ale nagle poczułam się normalnie, jakbym na powrót stała się sobą. Tak się ucieszyłam, że aż poskoczyłam z radości. Wiedziałam, że znaleziono ciało tego chłopca. Pobiegłam do Joego i wykrzyknęłam: „Znaleźli go! Wiem, że znaleźli jego ciało, bo odszedł ode mnie". Tańczyłam z radości, modląc się i dziękując Bogu. Joe mocno mnie uściskał, a później poszliśmy do kościoła zapalić świeczkę i podziękować Bogu za to, że duch Petera został uwolniony i mógł odejść do Niego.

Bóg pozwolił duchowi Petera pozostać na tym świecie do chwili, aż jego ciało zostanie odnalezione, a ja służyłam jako łącznik między światem duchowym a światem fizycznym. Sądzę, że bez tego połączenia nigdy by go nie odnaleziono. Ta więź między nami została nawiązana kilka lat temu, w domu mojej siostry w centrum Dublina, na długo przedtem, zanim coś mu się stało.

Cuda dzieją się cały czas, a wtedy zwykły ciąg przyczynowo-skutkowy nie ma znaczenia – czasami rozpoczyna się wiele lat wcześniej. Bóg i anioły zaplanowali ten cud z wyprzedzeniem. Wiedziałam, że anioł stróż Petera i anioły stróżce jego oprawców ciężko pracowały nad tym, żeby zapobiec odebraniu tego młodego, niewinnego życia w akcie niesprawiedliwej zemsty, ale zabójcy Petera nie słuchali swoich aniołów, co napełniło mnie ogromnym smutkiem.

Peter był bardzo pięknym duchem. Kiedy znaleziono jego ciało, duch poszedł do nieba i zrobił coś, czego się nie spodziewałam – przysłał swoją siostrę, by mi o tym powiedziała.

Kilka dni po tym, jak poczułam, że duch mnie opuścił, odwiedziła nas Sally. Wyglądała, jakby przez całą drogę biegła; była bardzo zdenerwowana. Czuła, że musi nam powiedzieć o odnalezieniu ciała jej brata. Wyłowiono je z kanału, znajdowało się pod nawisem nabrzeża; jego ręce i nogi były związane sznurem.

Wtedy właśnie zdałam sobie sprawę, że ten piękny duch był bratem Sally, chłopcem, z którym wiele lat wcześniej nawiązałam kontakt wzrokowy.

Sally była smutna, ale jednocześnie szczęśliwa, że poszukiwania się zakończyły i mogą złożyć jego ciało na wieczny spoczynek. Kiedy mi o tym wszystkim mówiła, patrzyłam na jej twarz i zobaczyłam ducha Petera. Wysłał swoją siostrę, choć ona o tym nie wiedziała, żeby przyniosła nam tę wiadomość. W ten sposób Peter mi dziękował, a ona była duchowym posłańcem. Od tamtej pory Sally nigdy więcej mnie nie odwiedziła.

Rozdział XX

Złoty łańcuch

Pewnego zimowego ranka Joe wrócił z nocnej zmiany, ale nie położył się spać, tylko powiedział dzieciom, że trzeba mamie dać trochę odetchnąć i że zabiera je nad kanał, by popatrzyły na kaczki. Nigdy nie widziałam, żeby chłopcy i ich mała siostrzyczka tak szybko się ubrali; włożyli płaszcze, czapki i poszli.

Zaraz po ich wyjściu miałam wizję, w której zobaczyłam swoich rodziców. Stali razem i rozmawiali, owiewani silnym wiatrem. Wyglądało to tak, jakby stali obok siebie, ale mojego ojca naprawdę tam nie było, wydawał się duchem. Wizja pojawiła się tylko na chwilę i zaraz zniknęła. Wiedziałam, że to informacja dla mnie, że życie mojego taty dobiega końca. Czułam się, jakby uderzył we mnie piorun.

Rozpłakałam się i rozżalona zwróciłam się do Boga i aniołów, by mi to wyjaśniły. Niebawem Joe z dziećmi wrócił do domu. Dzieci z przejęciem opowiadały mi o tym, co zobaczyły nad kanałem. Kiedy robiłam herbatę, Joe zapytał:

– Co się stało? Jesteś bardzo blada i widzę, że płakałaś.

– Miałam wizję – odrzekłam. – Mój tata wkrótce umrze!

– Może źle zrozumiałaś. Co dokładnie powiedziały anioły? – zapytał Joe.

– Nic nie powiedziały. Miałam wizję i spytałam o nią Boga i anioły, ale byłam zbyt zdenerwowana, by zrozumieć, co mówią, a potem ty i dzieci wróciliście do domu. Wydawało mi się, że nie było was tylko przez kilka minut. Joe przytulił mnie i poczułam się trochę lepiej. Próbowałam ponownie przywołać wizję. Chciałam natychmiast zobaczyć się z moim ojcem, ale nie mogłam. Miałam trójkę małych dzieci, którymi musiałam się zająć, a nie mieliśmy samochodu. Na szczęście następnego dnia tata przyszedł nas odwiedzić. Tak bardzo się ucieszyłam z jego wizyty, ale nie mogłam mu wyjaśnić dlaczego.

Często widzę chorobę w czyimś ciele: czasami kości świecą, widzę serce na powierzchni klatki piersiowej albo ciemny cień wokół niektórych narządów wewnętrznych. Przyglądałam się tacie, ale nie zauważyłam nic niepokojącego, co trochę zbiło mnie z tropu.

Kilka tygodni później pogoda się poprawiła i poszłam na przechadzkę do Maynooth College, a Joe został z dziećmi. Chodząc po sadzie jabłoniowym i zagajniku, modliłam się i dziękowałam Bogu. Cieszyłam się tym spacerem; na twarzy czułam powiew zimnego, świeżego powietrza. Przyglądałam się ptakom i wiewiórkom. Zwierzęta sprawiały, że się uśmiechałam; widziałam dokoła nich energię i światło.

Pozdrawiałam ludzi, których mijałam – księdza i matkę z dzieckiem w wózku. Nagle pojawił się przcdc mną anioł Michał. Położył mi rękę na ramieniu, a potem dotknął mojej dłoni. W jednej chwili wypełnił mnie spokój.

– Dziękuję ci, Michale, tak dobrze się czuję – odezwałam się.

Michał szedł koło mnie, przybrawszy postać człowieka – jak zwykle wysoki, z ciemnymi włosami, które tym razem były krótkie. Miał na sobie czarny garnitur i czarny płaszcz; łatwo można było go wziąć za księdza. Spojrzałam na niego, uśmiechnęłam się i powiedziałam:

– Podziwiam twoją powierzchowność księdza!

Zatrząsł się z lekka i postawił kołnierz marynarki.

– I jak to wygląda? – zapytał.

Oboje zaczęliśmy się śmiać.

Pozdrowiło nas kilku przechodzących księży z modlitewnikami w rękach; Michał skinął im głową. Uśmiecham się teraz, wspominając, jak sąsiadka, której nie znałam zbyt dobrze, napomknęła, że znowu widziała mnie na spacerze z moim przyjacielem. Wiem, że nigdy nie spacerowałam z nikim spoza rodziny – a ona widziała anioła Michała. (Przypominam sobie trzy takie przypadki, gdy ludzie mówili, że zauważyli mnie z kimś na spacerze, a ja wiedziałam, że byłam wtedy sama. Zrozumiałam, że widzieli mnie z aniołem w ludzkiej postaci. Możliwe, że zdarzało się to częściej, tyle że nie zdawałam sobie z tego sprawy).

– Stańmy na chwilę pod tym wielkim dębem, dopóki nie ma nikogo w pobliżu, to wyjaśnię ci wizję związaną z twoim ojcem – odezwał się anioł Michał.

– Michale, zanim cokolwiek powiesz, chcę żebyś wiedział, że jestem temu przeciwna – odparłam.

– Ale masz charakterek, Lorno. – Michał się roześmiał.

– Czasami wydaje mi się, że Bóg i wy, aniołowie, zapominacie, że jestem człowiekiem. Dlaczego, Michale, musicie mi mówić, kiedy umrze mój ojciec? Wolałabym tego nie wiedzieć! – wykrzyknęłam.

Michał spojrzał na mnie ze smutkiem w oczach, wziął mnie za rękę i odrzekł:

– Ojciec potrzebuje twojej pomocy w przejściu na drugą stronę.

– Dobrze, rozumiem – wykrztusiłam.

– Przejdźmy się kawałek – zaproponował Michał. Wciąż trzymając mnie za rękę, mówił dalej: – Pamiętasz wizję o twoim ojcu, którą miałaś, kiedy Joe zabrał dzieci nad kanał? Wtedy Bóg połączył twą duszę z duszą twojego ojca. Zostały ze sobą powiązane. Za kilka dni to się zacznie: zobaczysz życie swojego ojca od momentu poczęcia; to będzie tak, jakbyś bez przerwy widziała przed oczami i w umyśle ekran telewizyjny. Poczujesz nagły wstrząs, kiedy dusza ojca oddzieli się od twojej, opuszczając ciało, by zostać przez anioły zabrana do Boga.

Szłam obok Michała, nie mogąc powstrzymać się od płaczu.

– Lorno, pozwól, że otrę twoje łzy.

Kiedy anioł Michał uniósł ręce, żeby dotknąć moich oczu, zdałam sobie sprawę, że nie idziemy, tylko stoimy w kręgu światła.

– To będzie naprawdę trudne – załkałam.

– Pamiętaj, że Bóg i anioły ci pomogą. – Michał dotknął mojej dłoni. – Dojdę z tobą do końca tej ścieżki, a później będę musiał cię opuścić.

Szliśmy w milczeniu; do końca ścieżki było niedaleko; czułam, jak Michał daje mi siłę. Potem ścisnął moją dłoń i odszedł, a ja ruszyłam do domu. Nigdy nie wspomniałam Joemu o moim spotkaniu aniołem Michałem.

Minęło kilka dni i tak, jak przepowiedział Michał, życie ojca zaczęło przebiegać przed moimi oczami i w moim umyśle. Działo się to bez przerwy – czasem bardzo szybko, czasem powoli – ale nie ustawało ani na chwilę. Ciągle widziałam sceny z życia ojca. Zobaczyłam go jako małego chłopca, który bawił się w błocie z innym dzieckiem; jako szczupłego, drobnego ucznia w szkolnej ławce; jako młodzieńca o smoliście czarnych włosach, siedzącego na brzegu rzeki z piękną młodą kobietą – moją matką; ujrzałam, jak naprawiał rowery w ciemnym warsztacie w Old Kilmainham; widziałam rozpacz na jego twarzy, gdy zawalił się nasz mały domek, i jego samotność, kiedy płynął do Anglii w poszukiwaniu pracy... Tata zaczął nas teraz częściej odwiedzać. Czasami przychodził nawet z samego rana, mówiąc, że wpadł tylko na herbatę i małą pogawędkę, i po kilku minutach wychodził. Miałam ochotę wyjawić mu o to, o czym wiedziałam, ale jak mogłabym to zrobić? Nie możesz oznajmić komuś, że wkrótce opuści ten świat; że wasze dusze się połączyły, żeby ułatwić mu przejście na drugą stronę. Byłoby to zbyt przerażające. Nie jesteśmy jeszcze wystarczająco rozwinięci duchowo.

Tata poznawał Boga i przez ostatnie lata bardzo się rozwinął duchowo. Pamiętam, jak kilka lat wcześniej powiedział do mnie: „Dlaczego minęło tak dużo czasu, zanim odnalazłem Boga?". Był Nim zafascynowany i cudownie było widzieć, jak dusza taty się rozwija. Rozpoczął swoją podróż do Boga, przejście ze świata ludzkiego do świata duchowego. To jest podróż, którą musi odbyć każdy z nas, niezależnie od tego, jaką religię wyznaje i czy w ogóle wierzy w Boga. Dla niektórych z nas to będzie krótka podróż, innym zajmie znacznie więcej czasu – lata, a może nawet całe życie.

Podczas jednej ze swoich wizyt tata spytał nas, czy chcemy w najbliższą niedzielę przyłączyć się do grupy modlitewnej narodzonych na nowo chrześcijan, w Dublinie. Oboje z Joem zgodziliśmy się od razu, a tata zaproponował, że po nas przyjedzie.

Tego dnia, nieco później, poszłam z dziećmi nad kanał. Dzieci, bawiąc się, biegły przodem, więc miałam trochę czasu, by porozmawiać z aniołami.

– Witajcie, anioły – powiedziałam i roześmiałam się, gdy zaczęły mnie łaskotać i lekko ciągnąć za włosy.

Zapytałam je, dlaczego tak dużo czasu upłynęło, zanim nasza rodzina dostała zaproszenie do tej grupy. Minęło kilka lat od dnia, kiedy ksiądz z tej grupy zaproponował mamie, by którejś niedzieli nas przyprowadziła.

– Pamiętaj, Lorno – przemówiły anioły jednym głosem – ty i twój tata jesteście powiązani duchowo, wasze dusze współpracują ze sobą. Ojciec czuje potrzebę twojego uczestnictwa w tej grupie. Teraz właśnie nadszedł odpowiedni czas.

– Mamo – zawołał Owen i anioły zniknęły w błysku światła.

Chłopcy stali obok siebie, a Ruth spała w wózku. Po ich twarzach poznałam, że coś zobaczyli.

– Nic nie mówcie – poprosiłam.

– Ja nic nie powiem – odrzekł Christopher.

Świetnie się tego dnia bawiliśmy, karmiąc kaczki nad kanałem.

W niedzielę rodzice przyjechali do nas za kwadrans dwunasta i wszyscy wsiedliśmy do samochodu. Serce mi się krajało, kiedy patrzyłam na tatę. W drodze do Dublina siedziałam z tyłu i przez cały czas widziałam otaczające go złote światło.

Pamiętam wielki kościół przypominający katedrę i niewiele poza tym. Było tam dużo rodzin i biegających dzieci; podawano również jedzenie. Czułam się bardzo lekka i wiedziałam, że niosą mnie anioły; byłam niczym w transie, tak jakbym z zewnątrz zaglądała do środka. Zobaczyłam, jak podszedł do mnie tata, i usłyszałam jego głos: „Chodź, zaczyna się spotkanie modlitewne".

Ruszył przodem i usiadł w drugim rzędzie krzeseł; obok niego było puste miejsce. Wiem, że chciał, żebym za nim poszła, ale anioły miały inne plany. Trzy rzędy za tatą jakiś mężczyzna przesunął się i zwolnił mi miejsce obok siebie, więc tam usiadłam. To krzesło było trochę wysunięte, tak że nikt nie zasłaniał mi widoku taty. Spotkanie rozpoczęliśmy modlitwą, następnie zaczęliśmy śpiewać hymny. Wszyscy podnieśli się z krzeseł, tata również, a kiedy wstawał, zrozumiałam, że właśnie to miałam zrobić – zobaczyć modlącego się tatę. Czułam wokół siebie energię aniołów.

Nie wiem, jak opisać to, co zmaterializowało się przed moimi oczami; to było takie piękne i czyste. Nie słyszałam już śpiewających ludzi. Tata stawał się coraz jaśniejszy i bardziej świetlisty; jaśniał złotym światłem. Ludzkie ciało taty stało tutaj, a jakiś metr nad nim unosił się jego anioł stróż.

Zobaczyłam, jak dusza taty opuszcza ciało. Byłam zaskoczona – widziałam wcześniej, jak robiły to inne dusze, ale to był mój ojciec. Jego dusza miała kształt ludzkiego ciała; była cała ze światła, otulona peleryną złocistych światełek. Wznosiła się w asyście aniołów i stawała się coraz większa, aż osiągnęła rozmiary ze cztery razy większe niż ludzkie ciało. I wciąż delikatnie się poruszała i migotała.

Potem dusza taty odwróciła się i z daleka spojrzała na mnie z miłością. Czułam tę miłość. Wtedy zobaczyłam coś, co przypominało złoty łańcuch łączący duszę taty z jego ciałem fizycznym: łańcuch wnikał od góry, przez głowę, i obejmował całe ciało. Ze zdumieniem spostrzegłam kolejną część łańcucha, która wychodziła z fizycznego ciała taty i powoli zmierzała w moim kierunku. Anioły pochyliły mi głowę i zobaczyłam, jak złoty łańcuch wpływa do mojego ciała przez sam środek klatki piersiowej, łącząc moją duszę z duszą taty.

Anioły uniosły moją głowę i ujrzałam duszę taty ostrożnie wchodzącą do jego ciała. Zwykle dusza ludzka całkowicie znajduje się w ciele, ale dusza taty nie powróciła do niego w pełni, pozostała częściowo na zewnątrz, nad jego głową, na krótki czas ziemskiego życia, jaki mu pozostał. Widziałam jej wielką miłość do ludzkiej części życia taty; wielkie współczucie.

Ktoś od tyłu poklepał mnie po ramieniu i poprosił, żebym usiadła. Zdałam sobie sprawę, że wszyscy, włącznie z tatą, już usiedli, tylko ja stoję. Poczułam się znowu jak człowiek i wzięłam głęboki oddech. Nagle dotknęły mnie moje anioły. Podziękowałam im po cichu. Byłam smutna, ale jednocześnie przepełniona radością.

Zawsze zdumiewa mnie, kiedy Bóg i anioły mówią mi, że ktoś rozpocznie proces przejścia z tego życia, poprzez śmierć, do świata, który ludzie czasem nazywają nadprzyrodzonym. Czasami mówią mi o kimś, kogo spotkałam przelotnie dawno temu lub kogo znam tylko ze słyszenia, albo o osobie powszechnie znanej.

Uśmiecham się, gdy widzę, jak ludzie zmieniają swoje życie i przekonania. Nigdy nie uświadamiamy sobie tego, że rozpoczyna się nasza podróż ku odrodzeniu. Zawsze przypomina mi się tata pytający, dlaczego tak długo zajmuje nam poznanie Boga.

Pewnego marcowego poranka, gdy odprowadziłam chłopców do szkoły, po powrocie do domu zobaczyłam siedzącego na ganku anioła Michała. Bardzo się ucieszyłam i otwierając furtkę, krzyknęłam:

– Michale, świecisz jak słońce.

– Witaj, Lorno – odpowiedział.

Ruth, która spała w wózku, zaczęła się budzić i Michał z promiennym uśmiechem położył palec na ustach. Koniuszkami palców prawej dłoni dotknął jej policzka i wytrysnęły z nich promienie światła, a wtedy jej oczy powoli się zamknęły i znów zasnęła. Kiedy Michał cofnął rękę, zobaczyłam, jak jego energia splotła się z energią mojego dziecka, a potem delikatnie się rozłączyły.

– Lorno – odezwał się Michał – wiesz o tym, że zbliża się czas, kiedy twój ojciec opuści ten świat.

– Tak, Michale – potwierdziłam. – Kiedy zobaczyłam cię na progu, ucieszyłam się, że cię znów widzę, ale jednocześnie poczułam smutek, bo wiem, po co tym razem przyszedłeś.

Popatrzyłam na śpiącą Ruth.

– Nie obudzi się, dopóki sobie nie pójdę – zaśmiał się Michał.

Dotknął mojej ręki i wtedy się rozpłakałam. Delikatnie ścisnął moją dłoń, a ja spojrzałam na niego. Cały promieniał; zobaczyłam, jak jego piękne jasne światło otacza mnie i chroni. Ogarnęła mnie fala spokoju.

– Pozwól, żeby miłość, którą darzysz ojca, pomogła ci teraz. Przez następne dwa tygodnie wasze dusze będą się powoli i delikatnie rozdzielać; łączący je złoty łańcuch będzie coraz słabszy, aż w końcu się zerwie.

Rozłakałam się, ale zarazem bardzo uważnie słuchałam jego słów.

– Już jest słabszy, Michale, czuję to.

– Lorno, musisz zrozumieć, że kiedy nadejdzie czas ostatecznego zerwania, nie wolno ci tego powstrzymywać – powiedział Michał.

– Wiem, Michale, nie zrobię tego.

– Pamiętaj, Lorno, że wszystkie twoje anioły są przy tobie przez cały czas, nawet kiedy nas nie widzisz i nie słyszysz. Opiekujemy się tobą nieustannie. – Dotknął moich oczu. – Wytrę twoje łzy. Nie płacz więcej! Ciesz się z powodu tego, co spotka twojego ojca.

– Michale, zanim odejdziesz, muszę cię jeszcze o coś zapytać – odezwałam się.

– Tak, Lorno, o co chodzi?

– Wiesz, zastanawiam się, czy dzięki temu, że widzę życie taty od chwili poczęcia, że czuję jego emocje i cierpienie, oczyszczam jego duszę?

– Tak, i nie pytaj o nic więcej, muszę już iść – odrzekł.

Michał zniknął i w tym samym momencie obudziła się Ruth.

„Dwa tygodnie to niedługo" – pomyślałam z ciężkim sercem.

Obrazy z życia ojca nigdy, nawet na chwilę, mnie nie opuszczały i było to dla mnie niekończące się bolesne przeżycie. Tata odwiedzał nas codziennie. Wypijał filiżankę herbaty i mówił, a ja słuchałam, uśmiechając się do siebie. Mówił głównie o przeszłości; o tym, jak wyglądało życie w czasach jego młodości, o swoich rodzicach i najlepszym przyjacielu, Arthurze Masonie, który zmarł przed laty. Czasami opowiadał o sobie i mamie, gdy jeszcze nie byli małżeństwem.

Z upływem czasu czułam się coraz gorzej. Świadomość, że tata pozostanie na tym świecie jeszcze tylko kilka dni, była przerażająca. Pewnego popołudnia, przed odebraniem chłopców ze szkoły, zwołałam wszystkie anioły. Wykrzyczałam im całą swoją rozpacz. Pojawiły się przede mną anioły: Michał, Hosus, Eliasz i Elisa, a za nimi cała horda innych. Otoczyła mnie ich miłość, która dała mi siłę i odwagę, żeby pozwolić duszy taty odejść.

– Nie jesteś sama, Lorno – przemówiły do mnie czule. – Idź teraz do szkoły i odbierz dzieci.

Joe, który tego dnia nie pracował i robił coś w ogrodzie, wszedł do domu i powiedział:

– Lorno, jesteś bardzo blada.

Zapewniłam go, że czuję się dobrze, ale on zapropo-nował, że pójdzie odebrać naszych synków ze szkoły, że-bym mogła odpocząć.

– Nie – odparłam. – Naprawdę nic mi nie jest. Chodź-my po nich razem.

Byłam smutna i zmęczona, ale pamiętałam, że anioły poleciły mi odebrać dzieci ze szkoły. W drodze powrot-nej do domu, idąc główną ulicą Maynooth, spotkaliśmy tatę! To był pierwszy raz, kiedy spotkałam tatę w May-nooth, i domyśliłam się, że to sprawka aniołów. Miał na sobie swój ulubiony wełniany sweter, który zrobiłam dla niego na drutach, i kapelusz wędkarski. Wydawał się zdezorientowany, jakby nie był do końca pewien, dokąd ma iść. Wyglądał dużo starzej niż na swoje pięćdziesiąt sześć lat. Bardzo się ucieszył, gdy nas zobaczył; uścis-kałam go mocno.

Tata zaproponował, żebyśmy wstąpili do pobliskiej herbaciarni. Siedząc tam i patrząc na ojca, zauważy-łam, że światło wokół niego jest prawie niewidoczne: gdzieniegdzie tylko pojawiało się słabe, rozpraszające się w wielu miejscach migotanie. Widziałam jego anioła stróża; dużo wyższy od taty, stał za jego plecami, obej-mując i podtrzymując jego ludzkie ciało, które jeszcze łączyło się z ciałem.

Przy herbacie tata powiedział, że nie czuje się dobrze i ma trudności z oddychaniem. To był pierwszy raz, kiedy wspomniał mi o swoich dolegliwościach fizycznych. Te-raz każda spędzona z nim sekunda była bezcenna. Od-prowadziliśmy go do samochodu i uściskałam go mocno na pożegnanie. Myślałam, że to ostatni raz, kiedy wi-dzę go żywego.

Następnego dnia, gdy myłam w kuchni warzywa, anioł wyszeptał mi do ucha: „Tata po raz ostatni przyjedzie cię odwiedzić". Nie zdążyłam nawet zawołać swoich aniołów, kiedy usłyszałam klakson samochodu przy bramie. Wszystko działo się jakby w zwolnionym tempie. Zobaczyłam tatę, który wysiadł już z auta i stał przy bramie, jak gdyby nie chciał wejść do środka.

Serce biło mi szybko. Krzyknął do mnie, że jest bardzo zmęczony, ale poczuł silną potrzebę, żeby przywieźć mi odkurzacz. Poszłam otworzyć mu bramę i poprosiłam, żeby wszedł, ale tata odparł: „Nie, Lorno, z moimi płucami nie jest dobrze. Muszę jechać do domu". Staliśmy po przeciwnych stronach bramy, nie otwierając jej. Anioł stróż trzymał go w ramionach, a wokół taty widziałam jedynie nikły ślad światła.

Moglibyście zapytać, dlaczego nie otworzyłam bramy, ale po prostu uszanowałam życzenie taty. Połączenie musiało zostać zerwane, a nasze dusze musiały się rozdzielić, dlatego tata nie pozwolił mi jej otworzyć – wiedział, że musimy zostać po przeciwnych stronach. Nie mam pojęcia, co jeszcze i jak dużo wiedział już wtedy. Uśmiechnęłam się do niego i wzięłam go za rękę. Pożegnaliśmy się i tata pojechał do domu. Tego wieczoru powiedziałam Joemu, że tata umiera. Nic nie mówiąc, po prostu mnie przytulił.

Dwa dni później nasze dusze zupełnie się rozdzieliły. Było to rano siedemnastego marca, w Dniu Świętego Patryka. Joe nie czuł się najlepiej, więc powiedziałam, żeby nie szedł z nami na uroczystości z okazji tego święta, tylko został w łóżku. Zjedliśmy razem śniadanie i przygotowałam dzieci do wyjścia na paradę w Maynooth. Dzieci dostawały słodycze, witały się z klaunami i wszyscy świetnie się bawili. Żeby nie psuć dzieciom zabawy, starałam się uśmiechać i być wesoła, ale chwilami miałam wrażenie, że to się nigdy nie skończy.

Poczułam ulgę, kiedy wreszcie ruszyłam z dziećmi do domu. Nagle pojawił się obok mnie anioł Michał. Objął mnie ramieniem, chcąc dodać mi otuchy.

– Nie jesteś sama, Lorno – szepnął.

Powstrzymywałam łzy, bo wiedziałam, że jak dzieci zobaczą, że płaczę, też będą smutne.

– Mam w sobie pustkę. Mój tata odszedł. Nie czuję żadnego połączenia między nami. On odszedł – wyszeptałam do Michała.

– Tata przyjdzie do ciebie w postaci duchowej, ale na krótko. Pamiętaj, że łączy was więź, partnerstwo dusz.

– Wiem, Michale, ale w tej chwili ludzka część mnie bardzo cierpi.

Anioł Michał szedł obok mnie w milczeniu, chłopcy biegli przed nami, a Ruth siedziała w wózku, bo jej małe nóżki były już bardzo zmęczone. Kiedy zbliżaliśmy się do naszej bramy, anioł Michał ujął moją dłoń.

– Lorno, wiesz o tym, że więź która łączy cię z Bogiem i twoimi aniołami, nigdy nie może zostać zerwana.

Przystanęłam i spojrzałam na mojego anioła.

– Dziękuję ci, Michale. Potrzebowałam tych słów.

Nadjechał samochód i Michał zniknął. Byliśmy w domu od półgodziny, kiedy przyjechał mój brat Cormac. Wyjrzałam przez okno, a Cormac stał przy bramie. Uśmiechnęłam się, bo on też nie otworzył bramy. Nie był świadomy roli, jaką odgrywał w duchowym błogosławieństwie naszego ojca; nie miał pojęcia, że go zastępuje, nie wchodząc przez bramę. Na krótką chwilę pojawił się promień światła; wiedziałam, że to tata mi dziękuje.

– Lorno, nasz tata zmarł – powiedział Cormac.

– Wejdź do środka – zaprosiłam go. – Zrobię herbaty.

Mniej więcej godzinę później pojechaliśmy wszyscy zobaczyć się z mamą.

Rozdział XXI

Potrzebuję cudów

Nawet kiedy Joe pracował, nie starczało nam pieniędzy. Wielokrotnie wyłączano nam prąd, bo nie zapłaciliśmy rachunku. Christopher musiał być na diecie bezglutenowej, więc nie mogłam kupować tańszego jedzenia, dlatego często dziękowałam aniołom, że mamy ogród, bo to, że uprawialiśmy własne warzywa, bardzo nam pomagało.

Przez cały czas miałam niejasne poczucie, że jestem obserwowana; czasami ze strachem myślałam o tym, co powiedział mi Eliasz podczas pikniku nad jeziorem w Donadea – że zostanę przez Szatana wystawiona na próbę. Starałam się o tym nie myśleć i miałam nadzieję, że do tego nie dojdzie, jednak w głębi serca wiedziałam, że nie uniknę tej próby.

Joe został w końcu zwolniony z fabryki dywanów. Powiedzieli, że zwalniają także innych, ale ja myślę, że zrobili to ze względu na jego stan zdrowia i długie okresy nieobecności. Znów zatrudnił się dorywczo w CIE, irlandzkiej firmie transportowej. Jeździł do pracy autostopem; szedł na główną drogę i tam łapał okazję. Czasami miał szczęście, a czasami dojazd zabierał mu kilka godzin, dlatego codziennie musiał bardzo wcześnie wychodzić z domu.

Pewnego ranka zabrał go kierowca, który rozbił po drodze samochód: kierowcy nic się nie stało, ale Joe doznał poważnego wstrząśnienia mózgu. Spędził kilka dni w szpitalu i przy okazji zdiagnozowano u niego cukrzycę. Zaczęło się sprawdzać wszystko, co powiedział mi Eliasz. Po tym wypadku Joe nie wrócił już do pracy w firmie transportowej.

Był koniec listopada i Boże Narodzenie zbliżało się wielkimi krokami, a nam ledwo starczało pieniędzy na jedzenie i opał. Pewnego dnia mimo ulewnego deszczu pracowałam w ogrodzie, obrywając pędy brukselki i wkładając je do torby. Przemokłam i czułam się bardzo nieszczęśliwa; z płaczem żaliłam się aniołom:

– Nie możemy jeść samych warzyw!

Nagle zobaczyłam świetlistą rękę sięgającą do torby. Spojrzałam w górę i zobaczyłam Hosusa; wyglądał na równie przemoczonego jak ja, czym mnie rozśmieszył, i poczułam się trochę lepiej.

– Hosusie, czy zdajesz sobie sprawę w jak fatalnej jesteśmy sytuacji? Nie mam nic dla dzieci na święta. Potrzebuję cudu; oprócz warzyw nie mamy nic innego do jedzenia i znowu odcięli nam prąd. Nie mogę nawet iść do lombardu, bo mój pierścionek zaręczynowy jest już zastawiony, i nie wiem, skąd mogłabym wziąć pieniądze, żeby go wykupić – powiedziałam.

Hosus ujął moją twarz w dłonie; kiedy spoglądałam w jego oczy, wydawało mi się, jakbym patrzyła w niebo.

– Szepczemy ludziom do uszu, Lorno, ale trudno jest sprawić, żeby słuchali – odrzekł Hosus.

– Hosusie, dlaczego inni ludzie nie mogą słyszeć aniołów tak jak ja? – zapytałam.

– Ludzie słyszą anioły, ale często sądzą, że to tylko głupia myśl, i ją ignorują. Jeśli widzimy, że ktoś chociaż trochę słucha, wzbudzamy w nim pewność siebie. Ludzie zawsze się boją, że zrobią z siebie głupków, ale nikt, kto pomaga innym, nie robi z siebie głupka – powiedział Hosus.

– Hosusie, będę się modlić o to żeby ludzie słuchali swoich aniołów.

Hosus zniknął, a ja wróciłam do domu. Kilka dni później, na dwa tygodnie przed świętami, szłam odebrać chłopców ze szkoły, kiedy minął mnie jakiś samochód, a po chwili się zatrzymał. W środku siedzieli kobieta i mężczyzna; mężczyzna opuścił szybę i przywitał się. Początkowo myślałam, że chcą zapytać o drogę, ale gdy zajrzałam do wnętrza, dostrzegłam ledwie widoczne sylwetki ich aniołów stróżów.

– Wiemy, że masz dwóch małych synków – odezwał się mężczyzna.

W tym momencie jego żona wysiadła, otworzyła bagażnik i wyjęła dużą białą torbę, którą mi wręczyła.

– To od Świętego Mikołaja. – Uśmiechnęła się. – Nasi chłopcy już z nich wyrośli.

Osłupiałam. Nie mogłam w to uwierzyć! Zanim zdążyłam cokolwiek wykrztusić, kobieta wsiadła do samochodu i odjechali.

– Dziękuję! – zawołałam za nimi.

Ujrzałam, jak samochód na chwilę rozbłysnął w słońcu, kiedy wjeżdżał pod górę. Śmiałam się i skakałam z radości, powtarzając w kółko: „Dziękuję wam, anioły. Ci ludzie was wysłuchali!". Byłam taka szczęśliwa. Zajrzałam do torby i zobaczyłam najróżniejsze zabawki dla małych chłopców.

Poszłam dalej szybkim krokiem, żeby zdążyć jeszcze do rzeźnika Jima i zostawić u niego torbę, by chłopcy nie znaleźli jej przed Gwiazdką. Rozradowana i drżąca z emocji stałam na szkolnym podwórku, czekając na synów; tak bardzo chciałam powiedzieć komuś o tym, co się wydarzyło. Drżałam wręcz z niecierpliwości, żeby przekazać Joemu tę nowinę.

Przy pierwszej okazji, kiedy dzieci nie było w pobliżu, opowiedziałam mu ze szczegółami całą historię. Zastanawiał się, kim byli ci ludzie; znał wiele osób z naszej okolicy, podczas gdy ja nie znałam prawie nikogo. Właściwie do niedawna anioły nie pozwalały mi nawiązywać żadnych przyjaźni. Z pewnych powodów chciały, żebym była samotniczką. Miałam oczywiście swoją rodzinę, ale czasami bardzo brakowało mi przyjaciół.

Joe przypuszczał, że tymi samarytanami mogło być małżeństwo z Leixlip, które znał. Nawet jeśli, to nigdy im nie podziękował, bo nie miał całkowitej pewności, czy to oni.

– Nie rozumiesz, że to jest sprawka aniołów? – powiedziałam.

– Dziękuję wam, anioły. – Zaśmiał się.

Ja również się roześmiałam. Czułam wielką ulgę.

Był jeszcze problem świątecznej kolacji. Do świąt zostały dwa dni, a my nie mieliśmy pieniędzy nawet na paczkę herbatników, nie wspominając o indyku. Cały czas pojawiały się anioły, mówiąc, żebym się nie martwiła, że coś się wydarzy, ktoś ich posłucha.

Nadeszła Wigilia; dzieci były bardzo podekscytowane i nie mogły się już doczekać Świętego Mikołaja. Ja też zawsze lubiłam te święta, uważam, że są wspaniałe. W całym chrześcijańskim świecie narodziny Jezusa to czas wyciągania pomocnej dłoni, dzielenia się, zrozumienia i przekraczania dzielących nas granic; to czas, kiedy odrzucamy nienawiść i pozwalamy ujawnić się naszej wrodzonej potrzebie miłości i pokoju.

Tego wieczoru, kładąc się do łóżka, myślałam o tym, że nie będzie świątecznej kolacji, ale dziękowałam swoim aniołom za wszystko, co już dla nas zrobiły; mówiłam im, że nie mogę się doczekać, kiedy dzieci zobaczą swoje prezenty.

Następnego ranka, w dzień Bożego Narodzenia, dzieci obudziły się o szóstej. W kominku wciąż tliło się kilka drew; Joe miał iść do szopy, by przynieść więcej opału. Nie zdążył nawet otworzyć drzwi, kiedy zawołał mnie, a po sekundzie wszedł do frontowego pokoju, trzymając w ręku kopertę. Nie było na niej nic napisane.

Otworzył kopertę i w tym momencie pokój wypełnił się aniołami; światło wokół nich zdawało się migotać. Joe wyjął z koperty dwa dwudziestofuntowe banknoty. Nie mogłam uwierzyć własnym oczom i z radości rzuciłam się mężowi na szyję. Dzieci zapytały, co się dzieje, a ja i Joe odpowiedzieliśmy równocześnie: „Nam też Mikołaj przyniósł prezent!".

Wyobraźcie sobie, jak ktoś wkłada dwa dwudziestofuntowe banknoty do koperty, przybywa pod nasz dom, zakrada się po cichu do drzwi i wsuwa pod nie kopertę! Ktoś musiał ją przynieść bardzo późno, bo ja i Joe położyliśmy się spać po północy. Ktokolwiek to był, pozostał anonimowy, nie zostawił żadnej kartki czy notatki i nie oczekiwał nic w zamian. To był dar niebios. Dzięki niemu mieliśmy pieniądze na święta. Kimkolwiek była ta osoba, dziękuję jej za to, że wysłuchała głosu swojego anioła stróża. Zawsze mówiłam dzieciom, że Święty Mikołaj działa poprzez ludzi, inspirując ich, by dawali innym prezenty. W naszym przypadku na pewno zadział Święty Mikołaj wspólnie z aniołami.

W tamtym czasie czterdzieści funtów była to dla nas ogromna suma – za te pieniądze mogliśmy kupić jedzenie

na dwa miesiące. Czuliśmy się jak milionerzy! Joe spo-
rządził listę zakupów: lemoniada, herbatniki, trochę słodyczy i innych drobiazgów, ale najważniejszy ze wszystkiego był kurczak, żeby dzieci mogły udawać, że to in-
dyk. Przed zakupami spędziliśmy trochę czasu, bawiąc
się z dziećmi.

Poszliśmy do kościoła na mszę; czułam się wspaniale.
Kiedy wchodziliśmy do środka, zwróciłam się do Joego:

– Mam nadzieję, że w sklepie będą jeszcze pieczone
kurczaki.

– O czym ty myślisz, idąc na mszę! – żartobliwie skar-
cił mnie Joe, a ja się roześmiałam.

W czasie mszy dziękowałam Bogu i aniołom za pieczonego kurczaka i za wszystko, a zwłaszcza modliłam się
za człowieka, który wsunął nam tę kopertę pod drzwi.

Po mszy poszliśmy na Main Street do sklepu Barrych,
jedynego sklepu w Maynooth otwartego w Boże Narodzenie. Kiedy skręciliśmy w Main Street, ujrzałam anioła
Hosusa, który stał w drzwiach sklepu i cały promieniował miłością. Joe z dziećmi szedł przede mną. Przystanęłam na chwilę przed sklepem. Hosus dotknął mojego
ramienia, a ja powiedziałam:

– Dziękuję ci za promienny dar miłości.

– Czy czujesz zapach pieczonego kurczaka? – zapytał Hosus i zniknął.

W sklepie było pełno ludzi robiących zakupy i życzą-
cych sobie nawzajem wesołych świąt i szczęścia w nowym roku. Joe stał przy ladzie, rozmawiając z właściciel-
ką, panią Barry. Powiedziała, że mieli parę zamówień na
pieczone kurczaki, głównie od starszych osób, i na szczęście włożyła na ruszt kilka dodatkowych sztuk.

Pani Barry uśmiechała się szeroko i wiem, że cieszyła się z tego, iż upiekła tych kilka kurczaków więcej. Za

jej plecami na krótką chwilę pojawił się jej anioł stróż, a ja skinęłam głową, w myślach dziękując jemu i pani Barry za to, że go posłuchała.

– Kurczak będzie gotowy dopiero za pół godziny – powiedziała pani Barry.

Odrzekliśmy, że to nie szkodzi, i daliśmy jej listę pozostałych zakupów.

Chodziliśmy po mieście, oglądając wystawy sklepowe i zabawiając chłopców, podczas gdy Ruth spała w wózeczku.

Kiedy wróciliśmy do sklepu, poczuliśmy wspaniały zapach pieczonych kurczaków. Pani Barry powiedziała, że przyszliśmy w samą porę, bo właśnie wyjęła kurczaki z piekarnika. Włożyła jednego kurczaka do torby, a resztę sprawunków zapakowała do kartonowego pudełka. Joe zapłacił, podziękował jej i życzył wesołych świąt.

Wziął pudełko, a ja ciepłą torbę z kurczakiem i poszliśmy do domu. Postawiliśmy pudełko z zakupami na kuchennym stole, a podekscytowane dzieci pomagały wypakowywać słodycze, ciasteczka i lemoniadę. Zapowiadała się wspaniała uczta.

Obejrzałam kurczaka i powiedziałam do Joego:

– Nie do wiary, kurczak jest nadziewany! To bardzo miło ze strony pani Barry, że w świąteczny poranek nie tylko upiekła kurczaki, ale również je nadziała.

Przygotowałam obiad, zapaliliśmy świece i postawiliśmy kurczaka na środku stołu. Posiłek był wspaniały: ten kurczak smakował mi bardziej niż wszystkie indyki, jakie w życiu jadłam. Mieliśmy cudowne święta.

Przez następnych kilka miesięcy było zimno i padał śnieg. Biegaliśmy po ogrodzie, obrzucając się śnieżkami; dzieci zaczęły lepić bałwana i patrzyłam, jak mój młodszy syn, Owen, toczy kulę śniegową, kiedy usłyszałam szept anioła, choć go nie widziałam.

– Czy to ty, Hosusie? – zapytałam.

– Nie, jestem aniołem stróżem Owena. Spójrz na niego, chcę ci coś pokazać – rzekł anioł, nadal niewidoczny.

– Mamo, zobacz, jaka kula – zawołał w tym momencie Owen.

Christopher przybiegł mu pomóc i po chwili obaj ulepili kulę wielkości Owena.

– Kula jest wystarczająco duża, żeby zrobić tułów bałwana – powiedziałam, odwracając się i idąc w kierunku domu. – Teraz musicie ulepić drugą kulę, wielkości piłki, żeby zrobić głowę, a potem znaleźć kamyki na oczy i marchewkę na nos.

Ale wtedy anioł stróż Owena zawołał:

– Dokąd idziesz, Lorno?

Myślałam, że chciał mi tylko pokazać, jak chłopcy toczą wielką kulę. Odwróciłam się i zobaczyłam go. Był bardzo wysoki, o szmaragdowych oczach i promiennym uśmiechu. Czułam się tak, jakby chciał mi powiedzieć: „Popatrz, co prawie straciłaś, odwracając się do mnie plecami". Nosił piękną zbroję, która wyglądała jak srebrna, ale po chwili zmieniła kolor na płomienistą barwę ognia, mocno kontrastującą ze śniegiem. Jego stopy wydawały się zanurzone w śniegu, chociaż w rzeczywistości nie dotykały ziemi ani śniegu. Widok anioła stróża Owena napełnił mnie radością.

– Lorno, popatrz na swojego syna.

Kiedy anioł wypowiedział te słowa, Owen zostawił kulę śniegową, podniósł się i spojrzał na mnie z uśmiechem i wyrazem dumy na twarzy. W następnej chwili zobaczyłam cudowną, stopniowo powiększającą się energię, która wydobywała się z klatki piersiowej Owena. Energia najpierw przybrała kształt tarczy, by po chwili zmienić się w piękne serce. To serce było pełne życia. Niczym w rwącej rzece mieszały się w nim kolory szmaragdowy i niebieski. Energia przepływała przed Owenem, jednocześnie wciąż łącząc się z jego klatką piersiową. Byłam zaskoczona! Zaparło mi dech w piersiach.

– Co to oznacza? – zapytałam.

Anioł stróż Owena stał po mojej lewej stronie, trzymając mi rękę ramieniu. Chciałam się odwrócić, żeby spojrzeć na jego twarz, ale prosił, żebym tego nie robiła. Posłuchałam go i się nie odwróciłam.

– Serce symbolizuje ochronę życia; dawcę życia i miłości, opiekuna Ziemi, dobra i zła – wyjaśnił anioł.

– To bardzo dużo dla dorosłego mężczyzny – odrzekłam z uśmiechem – a co dopiero dla małego chłopca.

Poprosiłam anioła stróża Owena, żeby pomagał mu w jego podróży, prowadził go i chronił.

– Lorno, kiedy Owen dorośnie, możesz powiedzieć mu o tym, co dzisiaj widziałaś, i przekazać mu, że moje imię brzmi Traffikiss.

Patrzyłam, jak Owen z bratem toczą następną kulę śniegową; tarcza Owena stopniowo się zmniejszała i czułam, jak zanika dotyk ręki anioła Traffikissa na moim ramieniu.

Przez krótką chwilę ujrzałam Traffikissa stojącego nad Owenem, potem Owen ze śmiechem padł na kolana i zawołał mnie, bym pomogła mu wstać.

Rozdział XXII

Szatan nadchodzi

Przed kilku laty, na pikniku nad jeziorem, anioł Eliasz powiedział, że Bóg skonfrontuje mnie z Szatanem. Pewnego dnia Eliasz znowu mnie odwiedził i oznajmił, że Szatan wkrótce się zjawi.

– Czuję, że się zbliża – szepnęłam przerażona, bojąc się o siebie i o dzieci.

– Nie bój się. Udowodnij swoją wiarę w Boga – odrzekł Eliasz.

Trudno to opisać, ale od tamtej rozmowy z Eliaszem wyczuwałam, jak Szatan się do mnie zbliża. Najpierw czułam, że jest milion kilometrów ode mnie, potem zbliżył się na odległość tysiąca kilometrów, a następnie, był już sto kilometrów ode mnie. Od kiedy Eliasz powiedział mi o jego przyjściu, do chwili kiedy się przy mnie zjawił, minęły lata, ale cały czas czułam, jak się zbliża. Teraz Eliasz to potwierdził.

Szatan był coraz bliżej. Pewnego dnia, około południa, Michael, Hosus i inne moje anioły stanęły przede mną półkolem. Powiedziały, że chcą mnie ochronić przed uczuciem ogromnego zła płynącego od Szatana. A potem zniknęły. Kiedy weszłam do domu i zamknęłam drzwi, wiedziałam, że on stoi przy mojej bramie. Było mi bardzo zimno i czułam, jak ucieka ze mnie życie; to było tak, jakbym stała na torach, patrząc na pociąg pędzący z naprzeciwka, i ktoś by mi powiedział, że on zatrzyma się tuż przede mną, jeżeli tylko wystarczająco mocno w to uwierzę. Ciągle miałam w pamięci słowa Eliasza: „Udowodnij swoją wiarę w Boga".

Szatan stał przy mojej bramie przez całe tygodnie, a ja byłam otumaniona i nie czułam upływu czasu. Pewnego wieczoru, kiedy kładłam się do łóżka, wiedziałam, że Szatan stoi przed drzwiami mojego domu. Czułam jego wielką moc. Zawołałam swoje anioły, ale one w żaden sposób nie zareagowały. Joe i dzieci spali w naszej sypialni. Bóg i anioły sprawili, że zapadli w głęboki sen.

Usiadłam na łóżku, z podciągniętymi kolanami, i owinęłam się kocem. Trzęsłam się ze strachu. Siedziałam tak przez pewien czas, aż nagle pojawiły się i otoczyły mnie wszystkie moje anioły – Hosus, Michał i Eliasz. Powiedziały, żebym się nie bała, po czym zniknęły równie szybko, jak się pojawiły.

Czułam, jak Szatan wkracza do domu. Kiedy wszedł do sypialni, wszystko, co znajdowało się w pokoju, włącznie z moim mężem i dziećmi, zniknęło. Tak jakby wszystko, także łóżko, na którym siedziałam, rozpłynęło się w mroku. Zostałam sam na sam z Szatanem.

Moc Szatana napawała mnie przerażaniem; okropnie było czuć całe to zło, okrucieństwo i strach. Nie potrafię powiedzieć, czy miał postać męską, czy żeńską ani jak wyglądał; jawił się jako silna i potężna masa zła i ciemności. Był bardzo butny i na pewno się nie bał.

Potem w tę ciemność wkroczył Bóg. Pojawił się w ludzkim kształcie, w postaci młodego mężczyzny, tak jak wcześniej w grupie modlitewnej. Jego twarz jaśniała, miał ciemne włosy do ramion i nosił świetliście białą szatę. Stanął po mojej prawej stronie i wziął mnie za rękę.

Obecność Boga dodała mi sił. Wiedziałam, że powstrzymuje Szatana, żeby ten za bardzo się do mnie nie zbliżył, ale i tak bałam się bardziej niż kiedykolwiek wcześniej w całym moim życiu. Trzęsłam się ze strachu. Siedziałam na łóżku; po mojej lewej stronie stał Szatan – wielka ciemność i zło – a po prawej Bóg. Boga widziałam wyraźnie, a Szatana nie – był tylko bezkształtną mroczną masą. Kiedy spoglądałam na Boga, strach znikał, ale kiedy patrzyłam na Szatana, powracał, jeszcze silniejszy niż przedtem.

Zdawałam sobie sprawę, że Bóg wystawia mnie na próbę; miałam pokazać, że nie boję się Szatana, że jestem od niego silniejsza i mogę go od siebie odepchnąć. Wiedziałam też, że obecność Boga i dotyk Jego dłoni dały mi siłę potrzebną, by skłonić Szatana do odejścia. Trzy razy powtórzyłam: „Szatanie, odejdź. Wybieram Boga, jestem silniejsza od ciebie".

Za każdym razem kiedy to mówiłam, on cofał się kawałek. Kiedy trzeci raz wypowiedziałam te słowa, był już przy drzwiach sypialni. Bóg wypchnął go z mojego domu i z okolicy. Wyglądało to, jakby długi ciemny tunel wciągał go w nicość. Tego dnia udowodniłam Bogu, że moja wiara jest na tyle silna, bym mogła odepchnąć Szatana.

Szatan istnieje, nie mam co do tego wątpliwości. Jeśli mu na to pozwolimy, wkroczy w nasze życie. Będzie się zachowywał jak „bóg" i może sprawić, że doświadczymy wspaniałych rzeczy. Na przykład spłynie na nas wielkie bogactwo albo osiągniemy sukces w świecie zewnętrznym; będzie to jednak okupione wielkim kosztem. Szatan nie chce, żebyśmy rozwijali się duchowo, i będzie przeciwstawiał się tym, którzy próbują otworzyć serca i umysły innych ludzi i pomóc im spojrzeć na życie z odmiennej perspektywy.

Człowiek rozwija się duchowo. Rozwój służy temu, by człowiek się zmienił, a jego dusza i ciało w końcu stały się jednością. Widzę, że ludzie wyzwalają się z uwarunkowań, zadają pytania i są bardziej otwarci na zgłębianie sfery duchowej. Każdego z nas Bóg od czasu do czasu wystawia na próbę; to część naszego rozwoju duchowego. Wszyscy mamy w sobie siłę, by odepchnąć Szatana. Zawsze powinniśmy o tym pamiętać. Kiedy go odepchniemy, cofnie się o krok. Niestety wciąż pozostanie w pobliżu, ale jego moc będzie już mniejsza. Możemy zawsze poprosić Boga i anioły, by dodały nam sił i wzmocniły naszą wiarę.

Cukrzyca Joego przybrała postać chroniczną. Często tracił przytomność i czuł się naprawdę źle. Czasami Christopher przybiegał z ogrodu, krzycząc, że tata zemdlał. Była to trudna sytuacja dla niego i dla nas wszystkich. W większości przypadków cukrzyca poddaje się działaniu leków, ale u Joego, mimo wysiłków lekarzy, nie dało się jej w pełni kontrolować. Lekarze wiedzieli również, że choroba osłabia jego serce. Odkąd zdiagnozowano u niego cukrzycę, Joe nie pracował. Poszedł na rozmowę w sprawie pracy stróża w Maynooth College, co byłoby nam bardzo na rękę, bo blisko domu, ale w ostatniej chwili oznajmiono mu, że nie może dostać tej pracy ze względu na stan zdrowia. Był ogromnie rozczarowany.

Podczas jednego z wielu pobytów Joego w szpitalu pielęgniarka powiedziała, że dobrze byłoby, gdybyśmy mieli w domu telefon. Około sześciu tygodni później, dzięki wstawiennictwu pracowników lokalnej służby zdrowia, założono nam telefon, ale używałam go tylko w nagłych przypadkach oraz do odbierania rozmów, bo obawiałam się wysokiego rachunku.

Pewnego dnia dzieci bawiły się w ogrodzie, kiedy przed bramą zatrzymał się samochód. Sprzątałam akurat jedną z szop na tyłach domu. (Spędzaliśmy dużo czasu w ogrodzie, mieliśmy kilka kurczaków, a sąsiad podarował nam szczeniaka). Usłyszałam, jak jakiś mężczyzna woła do mnie: „Dzień dobry", więc poszłam się przywitać. Wysiadł z samochodu, w którym była też kobieta i dziecko. Zapytał, czy trafił do właściwego domu.

– Nie wiem, kogo pan szuka – odrzekłam z uśmiechem.

– Uzdrowicielki. Moja żona jest chora – odpowiedział.

Uśmiechałam się, lecz czułam się niepewnie. Wiedziałam, że szuka mnie, ale nigdy wcześniej nikt tak o mnie nie mówił. Zawstydziło mnie to, że ktoś nazwał mnie uzdrowicielką, nie czułam się wystarczająco dobra, by zasłużyć na to miano.

– Tak, znalazł pan właściwy dom – potwierdziłam jednak. – Proszę wejść.

Weszliśmy do kuchni. Przedstawili się jako Fintan i Peg, a ich syn miał na imię Eamon. Chłopczyk został na zewnątrz, bawiąc się z moimi dziećmi, z kurczakami i szczeniakiem. Byli to pierwsi ludzie, którzy zgłosili się do mnie po pomoc; nigdy nie dowiedziałam się, kto ich przysłał, mówiąc, że jestem uzdrowicielką. Jak się później okazało, byli pierwszymi z wielu.

Kiedy kilka lat później ponownie spotkałam Fintana. Przyznał, że gdy zobaczył nasz domek, dzieci, szczeniaka i kurczaki, wiedział, że trafił we właściwe miejsce, i dodał, że po tej wizycie zdrowie jego żony bardzo się poprawiło.

Potem zadzwoniła do mnie pewna kobieta, Josie, która dostała od kogoś mój numer telefonu; u jej syna lekarze zdiagnozowali raka i zwracała się do mnie o pomoc. Poprosiła, żebym spotkała się także z inną rodziną, gdzie syn również zachorował na raka, więc ustaliłyśmy, że przyjdą w następny poniedziałek rano.

W poniedziałkowy poranek, za kwadrans jedenasta, przed bramą zatrzymał się samochód i wysiedli z niego rodzice z dzieckiem. Przywitałam ich i zaprosiłam do środka. Ojciec rodziny powiedział, że ma na imię Dermot, jego żona to Suzan, a syn – Nick. Usiedliśmy przy kuchennym stole; Nick bawił się zabawkami, które przyniosła jego mama, a ja rozmawiałam z rodzicami. Po kilku minutach chłopiec uśmiechnął się do mnie i rzekł:

– Mamo, przestań mówić i pozwól, żeby Lorna mnie pobłogosławiła i powiedziała, jak nazywa się anioł, który pomoże mi wyzdrowieć; wtedy będę mógł pójść pobawić się w ogrodzie.

Jego ojciec zwrócił mu uwagę, żeby nie był taki niecierpliwy i dał mi szansę.

– Dobrze – odezwałam się. – Oto co zrobimy. Pobłogosławię Nicka, pomodlę się za niego i zapytam o imię anioła. Nick, usiądź u mamy lub taty na kolanach. – Chłopiec usiadł na kolanach ojca. – Nie ma gwarancji, że twój anioł stróż powie mi to imię, Nick. Musisz się pomodlić razem ze mną i poprosić swego anioła stróża, żeby otworzył twoje serce i umysł. Kiedy skończę, będziesz mógł iść do ogrodu i się pobawić, a ja porozmawiam z twoimi rodzicami – zakończyłam.

Spojrzałam na niego i poprosiłam Boga, żeby pokazał mi, gdzie umiejscowił się nowotwór. Zobaczyłam go, ale nie powiedziałam im o tym. Był złośliwy i pomyślałam sobie: „Boże, jeżeli ten chłopiec ma żyć, to naprawdę musi wydarzyć się cud".

W mojej głowie pojawiła się myśl, że być może Nick wcale nie miał przeżyć, że celem jego życia jest zbliżenie się do Boga i poznanie swojego anioła. Zdałam sobie sprawę, że jest to również jakaś część drogi, którą musi przejść jego rodzina.

Modliłam się za Nicka, prosząc Boga o cud, który sprawi, że chłopiec wyzdrowieje. Na chwilę pojawił się jego anioł stróż; powiedział, że cud się nie zdarzy i muszę przekazać rodzicom Nicka, żeby spędzali z nim jak najwięcej czasu, bo każda chwila jest bezcenna. Miałam im nie mówić, że ich syn umrze, bo nie byli jeszcze gotowi na to, by poradzić sobie z tą informacją. Miałam też powiedzieć Nickowi, jak nazywa się jego anioł.

Kiedy się modliłam, Nick siedział spokojnie na kolanach ojca. Gdy skończyłam, pobłogosławiłam go, a on zeskoczył na ziemię i zawołał:

– Powiedz, jak nazywa się mój anioł!

– Usiądź z powrotem na kolanach taty, a ja ci powiem, jak się nazywa i jak wygląda twój anioł stróż. Nick, twój anioł wygląda wspaniale. Nosi szatę iskrzącą się wszystkimi kolorami tęczy, a jego peleryna cały czas faluje. Na nogach ma piękne buty lśniące zielenią, najcudowniejszą, jaką kiedykolwiek widziałam. Buty sięgają mu do kolan i zdobią je duże srebrne klamry. Talię opina mu złoty pas ze srebrną klamrą.

Nick siedział spokojnie na kolanach ojca, nie spuszczając ze mnie wzroku. Widać było jego podekscytowanie, kiedy dalej opisywałam wygląd anioła.

– Jego włosy są czerwone jak płomienie, a oczy wyglądają jak gwiazdy. W lewej ręce trzyma coś, co przypomina miecz, bijący takim blaskiem, jakby był zrobiony ze światła. Twój anioł stróż prosił, żebym ci przekazała, że kiedy będziesz źle się czuł, zwróć się do niego, a on dotknie cię swoim świetlistym mieczem i poczujesz się lepiej.

Nick zeskoczył z kolan ojca.

– Czy już mogę iść się pobawić? – zapytał.

Ojciec zabrał go do ogrodu. Zostałam sama z jego matką, która się rozpłakała i zwróciła się do mnie:

– Co powiedział anioł?

To bardzo trudne, kiedy rodzice zadają mi to pytanie, a ja nie mam dla nich dobrych wiadomości. Jak mam im wyjawić bolesną prawdę? Czasami rodzice pytają: „Co zrobiłem źle? Czy popełniłem jakiś straszny grzech? Czy Bóg chce mnie w ten sposób ukarać?".

Musimy zrozumieć, że jest to droga, którą wybraliśmy dla siebie na długo przedtem, zanim się urodziliśmy.

– Spójrz na swojego syna, zobacz, ile ma w sobie wiary i nadziei. Nie czuje strachu. Nie boi się ani wyzdrowieć, ani iść do Boga. Słuchaj swojego syna, on chce tak wiele ci przekazać – odrzekłam.

Kiedy ojciec Nicka wrócił z ogrodu, rozmawiałam jeszcze chwilę z obojgiem rodziców. Powtórzyłam im wiadomość od aniołów, żeby spędzali teraz ze swoim synkiem jak najwięcej czasu.

Potem odjechali, ale od tej pory regularnie utrzymywali ze mną kontakt. Kiedy Nick był w szpitalu albo źle się czuł, prosił rodziców, by do mnie zadzwonili, żebym porozumiała się z jego aniołem i poprosiła, by użył swojego miecza i sprawił, że poczuje się lepiej. Kiedy ból mijał, rodzice dzwonili do mnie. Nick mógł sam poprosić swojego anioła stróża o pomoc, ale zauważyłam, że chore dzieci często wolą, żeby to rodzice do mnie dzwonili – może dzięki temu czują się pewniej.

Pewnego dnia, kiedy choroba Nicka była w fazie remisji, poprosił rodziców, żeby go do mnie przywieźli. Oni zostali w samochodzie, bo Nick chciał się ze mną widzieć sam na sam. Wyznał mi, że cały czas rozmawia ze swoim aniołem stróżem, który przekazał mu, że wkrótce zostanie zabrany do nieba. Chłopiec powiedział, że ma już dziewięć lat i wcale się tego nie obawia. Poinformował swoich rodziców, że niedługo pójdzie do nieba, ale oni nie chcą o tym słyszeć, a jego mama ciągle płacze.

– Mówię mamie, że nie mam nic przeciwko temu, żeby iść do nieba, ale ona mnie nie słucha.

– Nick, czy chcesz żebym porozmawiała z twoimi rodzicami? – zapytałam.

– Tak, Lorno, jeżeli możesz.

Uściskałam go i odrzekłam:

– Pomodlę się teraz za ciebie i cię pobłogosławię. Porozmawiam z Bogiem i twoim aniołem stróżem i zapytam, co powinnam powiedzieć twoim rodzicom. Poproszę ich aniołów stróżów, by pomogli im poradzić sobie z twoim odejściem do nieba, kiedy nadejdzie czas.

Pomodliliśmy się razem i pobłogosławiłam Nicka. Potem poszliśmy do samochodu i poprosiłam jego rodziców, Dermota i Suzan, by wstąpili do mnie na chwilę. Nasza suka Heidi miała właśnie szczeniaki; Nick i Ruth radośnie bawili się z nimi pod drzewem w ogrodzie. Patrząc na nich, uśmiechnęłam się.

Gdy weszliśmy do kuchni i usiedliśmy przy stole, Suzan spojrzała na mnie ze smutkiem. Rozmawiałam z nimi najdelikatniej, jak umiałam. Powtórzyłam im słowa ich syna: że jego anioł stróż oznajmił, że wkrótce Nick pójdzie do nieba. Powiedziałam, żeby od dzisiaj starali się być silni, słuchali swojego syna i spędzali z nim jak najwięcej czasu.

Obejmując się mocno, oboje rozpaczliwie szlochali. Serce mi się krajało, kiedy na nich patrzyłam.

W końcu rodzice zaczęli mówić. Powiedzieli, że przez ostatnie miesiące słuchali, jak ich syn mówił o tym, że jego anioł stróż zabierze go do nieba, ale było to dla nich

za trudne do przyjęcia. Byli trochę zawstydzeni tym, że
Nick musiał prosić mnie o to, żebym sprawiła, iż zaczną
go słuchać. Przytuliłam ich oboje, pobłogosławiłam i pojechali do domu.

Kilka dni później Ruth weszła do kuchni i spytała:

– Mamo, pamiętasz tego chłopca, z którym się bawiłam kilka dni temu w ogrodzie? Polubiłam go, jest bardzo miły. Jak on ma na imię?

– Nick – odpowiedziałam.

– Wiem, że jest chory. Czy on wyzdrowieje, mamo?

– Nie – odparłam. – Pójdzie do nieba.

– To niesprawiedliwe! – zawołała ze łzami w oczach
Ruth. – On jest taki miły!

Przytuliłam córkę i przez dłuższą chwilę trzymałam
ją w ramionach. Wreszcie się uspokoiła i poszła odra-
biać lekcje.

Po kilku miesiącach stan Nicka się pogorszył i chłopiec co trochę trafiał do szpitala. Często dzwonili do mnie
jego rodzice, mówiąc, że Nick ich prosił, żebym zwróciła się do aniołów, by złagodziły jego ból. Oczywiście robiłam to i dziękowałam Bogu za ten cud. Pewnego dnia
zadzwoniła matka chłopca, Suzan, z wiadomością, że
jej syn odszedł w spokoju ostatniej nocy. Powiedziałam
jej, by zawsze pamiętała o tym, że piękna dusza jej syna
jest w niebie i że zawsze pojawi się przy niej, kiedy ona
będzie tego potrzebowała.

Trudno opisać wpływ, jaki Nick wywarł na swoją rodzinę – rodziców i rodzeństwo. Stracili syna i brata, ale jego
choroba i śmierć sprawiły, że cała rodzina się przebu-
dziła. Ten mały chłopiec pokazał im taką miłość i współczucie, jakby przemawiał przez niego sam Bóg. Różnił
się od innych ludzi; w pewnym sensie był jak anioł da-
jący światło wszystkim, którzy się z nim stykają. Jeże-

li pójdziesz do szpitala dziecięcego, spotkasz tam ciężko chore dzieci, które mimo choroby są zwykle radosne i pełne miłości. Tak jakby były tutaj, żeby pokazać nam światło. Fascynuje mnie dziecięca mądrość. Śmiertelnie chore dzieci stają się bardzo uduchowione, dojrzałe i rzeczowe, nawet jeśli są zaledwie czterolatkami. To bardzo piękne i fascynujące.

Warto też pamiętać, że małe dzieci są otwarte na sferę duchową. W końcu dopiero co przybyły z nieba. Wiele z nich widzi anioły, choć później o tym nie pamiętają. Widzą także duchy zmarłych, szczególnie dziadków lub innych krewnych, które pojawiają się, żeby je chronić. Często spotykałam się z tym, że małe dzieci mówiły na przykład: „Bawiłem się z dziadkiem". Rodzice opowiadali mi o tym, jak oglądali rodzinne albumy razem z dziećmi, które mówiły, że znają kogoś, kto zmarł, zanim się urodziły. Dziecko może nawet przekazywać wiadomości swoim rodzicom.

Dzieci są źródłem mądrości z innego świata i powinniśmy ich słuchać.

Odwiedzało mnie coraz więcej osób. W tym czasie Joe był już tak chory, że rzadko wychodził z domu, a kiedy ludzie przychodzili, on znikał. Był dumnym człowiekiem i nie chciał, żeby ktoś widział, jaki jest chory. Odwiedzający mnie ludzie nie mieli pojęcia o mojej sytuacji życiowej, o trudnościach związanych z ciężką chorobą męża i o tym, że anioły powiedziały mi, że nie zostanie ze mną już długo.

Pewnego razu odwiedziła mnie Marian, kobieta szukająca pomocy aniołów. Była studentką medycyny. Powiedziała, że bardzo stresuje się czekającymi ją egzaminami i nie może sobie z tym poradzić.

– Słyszałam, że rozmawia pani z aniołami. Wierzę w Boga i w anioły, ale naprawdę potrzebuję teraz pomocy, ponieważ żyję pod taką presją, że boję się załamania nerwowego – wyznała.

Marian chciała zostać lekarką i kończyła już studia medyczne, ale bała się, że nie zda końcowych egzaminów. Była pewna, że będzie dobrą lekarką, lecz droga do wymarzonego zawodu okazała się dla niej bardzo trudna. Powiedziałam, że wiara i nadzieja pomogą jej przetrwać ten trudny okres i że Bóg już wysłał anioły, które dodadzą jej sił. Modliłyśmy się, żeby pojawiły się anioły, które nauczą ją, jak zdać egzaminy, i pomogą jej pracować z miłością i oddaniem.

Każdy z nas ma anioła stróża, który jest przy nim cały czas. Odgrywa on rolę strażnika duszy i może pozwolić innym aniołom wkroczyć do twojego życia i pomagać ci w różnych sytuacjach. Nazywam je aniołami nauczycielami; różnią się od aniołów stróżów, bo często przychodzą i odchodzą. Poprosiłyśmy o grupę aniołów, które zostaną nauczycielami Marian. Już podczas modlitwy widziałam trzy zmierzające ku niej anioły. Zbliżały się, ale jeszcze nie osiągnęły swojego celu.

– Wszystkie te anioły to mężczyźni, nie ma wśród nich ani jednej kobiety, ale mam nadzieję, że ci to nie przeszkadza – odezwałam się.

Marian się roześmiała, a potem rozpłakała; powiedziała, żebym poprosiła Boga, by anioły zjawiły się, zanim ode mnie wyjdzie, bo bardzo ich potrzebuje. Pomodliłam się za nią. Poprosiłam Boga, by dał tej dziewczynie pewność siebie, odwagę i umiejętności, a także nadzieję, której tak bardzo potrzebowała. Kiedy skończyłam się modlić, zapytałam o imiona aniołów, które będą jej pomagać. Usłyszałam, że może nazywać je Trzema Gwiazdami. Anioły już przybyły i czekały za drzwiami, aż dziewczyna wkroczy do swojego nowego świata.

Niedawno, wiele lat po tej wizycie, Marian zatelefonowała do mnie. Jest lekarką, pracuje za granicą i pomaga ludziom. Zadzwoniła, bo chciała podziękować aniołom.

– Musiałam się do ciebie odezwać, by poprosić cię, żebyś im podziękowała, bo mam wrażenie, że w ten sposób wiadomość dotrze do nich szybciej – powiedziała.

Roześmiałam się i odrzekłam, że samo to, że zadzwoniła, jest już dla nich podziękowaniem. Przypomniałam jej, żeby przywoływała swoje trzy anioły, kiedy będą jej potrzebne.

– Wciąż są przy tobie, nie odeszły. Przed tobą jest jeszcze długa droga i dużo pracy – dodałam.

Marian uwierzyła w anioły i nadała im moc, by interweniowały w jej życiu, a one w zamian dały jej siłę.

W większości przypadków ludzie przychodzą do mnie, ale czasami zdarza się, że to ja jadę do czyjegoś domu. Często przy takich okazjach ktoś po mnie przyjeżdża i zawozi mnie na miejsce. Pewnego dnia zabrano mnie do dużego starego domu na wizytę u poważnie chorego trzyletniego dziecka. Chłopczyk był bardzo słaby i prawie nie wstawał z łóżka.

Był tam starszy mężczyzna, którego wzięłam za członka rodziny. Dopiero kiedy zaczął się ze mnie śmiać, zdałam sobie sprawę, że jest duchem, który zgasił swoje światło, żeby wyglądać jak żywy człowiek. Wiedział, że dałam się nabrać, i ogromnie go to rozbawiło.

Kiedy po wizycie u chłopca piłam herbatę z jego babcią, powiedziała mi, że chłopiec jest bardzo podobny do jej dziadka, który mieszkał kiedyś w tym domu, tak jak wcześniej całe pokolenia tej rodziny. Powtórzyła to kilka razy. Z niejasnych dla mnie przyczyn za każdym razem gdy babcia wspominała o tym podobieństwie, duch był w pobliżu. Był to duch prapradziadka chłopca.

Wiedziałam, że duch nie był dobry dla rodziny; jego złowroga obecność nasilała chorobę chłopca lub nawet była wyłączną jej przyczyną. Przez cały czas mojego pobytu w tym domu przyglądałam się duchowi i modliłam się, żeby otoczony aniołami i miłością mógł odejść do nieba i zostawić chłopca w spokoju.

Kilka tygodni później zaproszono mnie tam ponownie. Chłopiec był zupełnie zdrowy i pełen energii. Wiedziałam, że duch odszedł.

Zdziwiłam się, że dom wygląda całkiem inaczej. Ten, który odwiedziłam kilka tygodni wcześniej, był wilgotny i niezbyt czysty, z wielką starą klatką schodową i ozdobnym ponurym kominkiem w salonie. Teraz wnętrze było pięknie odnowione i zadbane; zniknął także kominek.

– Gdzie jest kominek? – spytałam babcię chłopca.

Spojrzała na mnie zdziwiona, mówiąc, że od czasu mojej ostatniej wizyty nic się nie zmieniło. Dla mnie jednak się zmieniło. Widziałam nie tylko ducha jej dziadka, ale również ducha tego domu – ujrzałam go tak, jak wyglądał w czasach, gdy ów dziadek w nim mieszkał.

Rozdział XXIII

Bratnie dusze

Joe nadal nie pracował, ale przynajmniej był w domu i mógł zająć się dziećmi, dzięki czemu ja od czasu do czasu znajdowałam sobie jakąś dorywczą pracę. Szorowałam podłogi w szkole, pomagałam w sklepie z butami, ale prawdą jest, że w tamtym czasie trudno było znaleźć pracę.

I chory na celiakię Christopher, i Joe potrzebowali specjalnej diety, co potęgowało jeszcze nasze problemy materialne. Mimo ograniczonych finansów bardzo starałam się odpowiednio żywić rodzinę. Żyliśmy z dnia na dzień. Moja córka Ruth śmieje się teraz, że jedyne mięso, jakie wtedy jadła, to były obgryzane kości z talerza ojca.

Od czasu do czasu cukrzyca Joego dawała się kontrolować lekami i jego stan poprawiał się na tyle, że mógł podjąć dorywczą pracę. W jednym z takich okresów zatrudnił się jako instruktor nauki jazdy, ale patrzyłam na to z niepokojem, obawiając się kolejnego nawrotu choroby. Bardzo się cieszył, gdy czuł się na tyle dobrze, że mógł podjąć pracę, ale niestety, nigdy nie trwało to długo.

Hodowaliśmy kurczaki, więc Joe często chodził do pobliskiej kawiarni, pytając o resztki chleba dla kurczaków. Nie mówił, że te resztki pomagają również wyżywić jego żonę i dzieci, ale tak było. Przeszukiwaliśmy torby, które przynosił do domu, żeby zobaczyć, co – po odkrojeniu ubrudzonych części – nadaje się do zjedzenia. Czasami w torbie znajdowało się calutkie, nietknięte ciastko albo bochenek świeżego chleba. Zawsze wierzyłam, że właściciel kawiarni domyślał się, w jakiej jesteśmy sytuacji, i specjalnie wkładał tam takie rzeczy.

Mieliśmy również duże zaległości w spłacie pożyczki na dom i groziła nam jego utrata, gdybyśmy ich nie spłacili. Udałam się do opieki społecznej zapytać, czy mogliby nam przyznać jakąś pomoc oprócz renty inwalidzkiej, którą dostawaliśmy. Joe poszedł tam ze mną. Mimo że był poważnie chory, urzędnicy nam nie uwierzyli. Zakwestionowali jego chorobę, chociaż przynieśliśmy pełną dokumentację medyczną, i podsumowali, że gdyby naprawdę chciał, to mógłby wziąć się do roboty. Po śmierci Joego pracownica opieki społecznej przeprosiła mnie za to.

Nie było rady, musieliśmy wystawić na sprzedaż część ogrodu. Potem doszłam do wniosku, że byłam tak zdesperowana, chcąc chociaż trochę poprawić jakość życia Joego, iż sprzedałam ogród znacznie poniżej jego wartości. Pozwoliło mi to jednak wyjść nieco z długów.

Kiedy musisz żebrać, tracisz godność, ale czasami nie ma wyboru, zwłaszcza jeśli w grę wchodzi rodzina. Jednym z objawów choroby Joego było to, że ciągle, nawet w lecie, trząsł się z zimna. Znowu poszłam do opieki społecznej, by poprosić o zasiłek na bieliznę termiczną dla Joego. Urzędnicy jednak znowu zbagatelizowali problem i odmówili pomocy. Bardzo mnie złościł i smucił fakt, że wielu innym rodzinom przyznawano różne zapomogi. Myślę, iż przyczyną było to, że mieszkaliśmy w swoim własnym, chociaż malutkim domu, a nie w mieszkaniu socjalnym, jak również to, że Joe, z dumy, zawsze starał się wyglądać dobrze i być starannie ubrany, kiedy tam szliśmy.

Anioły wciąż powtarzały, żebym zwróciła się do miejscowej organizacji charytatywnej. Uparcie odmawiałam. Miałam dosyć żebrania. Dlaczego tam mieliby mi pomóc, skoro opieka społeczna odmówiła? W końcu nasza sytuacja pogorszyła się do tego stopnia, że zadzwoniłam do tej organizacji i umówiłam się na spotkanie.

Poszłam tam i opowiedziałam im o naszej sytuacji. Wysłali człowieka, żeby przyszedł do nas na inspekcję. Mężczyzna wolnym krokiem chodził po domu, przyglądał się wszystkiemu i otwierał szafki. Potem odwrócił się do mnie i oznajmił: „Jeżeli ma pani worek ziemniaków i puszkę fasoli, to znaczy, że pani rodzina nie głoduje. Nie potrzebujecie naszej pomocy".

Próbowałam mu tłumaczyć, że chory na celiakię Christopher potrzebuje specjalnej diety, bo w przeciwnym wypadku istnieje ryzyko, że jego wzrost zostanie trwale zahamowany (w wieku siedmiu lat ważył zaledwie szesnaście kilogramów, chociaż powinien ważyć co najmniej dwadzieścia pięć). Mówiłam mu, że choroba Joego sprawia, iż nie toleruje on wielu pokarmów. Mężczyzna jednak nie słuchał i myślę, że święcie wierzył w swoją rację.

W końcu organizacja charytatywna udzieliła nam pewnej pomocy, choć w większości bezużytecznej. Przysyłali talony na produkty żywnościowe, ale głównie takie, jakich Christopher i Joe nie mogli jeść. Na Boże Narodzenie dostaliśmy talon na indyka i bardzo się z tego ucieszyliśmy. Gdy jednak poszłam go odebrać, całą moją radość przyćmiło okropne upokorzenie. Był tam komitet wyczytujący nazwiska ludzi, którzy podchodzili, by wziąć swoje indyki. Kiedy wyczytano moje nazwisko, powiedzieli: „A, to pani...". Czułam, że o mnie rozmawiali.

Uważali zapewne, że ich wykorzystujemy, odbierając jedzenie ludziom, którzy go naprawdę potrzebują. Jakże
mało o nas wiedzieli!

Pewnego dnia poszłam do Seana, człowieka, którego
znałam z grupy modlitewnej z Maynooth. Nie chodziliśmy już na spotkania, ponieważ dla Joego był to zbyt
duży wysiłek. Brakowało mi zarówno wspólnej modlitwy,
jak i towarzystwa tych ludzi. W tamtym okresie rzadko
opuszczałam dom – chodziłam po zakupy, odbierałam
dzieci ze szkoły, czasami szłam na kilka godzin do tym-
czasowej pracy, ale to wszystko. Stan zdrowia Joego był
tak nieprzewidywalny, że bałam się zostawiać go samego nawet na krótko.

Sean był wtedy członkiem komitetu miejscowej organizacji charytatywnej i wkrótce po tym, jak się tam
wybrałam, przyszedł do nas do domu na herbatę. Siedząc przy kuchennym stole, powiedziałam mu prawdę
o naszej sytuacji. Była to jedyna osoba, której zwierzyłam się ze wszystkich naszych trudności materialnych.
Sean był wstrząśnięty i obiecał, że uzyska dla nas większą pomoc z organizacji dobroczynnej.

Nie było to jednak łatwe. Kiedy Sean poruszył temat
naszej sytuacji na zebraniu komitetu, pozostali członkowie zaciekle walczyli przeciwko przyznaniu nam pomocy
i w końcu odrzucili jego prośbę. Wiem, że była to sprawka diabła. Czasami Szatan przeszkadza nam w tym, co
mamy zrobić; czasem siły zła próbują sprawić, żebyśmy czuli się sfrustrowani swoim życiem i swoją pracą, w ten sposób jeszcze bardziej wszystko nam utrud-
niając. Często robią to w subtelny sposób, na przykład
odciągając naszą uwagę od tego, co powinniśmy zrobić.
Wiem, że jest to jeden z powodów, dla których moja rodzina otrzymała tak niewielką pomoc, kiedy Joe zacho-

rował. W tym przypadku diabeł nie pozwalał ludziom dostrzec sytuacji, w jakiej się znaleźliśmy.

Jestem w stanie permanentnej wojny z diabłem. Kiedy ktoś bardzo mocno wierzy, diabeł próbuje mu utrudniać życie – i często na krótką metę mu się to udaje – ale wiem, że niezależnie od tego, jak mocno siły zła będą starały się zniweczyć ich pracę, Bóg i anioły w końcu zwyciężą.

Sean nie mógł uwierzyć w to, że nie zdołał uzyskać dla nas większej pomocy. Pozwolono mu przyznać nam trochę talonów na jedzenie; był zrozpaczony kiedy zdał sobie sprawę, że są one dla nas mało przydatne z powodu ograniczeń dietetycznych. Sean wziął listę produktów, które Joe i Christopher mogli jeść, i od czasu do czasu przynosił nam niewielką torbę z jedzeniem. Jestem pewna, że płacił za to z własnej kieszeni.

Z biegiem czasu coraz więcej osób dowiadywało się o mnie i przychodziło z prośbą i pomoc.

Kiedyś zjawiła się u mnie kobieta, stosunkowo młoda jeszcze babcia, o imieniu Mary. Jakieś dziesięć lat wcześniej jej sąsiadka urodziła bliźniaki. Jedno dziecko zmarło wkrótce po urodzeniu. Mary powiedziała, że chociaż nie była przyjaciółką ani nawet bliską znajomą matki bliźniaków, to jeszcze podczas jej ciąży czuła się szczególnie związana z bliźniakami. Nie do końca to rozumiała. Kiedy po raz pierwszy zobaczyła małą Josie w wózeczku, zanim dotknęła jej twarzyczki, już wiedziała, żc istnieje między nimi jakieś połączenie, więź.

Większość z nas zetknęła się z określeniem „bratnia dusza", występuje ono zazwyczaj w romantycznym kontekście – kiedy mamy na myśli idealnego partnera, może kandydata na męża. Musimy jednak pamiętać, że bratnią duszą może być zarówno dorosły, jak i dziecko. Ludzie szukają swojej bratniej duszy, ale ta osoba może znajdować się na drugim końcu świata. Może to być ktoś, komu wysłałeś parę złotych w ramach wsparcia, ten mężczyzna na wózku, to dziecko z zespołem Downa, które właśnie minąłeś na ulicy – każdy może być twoją bratnią duszą.

Josie rosła, a Mary cały czas czuła łączącą je więź. Za każdym razem gdy dziecko było chore albo miało jakieś problemy, Mary instynktownie to wyczuwała. To samo było z Josie. Od czasu do czasu mała mówiła do matki, że chce odwiedzić Mary, a kiedy matka pytała o powód, dziewczynka zawsze odpowiadała: „Wiem, że Mary mnie potrzebuje". Matka nie zawsze się na to zgadzała, bo czasami było już ciemno albo padało, ale dziewczynka tak długo prosiła, aż w końcu matka pozwalała jej iść. Josie stawała w drzwiach Mary, pukała i pytała: „Co się dzieje, Mary?".

Mary patrzyła na dziewczynkę i myślała: „Boże, ona wie, że czuję się dzisiaj taka smutna!".

One naprawdę były bratnimi duszami, mimo tej samej płci i dużej różnicy wieku. Bratnie dusze łączy szczególna więź. Każda z nich wie, co czuje ta druga osoba.

Mary już nie żyje. Jakiś czas przed śmiercią powiedziała mi: „Wiem, że Josie jest moją bratnią duszą, i wiedziałam, że nie był nią mój mąż". Do takich wniosków doszła pod koniec życia.

Śmierć Mary miała ogromny wpływ na Josie, którą również poznałam. Czuła się tak, jakby odebrano jej kawałek serca.

Możliwe, że Josie kiedyś natrafi jeszcze na jakąś bratnią duszę, bo możemy spotkać więcej niż jedną taką osobę w życiu. Myślę, że czasem tracimy bratnią duszę, bo jej nie rozpoznajemy: jesteśmy zbyt zajęci, ale to nie znaczy, że ta osoba nie rozpozna nas.

Musimy się również nauczyć, że możemy kogoś kochać, troszczyć się o niego, poświęcić mu swoje życie, ale nie musi to koniecznie oznaczać, że jest on naszą bratnią duszą. To smutne, kiedy widzi się młodych lub trochę starszych ludzi, którzy mówią: „Nie ustatkuję się, dopóki nie trafię na swoją bratnią duszę". Kiedy tak mówią, blokują sobie możliwość spotkania kogoś, kto nie jest ich bratnią duszą, ale mógłby dać im dużo szczęścia. Nie musisz szukać tej osoby, jeżeli bratnia dusza ma się pojawić w twoim życiu, to się pojawi – może na krótką chwilę, a może na dłużej.

Pewnego wieczoru oglądałam z Joem wiadomości. Nadawano reportaż ze strasznej katastrofy pociągu w Wielkiej Brytanii. Wcześniej tego dnia zauważyłam w gazecie wzmiankę o tym wydarzeniu, ale nie chciałam tego czytać. W jakiś sposób jednak wiedziałam, że jest tam coś, co mam zobaczyć. Powinnam już była wiedzieć, że jeśli Bóg i anioły chcą mi coś pokazać, nie mogę tego uniknąć.

W relacji z miejsca wypadku pokazano mężczyznę leżącego na noszach, otoczonego przez ratowników. Nie miałam pojęcia, kim był ten mężczyzna, ale ocalał z katastrofy, a w tym pociągu spotkał swoją bratnią duszę, osobę, która nie przeżyła wypadku. Wiedziałam to, ponieważ pozwolono mi zobaczyć kontakt między nimi. Kiedy niesiono tego mężczyznę na noszach, wyciągnął rękę – i ujrzał duszę swojej bratniej duszy; dane mi było zobaczyć, że ta bratnia dusza dodaje mu otuchy i upewnia się, że przeżył katastrofę. Nie pozwolono mi poznać płci jego bratniej duszy ani dowiedzieć się, czy był to ktoś młody, czy starszy, ale wiem, że byli bratnimi duszami i że spotkali się tylko przelotnie.

Pamiętam, że ogarnął mnie smutek i pomyślałam: „Boże, nienawidzę tego".

Właściwie „nienawidzę" to złe słowo. Cierpiałam, kiedy na to patrzyłam, i współczułam człowiekowi na noszach jego bólu i poczucia straty, kiedy przez krótką chwilę wyciągnął rękę i zobaczył swoją bratnią duszę. Nie wiem, czy pamiętał, że przelotnie ją spotkał. Czasami wydarzenia duchowe mają miejsce, kiedy jesteśmy w stanie szoku i cierpienia. Potem zastanawiamy się, czy coś naprawdę się zdarzyło: czy rzeczywiście coś widziałem, czy był to tylko błysk światła?

Mniej więcej w tym czasie zdałam sobie sprawę z więzi łączącej mnie z mężczyzną, który zamordował swoją żonę. Niezależnie od tego, gdzie byłam i co robiłam, to połączenie między nami ciągle w jakiś sposób się ujawniało. Włączałam radio i słyszałam o tym morderstwie; szłam ulicą i natykałam się na gazetę leżącą na ziemi. Niektóre słowa się wyróżniały, tak jakby unosiły się nad papierem, dostrzegałam tylko informacje o tej okropnej zbrodni. Pewnego wieczoru włączyłam telewizor i akurat nadawano wieczorne wiadomości. Próbowałam wyłączyć telewizor, ale on nie chciał się wyłączyć! Usłyszałam, jak jeden z aniołów mówi: „Lorno, usiądź teraz spokojnie i obejrzyj wiadomości".

Niechętnie poddałam się temu nakazowi. Zaczęłam oglądać reportaż o człowieku, który został uznany winnym zamordowania z premedytacją swojej młodej żony. Kiedy na to patrzyłam, pokazano mi, co zrobił swojej duszy: odłączył swoje ludzkie ja od duszy, tak by nie mogła mu ona przeszkodzić w tym, co zamierzał zrobić. To sprawiło, że jego serce stało się lodowato zimne. Trudno to wytłumaczyć, ale było to tak, jakby odepchnął swoją duszę od siebie i przykuł ją do ściany łańcuchami, których nie dało się zerwać. Czasami robimy tak ze swoją duszą, bo zachłannie chcemy panować nad własnym życiem. Mamy obsesję na punkcie rzeczy materialnych. To nie diabeł ani nikt inny uczynił to duszy tego mężczyzny, ale on sam sobie to zrobił. Stał się w pewnym sensie człowiekiem z lodu.

Taki właśnie był w tamtym momencie; pozwolono mi zobaczyć jego duszę, kiedy prowadzono go do więzienia. Nie oznacza to, że po upływie pewnego czasu nie odczuje wyrzutów sumienia, a jego dusza nie zerwie części łańcuchów. Nigdy jednak nie zdoła przywrócić życia swojej młodej żonie, którą zamordował, i musi po ludzku zapłacić za swoje czyny. Ale najgorsze jest to, co zrobił swojej duszy. Jeśli jego dusza się uwolni, jeśli on sam na to pozwoli, będzie przeżywał potworne wewnętrzne męki; będzie próbował uciec od tych uczuć, ale w końcu się załamie i poczuje głęboki, okropny ból.

Ten człowiek z premedytacją, kierując się chciwością, popełnił morderstwo. Zaplanował, że zabierze duszę z czyjegoś ciała. Ta dusza została zabrana przed czasem (wiem, że niektórzy z was powiedzą, że gdy ktoś zostaje zamordowany, to musiał nadejść jego czas albo jest to kara za czyny popełnione w poprzednim wcieleniu – ale to nie zawsze prawda). Zabrał duszę tej kobiety, a jego własna dusza przeżywała potworne męki i cierpienie; jego dusza czuła się tak, ponieważ nie zdołała go powstrzymać przed dokonaniem tej zbrodni.

Dusza młodej zamordowanej żony również czuje smutek, wiedząc, że jego dusza jest w pułapce. Jej dusza mu wybacza. Dusze zawsze wybaczają, nigdy nie tracą nadziei. Są jak anioły; żadna dusza nigdy nie spisze innej na straty.

Rozdział XXIV

Pokój w Irlandii
i w czasie świąt Bożego Narodzenia

W pewien poniedziałkowy wieczór Joe oglądał wiadomości w telewizji i nagle zawołał mnie, żebym szybko przyszła. Na ekranie zobaczyłam dubliński lombard, z którego usług korzystaliśmy. Nie mogłam uwierzyć w to, co usłyszałam: podczas weekendu do lombardu włamali się złodzieje i wynieśli wszystko, co było w środku. Sprawcy dotąd nie zostali schwytani, a policja oznajmiła, że nie wie, kto to zrobił, ale że było to dobrze zaplanowane.

Wstrząśnięta spojrzałam na Joego.

– To znaczy, że mój pierścionek przepadł. – Rozpłakałam się. – Mój piękny pierścionek! Już nigdy nie wyciągnie nas z kłopotów. To niesprawiedliwe! – zawołałam.

Bez mojego pierścionka czułam się zagubiona. Bardzo dużo dla mnie znaczył, mimo że szczerze mówiąc, częściej był w lombardzie niż na moim palcu. Miałam nadzieję, że policja go odzyska, ale z upływem czasu stawało się to coraz mniej prawdopodobne.

Kilka tygodni później otrzymaliśmy pismo od właściciela lombardu. Joe musiał mi je przeczytać ze cztery razy. Zawiadamiano nas, że pokwitowanie, które podpisaliśmy, zwalnia ich z wszelkiej odpowiedzialności.

Nie ponosili żadnych konsekwencji z powodu kradzie-
ży zastawionego u nich pierścionka. Byliśmy załama-
ni. Nie mieliśmy ani pierścionka, ani rekompensaty za
jego utratę.

Joe obiecał, że kiedyś podaruje mi inny pierścionek.
Powiedziałam, że to nie ma znaczenia, bo żaden inny
pierścionek nie będzie dla mnie znaczył tyle co tamten.
Joe mocno mnie przytulił.

Kilka dni później, gdy siedziałam na ganku, pojawił się anioł Michał, który przyszedł jakby z tyłu domu.
Usiadł obok mnie na schodach.

– Nie jestem w nastroju do rozmowy – mruknęłam.

Anioł Michał położył mi rękę na ramieniu.

– Lorno, przykro mi z powodu twojego pierścionka,
nie mogliśmy nic zrobić.

Spojrzałam na Michała; bijący od niego blask sprawił, że uśmiechnęłam się lekko.

– Michale, żałuję, że nie mogłeś nic zrobić. Joe też jest
smutny. Czuje, że mnie zawiódł. Niedawno powiedział,
że gdyby mógł nam zapewnić normalny byt, nie musie-
libyśmy chodzić do lombardu.

– Pamiętaj, Lorno, to tylko pierścionek, rzecz mate-
rialna. Najważniejsza jest miłość Joego – rzekł Michał.

Przez chwilę zastanowiłam się nad jego słowami; oczywiście miał rację. Poczułam się o wiele lepiej. Od tej pory
nie myślałam już więcej o pierścionku.

Nie interesuję się polityką, ale interesuje mnie pokój,
a w tamtym czasie, w połowie lat dziewięćdziesiątych,
dużo mówiło się o pokoju w Irlandii Północnej. Pewnego
razu, kiedy anioł Michał siedział ze mną, zapytałam go
o Irlandię Północną. Powiedział mi, że ludzie będą pró-
bowali zniweczyć proces pokojowy. Mało prawdopodob-

ne, że im się uda, ale trzeba będzie długo czekać, około dwudziestu lat, zanim zapanuje pokój.

Od tamtej pory obserwowałam rozwój wypadków. Zauważyłam, że ostatnio niektórzy ludzie stali się bardziej otwarci, zaczynali wycofywać się z dotychczasowych pozycji i dążyć do pokoju. Michał powiedział, że pokój w Irlandii Północnej jest bardzo ważny, nie tylko dla Irlandii czy Wielkiej Brytanii. Jeżeli członkowie grupy terrorystycznej, takiej jak IRA, wejdą w skład rządu, to różne organizacje terrorystyczne na świecie będą mogły zobaczyć, że istnieje inna droga do pokoju niż przemoc. Dodał, że Irlandia może stać się kamieniem milowym dla pokoju na świecie. Diabeł cały czas stara się temu przeszkodzić, ale nie zdoła powstrzymać biegu wypadków.

Irlandia jest przykładem kraju, gdzie religia walczy przeciwko religii, wiara walczy przeciwko wierze, i jeżeli tam może zapanować pokój, to może nastąpić to również w Iraku, Palestynie i Izraelu.

Pokazano mi różne drogi, którymi może pójść świat. Niektóre z możliwych scenariuszy przyszłości, jakie mi pokazano, były naprawdę przerażające i jeżeli któryś z nich się zrealizuje, nie chcę dożyć tej chwili i być tego świadkiem. Pokazano mi również wiele cudownych scenariuszy, gdzie wszyscy żyją w pokoju i harmonii. Wierzę, że świat może w przyszłości być cudownym miejscem, ale każdy z nas musi odegrać w tym swoją rolę.

Wszyscy zwykli ludzie pragną pokoju. Kiedyś przyszła do mnie pewna kobieta mieszkająca w Irlandii Północnej; jej mąż został zabity, a starszy syn siedział w więzieniu za działalność terrorystyczną. Serce jej się krajało, kiedy patrzyła, jak starszy syn zrujnował sobie życie i ile bólu sprawił innym ludziom. Młodszy syn szedł w ślady starszego brata i bała się, że zginie. Nie widziała końca tego kręgu przemocy. Codziennie chodziła do kościoła i modliła się o pokój i normalne życie – o to, żeby jej starszy syn mógł wrócić do rodziny i być przy swoim małym synku i żeby młodszy ożenił się i miał dzieci.

Powiedziała, że ma dosyć chodzenia na pogrzeby, i postanowiła nie przekazywać innym nienawiści, choć widziała, że inne kobiety to robią.

„Gdyby te kobiety nie wpajały swoim dzieciom i wnukom nienawiści, wszystko wyglądałoby inaczej – powiedziała.

Próbowała, ale wcale nie było to proste. Współczułam jej z całego serca.

Jak już wcześniej wspomniałam, anioły powiedziały mi, że łatwo jest prowadzić wojnę, ale o wiele trudniej jest utrzymać pokój.

W ostatnich miesiącach bardzo martwiłam się o Joego. Widziałam, że jego stan się pogarsza; schudł i miał ustawiczne problemy z żołądkiem, a jego ciało zdawało się wysychać. Często wzywałam lekarza, ale nie mógł już nic na to poradzić.

Pewnego dnia Joe leżał w łóżku, był bardzo słaby i jakby nieobecny. Nie wiedział, kim jest ani kim ja jestem. Bardzo cierpiał, a ja bałam się, że go stracę. Kiedy odzyskał przytomność, zorientował się, że nie może ruszać lewą połową ciała, a jego mowa jest bełkotliwa i niewyraźna.

Joe miał udar!

Spędził kilka miesięcy w szpitalu, gdzie przechodził intensywną fizjoterapię, ucząc się na nowo mówić i chodzić. Jeszcze przcz długi czas powłóczył nogą, a ja musiałam mu kroić jedzenie, bo nie mógł utrzymać widelca. Na szczęście po jakimś czasie jego mowa całkiem wrócił do normy, tak że nawet nie można było poznać, że przeszedł udar.

Kiedy już w domu dochodził do siebie, czasami wieczorem, gdy było już ciemno, udawaliśmy się na spacer. Joe wstydził się, że ktoś go zobaczy i ludzie pomyślą, że jest pijany. Mówiłam mu, że nie ma znaczenia, co pomyślą inni ludzie, i szłam, obejmując go ramieniem (mimo że był bardzo wysokim mężczyzną, a ja jestem niska). Pomagały mi anioły, bo sama nie zdołałabym podtrzymywać męża. Joe ciągle spychał mnie ze ścieżki i jestem pewna, że przewrócilibyśmy się, gdyby nie pomoc aniołów.

Cały czas żaliłam się Bogu i aniołom.

– Dlaczego on musi być chory? – pytałam. – Dlaczego nie możecie sprawić, żeby poczuł się lepiej? Dlaczego nie możecie ułatwić nam życia?

Pewnego dnia płakałam w ogrodzie, udając, że coś robię, tak żeby nikt nie widział moich łez. Pojawił się przede mną anioł Michał. Prawie na niego wpadłam, kiedy próbowałam zerwać liść z drzewa śliwkowego.

– Michale – z płaczem zwróciłam się do niego – nie chce mi się wierzyć, że życie Joego dobiega końca. Za szybko. Proszę, powiedz to Bogu. Nie poradzę sobie z tym, nie chcę, żeby on umarł.

– Bóg cię słyszy, Lorno – odrzekł Michał. – Wie, co jest w twoim sercu. Spójrz mi w oczy. Co widzisz?

Kiedy spojrzałam w jego oczy, wszystko zniknęło, nawet sam Michał. Jego oczy zamieniły się w ścieżki pełne życia i światła. Po obu stronach ścieżek stały śnieżnobiałe anioły, widziałam też Joego jako młodego mężczyznę, zdrowego i silnego, jak idzie z aniołami w kierunku członków swojej rodziny, którzy już zmarli. Był na drodze do nieba.

Widok męża, zdrowego i szczęśliwego, napełnił moje serce radością.

Ale w tej samej chwili krzyknęłam:

– Nie, Michale! Nie! Nie chcę, żeby Joe umarł. Jest za młody, żeby umierać; skończył dopiero czterdzieści lat. To niesprawiedliwe!

Stałam pod śliwą, zanosząc się od płaczu, a Michał mnie pocieszał. Otulił mnie swoimi pierzastymi skrzydłami i mocno przytulił. Po chwili zwinął skrzydła i otarł łzy z moich oczu.

– Bądź silna, Lorno. A teraz idź i zajmij się swoją rodziną i mężem.

Anioł Michał dotknął mojego czoła i zniknął w błysku światła.

Kilka tygodni później znajoma poprosiła mnie, żebym następnego popołudnia spotkała się z pewną rodziną. Wahałam się, czy ich przyjąć, i z powodu Joego, i dlatego, że dzieci już wrócą ze szkoły i trzeba będzie podać im obiad, zaprowadzić je na zajęcia sportowe, pomóc w odrabianiu lekcji i zrobić jeszcze mnóstwo innych rzeczy, żeby nasz dom funkcjonował prawidłowo. W końcu jednak, chociaż niechętnie, zgodziłam się.

Ku memu zaskoczeniu następnego dnia po południu Joe wstał z łóżka na obiad i oznajmił, że pójdzie z Christopherem odwiedzić swojego kolegę. Przyjrzałam się mężowi, jego dusza cały czas była o krok przed nim. Bałam się o niego i powiedziałam, że nie musi wychodzić z domu, bo mogę przyjąć tę rodzinę w kuchni. Ale on zapewnił mnie, że czuje się całkiem dobrze i może wyjść, i dodał, żebym się nie martwiła, bo będziemu towarzyszył Christopher.

Rozległo się pukanie do drzwi. Rodzina zjawiła się wcześniej. Joe i Christopher minęli się z nimi w holu.

Kiedy ci ludzie wychodzili, Joe wrócił i znowu minęli się w holu. Pożegnałam ich przy drzwiach i poszłam do kuchni; mój mąż był bardzo blady i wydawał się nieco wzburzony. Od razu wstawiłam wodę, zaparzyłam herbatę i wsypałam cztery łyżeczki cukru. Nalegałam, żeby natychmiast usiadł i wypił herbatę. Zrobiłam mu kanapkę i nalałam jeszcze jedną filiżankę herbaty. Stojąc po przeciwnej stronie stołu, zwróciłam się do Joego:

– Jesteś pewien, że nic ci nie jest?

– Wszystko w porządku. Nie masz się czym przejmować – odrzekł.

Zjadł może dwa kęsy kanapki, kiedy atmosfera w pokoju się zmieniła. W tym momencie Ruth, bosa, w piżamie, otworzyła drzwi do kuchni, pytając;

– Mamo, czy mogę zadzwonić do koleżanki i zapytać o pracę domową?

Przeniosłam wzrok z Ruth na Joego, a potem znowu na Ruth.

– Tak, tylko szybko – powiedziałam.

Wszystko działo się w zwolnionym tempie, słychać było tylko, jak Ruth wybiera numer telefonu, a potem jej głos mówiący: „Halo”.

I wtedy to się stało: Joe dostał silnego ataku. Zawsze starałam się, żeby dzieci nie widziały ojca w takim stanie. Ruth zaczęła z przerażeniem krzyczeć, kiedy jej ojciec dostał konwulsji. Próbowałam jednocześnie pomóc Joemu i córce. Wiedziałam, że on umiera, i sama potrzebowałam pomocy. Cichutko zawołałam: „Anioły, pomóżcie!”. A do Ruth powiedziałam: „Przyprowadź Christophera”.

Niestety Christopher akurat poszedł do sklepu i nie mógł mi pomóc. Kazałam córce zadzwonić na pogotowie, poprosić o przysłanie karetki i podać nasz adres. Ruth histerycznie rozmawiała z kimś po drugiej stronie linii. Kiedy skończyła, powiedziałam jej, żeby szybko sprowadziła na pomoc sąsiada. Z krzykiem wybiegła, boso, nie bacząc na chłód.

Stałam obok Joego, obejmując go i modląc się. Robiłam, co mogłam, by mu pomóc. Przytrzymywałam go, kiedy siedział, opierając się o kuchenny stół. Gdy tylko Ruth wyszła, pojawił się błysk światła. Joe i ja zostaliśmy zamknięci w czymś, co wyglądało jak ogromna lodowa albo kryształowa bryła. Sześcian był pusty w środku i bardzo zimny. Widziałam parę wydobywającą się z moich ust przy oddechu, ale nie było mi zimno. Joe nie oddychał, a jego usta robiły się sine.

– Anioły, nie jestem na to gotowa! – krzyknęłam, szlochając. Śnieżnobiałe anioły weszły do lodowej bryły. – Boże, nie! Proszę, nie zabieraj Joego. Pozwól mu zostać jeszcze trochę na tym świecie.

Z bólem serca patrzyłam, jak dusza Joego opuszcza ciało i pojawia się ścieżka, którą pokazał mi anioł Michał. Wszystko działo się tak, jak kiedyś to widziałam: dusza Joego promieniała, obok niego szły piękne anioły, a w oddali, na końcu ścieżki, czekali członkowie rodziny, by go powitać. Kiedy szedł ku nim, ja wciąż modliłam się, prosząc Boga, żeby pozwolił Joemu zostać jeszcze trochę, żeby Joe nie umierał, bo ja i dzieci go potrzebujemy.

Nagle poczułam ciepło i usłyszałam: „Lorno, oddam ci go ten jeden raz, ale więcej mnie o to nic proś". Bóg mówił mocnym, władczym, surowym głosem, bo poprosiłam Go o coś, o co nie powinnam prosić. Czułam się tak samo jak wtedy, gdy byłam dzieckiem i ktoś z dorosłych się na mnie gniewał.

Od tej pory cały czas miałam w myślach słowa Boga, że nie wolno mi więcej o to prosić.

Nagle Joe usiadł. Otworzył usta i życie jakby zostało wessane powrotem do jego ludzkiego ciała. Siła życia była niesłychana, kiedy dusza powróciła do ciała. Wtedy zauważyłam, że mojego męża posadził jego anioł stróż. Joe odwrócił się do mnie i wyszeptał:

– Chyba byłem na drodze do nieba.

Potem zemdlał.

Nagle zdałam sobie sprawę, że Ruth i nasz sąsiad wbiegają przez drzwi i w tej samej chwili usłyszałam głosy Owena i Christophera, którzy pędząc co tchu, wołali w panice: „Co się stało?".

Kiedy przyjechała karetka, musiałam przekonać Joego, żeby zgodził się jechać do szpitala. W końcu jednak pojechał, a ja za nim, samochodem sąsiada. Kilka godzin później lekarz wyszedł, żeby ze mną porozmawiać. Oznajmił, że Joe miał dużo szczęścia, bo kiedy dotarł do szpitala, był już w śpiączce.

– Ktoś musi nad nim czuwać – dodał lekarz, po czym odwrócił się i odszedł.

Uśmiechnęłam się, bo wiedziałam, że naprawdę ktoś ciągle nad nim czuwa – jego anioł stróż – i że Bóg zezwolił na to, by wydarzył się cud, i przywrócił mu życie.

Joe spędził w szpitalu dwa tygodnie. Nieustannie dziękowałam Bogu za cud, za to, że zwrócił mi go jeszcze na chwilę. Nie wiedziałam, ile czasu nam zostało: czy miały to być tygodnie, miesiące, czy lata. Miałam nadzieję, że to będą lata, ale zdawałam sobie sprawę, że kiedy nadejdzie jego czas, nie będą już mogła prosić Boga o to, żeby znów przywrócił Joego do życia.

Zwrócono mi męża, ale jego zdrowie już nigdy się nie poprawiło. Większość czasu spędzał w łóżku i nie mógł pracować. Było nam bardzo ciężko. Dzieci robiły, co mogły, by nam pomóc; w wieku dwunastu lat podejmowały się dorywczych prac i oddawały mi część zarobków. Ja i Joe tak bardzo pragnęliśmy, żeby bez względu na okoliczności nasze dzieci kontynuowały naukę i zdobyły porządne wykształcenie. Zawsze miałam poczucie, że dużo straciłam przez to, że w wieku czternastu lat zakończyłam swoją szkolną edukację.

Zauważyłam, że nasza brama zardzewiała i pilnie wymagała odmalowania. Pewnego ranka, kiedy miałam nieco wolnego czasu, a na dworze było pogodnie, znalazłam w szopie stary, wymagający oczyszczenia pędzel oraz pół puszki czarnej farby i przystąpiłam do malowania bramy. Byłam akurat w trakcie pracy, kiedy nadjechał na rowerze chłopiec, zatrzymał się przy bramie i przywitał ze mną. Był to Paul, jeden ze szkolnych kolegów Christophera; byli w podobnym wieku, obaj mieli około czternastu lat.

– Dlaczego nie jesteś w szkole? – zapytałam.

Powiedział, że z powodu choroby jest na zwolnieniu lekarskim, ale czuje się na tyle dobrze, że może mi pomóc. Wręczyłam mu stary nóż i zaczął zeskrobywać z bramy odpadającą farbę. Opowiadał mi o szkole i o wędkowaniu, żartowaliśmy i śmialiśmy się. W końcu podziękowałam Paulowi i pożegnaliśmy się. Wsiadł na rower i odjechał. Patrzyłam za nim i zobaczyłam wokół niego cztery anioły.

Biegły wokół Paula, przed nim i za nim; wyglądało to tak, jakby próbowały ochronić go, by nie spadł z roweru. „Co robicie anioły?" – zapytałam. Nie wiedziałam, dlaczego miałby spaść; moim zdaniem bardzo dobrze jeździł na rowerze. Nie widziałam jego anioła stróża, ale uważałam, że to trochę dziwne, iż Paul przyszedł mnie odwiedzić, bo nigdy wcześniej tego nie robił.

Nie myślałam już o tym aż do czasu, gdy trzy dni później znowu pracowałam przy bramie i usłyszałam, że ktoś nadchodzi. Przerwałam pracę i wyszłam na drogę – to był Paul, szedł w moim kierunku ze swoim rowerem. Za nim podążał jego anioł stróż. Wiedziałam, że coś jest nie tak, Paul wyglądał na zdrowego i silnego, ale otaczające go światło, które powinno błyszczeć, było jakby mętne i przyćmione. Nie rozumiałam również, dlaczego Paul idzie ze spuszczoną głową.

Zawołałam go, a on spojrzał na mnie, uśmiechnął się i podbiegł do mnie. Rzucił rower na ziemię i zapytał, czy może mi pomóc.

– Tak, choć trochę się spóźniłeś. – Roześmiałam się.

Poszłam do szopy po drugi pędzel, zostawiając Paula przy bramie. Kiedy znalazłam się z tyłu domu, zapytałam anioły, co cię dzieje. Żaden z nich się nie pojawił, ale odpowiedziały chórem:

– Lorno, musisz spędzić trochę czasu z Paulem. Wysłuchaj go.

– Nie ma sprawy – odrzekłam. – Mam nadzieję, że znajdę dla niego pędzel.

Znalazłam. Kiedy wróciłam, zobaczyłam Paula, który niecierpliwie czekał na mnie przy bramie. Teraz jaśniał, jego światło świeciło mocno, nie mogłam zrozumieć dlaczego, skoro jeszcze kilka minut temu było tak nikłe. Widziałam, że jest zadowolony, co mnie ucieszyło. Pomalowaliśmy razem bramę; Paul cały czas zabawiał mnie rozmową, śmiał się i żartował. Napomknął, że za dwa tygodnie będzie obchodził urodziny.

Kiedy odjeżdżał na swoim rowerze, znowu zobaczyłam cztery biegnące z nim anioły. Widok był tak komiczny, że aż się uśmiechnęłam. Miały na sobie luźne szaty; biegły z gracją i odbijały się tak lekko jak pęcherzyki gorącego powietrza. Były koloru bladobursztynowego i świeciły delikatnie, jak światełka migoczące na wodzie. Ten widok podziałał na mnie kojąco. Kiedy Paul i jego anioły zniknęli mi z oczu, skierowałam się do szopy. Zawołałam swoje anioły i poprosiłam, żeby opowiedziały mi o Paulu, ale w ogóle nie zareagowały.

Nie mogłam przestać o nim myśleć. Następnego dnia poszłam na samotny krótki spacer. Zatrzymałam się przy bramie wiodącej na łąki i zawołałam swoje anioły. Myślałam, że mnie nie słuchają, ale kiedy się obróciłam i chciałam iść dalej, pojawił się anioł Eliasz.

– Dokąd idziesz, Lorno? – odezwał się. – Wracaj.

– Najwyższy czas – powiedziałam. – Gdzie się podziewaliście?

– Przez cały czas byliśmy z tobą – odrzekł Eliasz.

– Eliaszu, boję się o chłopca imieniem Paul. Wiem, że coś jest nie w porządku.

– Lorno, nic nie musisz robić – odparł Eliasz. – Masz tylko z nim być.

– Eliaszu, boję się o niego – powtórzyłam. – Dlaczego czuję strach? On jest takim pięknym dzieckiem.

– Czasami, Lorno, zadaniem aniołów jest próba zmiany przyszłości jednostek albo grup. To właśnie próbujemy zrobić dla tego dziecka. Szepczemy do wielu ludzi, prosząc ich, by wzięli w tym udział, ale tylko nieliczni słuchają i to może nie wystarczyć. W tej chwili jesteś dla niego liną ratunkową; jesteś jednym z powodów, dla których wciąż tu jest. Ty zawsze słuchasz, Lorno. A teraz wracaj do pracy przy bramie, przyślemy do ciebie Paula, żebyś porozmawiała z nim i pożartowała.

– Eliaszu, powiedz mi coś więcej – poprosiłam.

– Nie, Lorno, nie możesz sama zmienić jego przyszłości. Inni ludzie też muszą odegrać w tym swoją rolę.

W tym przypadku, tak jak w wielu innych, które widziałam, seria małych zdarzeń składała się na jedno większe. Dlatego zawsze gdy anioły poproszą cię o zrobienie czegoś, na przykład o to, żebyś się do kogoś uśmiechnął lub pochwalił go za dobrze wykonaną pracę, zrób to – bez względu na to, jak wyda ci się to błahe. Pozornie błahe rzeczy, mogą mieć doniosłe znaczenie w większym wymiarze.

Za każdym razem gdy szłam popracować przy bramie, zjawiał się Paul. Niezależnie od pory dnia – czy to było rano, po południu, czy wieczorem, zawsze się pojawiał. Zapytał, czy zaproszę Christophera na wędkowanie w dniu jego urodzin. Odrzekłam, że Christopher na pewno chętnie pójdzie, ale dopiero w niedzielę, dzień później, bo w soboty pracuje. Paul powiedział, że planują rodzinną wyprawę. Był bardzo podekscytowany. Podziękował mi, że pozwoliłam Christopherowi iść z nimi, a ja poprosiłam, by opiekował się Christopherem i dopilnował, żeby bezpiecznie wrócił do domu i złowił mnóstwo ryb, które będę mogła przyrządzić w poniedziałek na obiad. Paul się roześmiał i obiecał, że zrobi wszystko, co w jego mocy.

Kiedy Christopher wrócił tego dnia ze szkoły, powiedziałam mu o zaproszeniu na urodziny Paula. Bardzo się ucieszył, naszykował swój sprzęt wędkarski i postawił go w holu. Kiedy kolejny raz malowałam bramę, znów zjawił się Paul. Do jego urodzin zostało zaledwie kilka dni i już nie mógł się ich doczekać. Pomógł mi w malowaniu i szczęśliwy pojechał do domu. Patrzyłam, jak odjeżdża. Nic się nie zmieniło, nadal były przy nim anioły, chroniły go i każdej chwili były gotowe go złapać.

Nigdy więcej nie zobaczyłam Paula. Dzień albo dwa dni później, kiedy Christopher wrócił do domu, od razu przyszedł do mnie do kuchni, gdzie coś robiłam. Był bardzo przygnębiony i zanim się jeszcze odezwał, wiedziałam, że chodzi o Paula.

– Mamo, Paul zmarł dziś rano. Miał tragiczny wypadek. Nie mogę w to uwierzyć. Mieliśmy wybrać się na ryby z okazji jego urodzin. Mamo, chodźmy do jego domu.

Byłam zdruzgotana; to było takie niesprawiedliwe. Mocno przytuliłam Christophera, chcąc go pocieszyć. Powiedziałam, że musimy dać jego rodzicom trochę czasu, zanim ich odwiedzimy.

Następnego wieczoru poszliśmy z Christopherem do domu Paula. Ludzie wchodzili i wychodzili. Ojciec Paula porozmawiał chwilę z Christopherem, wypiliśmy herbatę, pożegnaliśmy się i wróciliśmy do domu. Po drodze mój syn powiedział: „Mamo, to takie dziwne, że Paula tam nie było; dom wydawał się taki pusty. Już zawsze będzie mi brakowało Paula".

Wiem, że te cztery piękne anioły zabrały Paula prosto do nieba razem ze sprzętem wędkarskim przywiązanym do bagażnika jego roweru. Wiem też, że często wędkuje w niebie.

Jakieś sześć miesięcy po śmierci Paula, przy jednej z coraz rzadszych okazji, kiedy Joe czuł się na tyle dobrze, by wstać łóżka, pojechali z piętnastoletnim już wtedy Christopherem do centrum Dublina na spotkanie w pubie ze starym znajomym mojego męża. Christopher powiedział mi później, że pub był ciemny, zatłoczony i panował w nim harmider. Stał blisko ojca, bo ludzie w pubie zaczęli rozrabiać. Joe spotkał kolegę i wszyscy trzej przeciskali się przez tłum w kierunku wyjścia.

Ktoś kogoś popchnął i zaczęła się bijatyka. Christopher się przestraszył. Jacyś mężczyźni wyszli za nimi na ulicę i zaczęli szukać pretekstu do bójki; jeden z nich trzymał w ręku stłuczoną butelkę. Joe powiedział im, że nie chcą się bić, przyszli tylko spotkać się z kolegą, i ruszyli dalej. Nagle jeden z mężczyzn zaczął ich popychać. Christopher bardzo się przestraszył, aż nagle poczuł silną obecność Paula. Powiedział mi: „Mamo, jestem pewien, że on tam był. Czułem, że on tam naprawdę był, tak jak ja i ty. Odciągnął tych ludzi, a nas popchnął naprzód. Czułem, że Paul chroni mnie i tatę. Nigdy w życiu tak się nie bałem jak wtedy, ale kiedy poczułem obecność Paula, zrozumiałem, że jesteśmy bezpieczni".

Powiedziałam Christopherowi, żeby pamiętał, że Paul zawsze będzie przy nim, kiedy będzie potrzebował ochrony. Przez lata wiele razy myślałam o Paulu i wielokrotnie dziękowałam mu za to, że chroni mojego syna. Dziękowałam mu za to, że pamięta, że kiedyś poprosiłam go, by czuwał nad Christopherem.

Za każdym razem kiedy wracałam z zakupów, robiłam Joemu filiżankę herbaty i siadałam przy nim, żeby porozmawiać. Pewnego razu chciał mi coś opowiedzieć. Widziałam, że anioł stróż Joego siedzi tuż obok niego, a poza tym na łóżku znajdują się jeszcze inne anioły; patrzą na niego i go słuchają.

– Nie uwierzysz, Lorno – zaczął Joe. – Dzisiaj, kiedy cię nie było w domu, wszedł, podskakując, duch małego dziecka. Dziewczynka miała około trzech lat i długie splątane jasnobrązowe włosy. Była brudna, jakby bawiła się w błocie, a w dłoniach trzymała pecyny błota. Stała dokładnie tam, gdzie ty teraz siedzisz, i powiedziała: „Tatusiu, pobaw się ze mną". A potem odwróciła się i wybiegła z pokoju.

Byłam uradowana i jednocześnie bardzo zaskoczona! Wiedziałam, że to znaczyło, że będziemy mieli jeszcze jedno dziecko. Zawsze tego chcieliśmy, ale Ruth miała już dwanaście lat, a przy stanie zdrowia Joego, była to ostatnia rzecz, jakiej się spodziewałam. To był cud. Podziękowałam Bogu i moim aniołom.

Joe nigdy przedtem nie widział ducha. Bóg i anioły pozwolili mu zobaczyć więcej, żeby pomóc mu zrozumieć, że nie jest tylko ciałem.

Nie wyjaśniłam mu, że to, co zobaczył, oznacza, że będziemy mieli jeszcze jedną córkę; pozwoliłam mu cieszyć się ze spotkania z tym ślicznym małym duszkiem.

– Dlaczego zwróciła się do mnie „tatusiu"? – zastanawiał się Joe.

Widziałam tego małego duszka, zanim jeszcze zaszłam w ciążę. Wyglądała dokładnie tak, jak opisał ją Joe. Pewnego razu zrobiłam herbatę dla męża i wychodząc z kuchni z tacą, zobaczyłam tę małą dziewczynkę wybiegającą z jadalni. Była śliczna, ale po chwili zniknęła. Kiedy otworzyłam drzwi sypialni, Joe powiedział, że dziewczynka znowu tu była, nazwała go tatą i prosiła, żeby się z nią pobawił.

Tym razem wyjaśniłam mu, co to oznacza: że Bóg zsyła nam jeszcze jedną córkę. Trudno mu było w to uwierzyć.

– Bóg musiałby we mnie wlać dużo życia, żebym mógł zostać ojcem. To byłby prawdziwy cud!

Niedługo potem odkryłam, że jestem w ciąży. Pewnego dnia stałam przed lustrem. Dookoła mnie pojawiły się anioły i złote światło. Potem zobaczyłam wielokolorową, z odcieniem szmaragdu, energię życia wirującą w moim brzuchu: niebieską, zieloną, czerwoną, fioletową. Wir otworzył się i zobaczyłam dziecko, malutkie jak drobinka kurzu.

Ten widok napełnił mnie miłością do mojej nienarodzonej córeczki.

Od narodzin Ruth minęło dwanaście lat i musiałam mieć trochę czasu, by oswoić się z myślą, że znowu jestem w ciąży. Dawno oddałam już wszystkie niemowlęce ubranka i anioły musiały się bardzo starać, żeby mi pomóc, wiele szepcząc ludziom do uszu. Ale gdy urodziła się Megan, miałam już wszystko, co było potrzebne dla noworodka, i byłam bardzo wdzięczna aniołom i ludziom, którzy ich wysłuchali.

Wiem, że czasami anioły muszą się ciężko napracować. W te święta Bożego Narodzenia znowu mieliśmy bardzo mało pieniędzy. Pewnego wieczoru, tuż przed świętami, siedzieliśmy przy kuchennym stole i jedliśmy obiad, kiedy rozległo się pukanie do drzwi. Christopher poszedł otworzyć i wrócił, pomagając obcemu mężczyźnie nieść wielkie pudło.

Christopher przedstawił mężczyznę jako ojca Toma, jednego z księży z jego szkoły. Ojciec Tom powiedział:

– Mam nadzieję, że nie poczytacie tego za naruszenie waszej prywatności. Klasa, która miała zajęcia z gospodarstwa domowego, zgodziła się ofiarować wszystkie swoje świąteczne wypieki rodzinie z Maynooth i sądzę, że bez trudu się z tym uporacie. W Wigilię wrócę z pieczonym indykiem i szynką. Nie martwcie się, nikt z klasy nie wie, do kogo trafi jedzenie. Dlatego przyszedłem sam i miałem nadzieję, że będzie tu Christopher, żeby pomóc mi wnieść to ciężkie pudło.

Podziękowałam mu i zaprosiłam go na herbatę. Kiedy wyszłam do kuchni, ojciec Tom, Joe i dzieci zaczęli wyjmować z pudła jedzenie. Było go bardzo dużo, wszystko, o czym moglibyśmy tylko zamarzyć, i wszystko domowej roboty. Nie mogłam w to uwierzyć. Zaparzyłam herbatę i podziękowałam Bogu i aniołom. Kiedy podałam ojcu Tomowi filiżankę herbaty i ukroiłam kawałek pysznej tarty jabłkowej, zerknęłam na moje dzieci i zobaczyłam błysk w ich oczach. Zapytałam ojca Toma:

– Skąd ojciec wiedział?

Ojciec Tom odrzekł, że słyszał tylko, iż jesteśmy w trudnej sytuacji. Spojrzałam przez stół na Joego; potrząsnął głową. Wiedziałam, że nie chce, żebym mówiła ojcu Tomowi o tym, jak ciężko jest chory.

– Dziękuję, że wysłuchał ojciec swoich aniołów. I proszę podziękować swojej klasie za to, że tak hojnie nas obdarowała – powiedziałam.

W Wigilię ojciec Tom przyniósł nam największego indyka, jakiego kiedykolwiek widziałam, i wspaniałą szynkę. Kiedy siedzieliśmy w święta przy kominku, Joe powiedział mi, że wstydzi się, iż nie potrafi zapewnić należytego utrzymania mnie i dzieciom.

– Nie mów tak – odezwałam się, z miłością patrząc na niego. – To nie twoja wina, że chorujesz. Niczemu nie jesteś winien.

Joe często to powtarzał i to samo mówili mi nieraz inni chorzy, których przez te wszystkie lata spotkałam. Mimo że nie było w tym ich winy, wstydzili się, czując, że są ciężarem dla rodziny. Czasami pytałam Joego: „Dlaczego jesteś dzisiaj taki rozdrażniony?". „Nie jestem zły na ciebie ani na dzieci, tylko na siebie, za to, że jestem chory i nie mogę się wami zajmować tak jak powinienem. I nic nie mogę robić" – odpowiadał Joe.

Kiedy w tamte święta siedzieliśmy przy kominku, uśmiechnęłam się do Joego i zapewniłam go:

– Kiedy się dobrze czujesz, pracujesz do upadłego w ogrodzie i sprzątasz dom, tak że gdy wracam ze sklepu, zastaję idealny porządek. Robisz wszystko, co możesz. Dzieci i ja bardzo cię kochamy.

Rozdział XXV

Michał mówi mi, kim naprawdę jest

Pewnego wieczoru czułam się przygnębiona i wyczerpana. Nieustannie modliłam się, prosząc Boga o cuda dla ludzi, którzy zwracali się do mnie o pomoc. Było późno, w domu panowała cisza, dzieci już spały, a ja właśnie szłam do łóżka, zostawiając Joego z filiżanką herbaty przy kominku. Zapaliłam lampkę na małej toaletce stojącej po stronie łóżka, na której spał Joe, usiadłam wsparta na poduszkach, podciągnęłam kolana pod brodę i trzymając twarz w dłoniach, modliłam się.

Nie wiem, jak długo byłam pogrążona w modlitwie, kiedy usłyszałam, że ktoś mnie woła. Po drugiej stronie łóżka, za lampą, stał anioł Michał. Był świetlisty jak zwykle, ale wyglądał nieco inaczej.

Anioł Michał ubiera się zawsze odpowiednio do tego, co chce mi przekazać – w ten sposób pomaga mi lepiej zrozumieć wiadomość. Tego wieczoru wyglądał jak książę. Nosił złotą koronę i luźno udrapowaną, biało-złotą szatę opadającą mu do kolan, przepasaną w talii czarno-złotym pasem. W ręku trzymał zwinięty pergamin. Włosy sięgały mu do ramion i delikatnie falowały, jakby poruszane lekkim wiatrem. Jego szafirowe oczy jak zwykle promieniały, a twarz rozjaśniał niebiański uśmiech. Na nogach miał sandały z rzemieniami opasującymi mu łydki, a na wierzchu każdej stopy widniał złoty krucyfiks. I z całej jego postaci emanowało niezwykle jasne światło. – Lorno, Bóg słyszy twoje modlitwy. Weź kartkę i długopis. Mam dla ciebie wiadomość: modlitwę od Boga – powiedział Michał.

Wykonałam polecenie i kiedy usiadłam w łóżku z długopisem i kartką papieru w dłoni, Michael rozwinął zwój i odczytał następujące słowa:

Modlitwa twych Aniołów Uzdrowicieli
przekazana od Boga, przez twego archanioła Michała.
Ześlij Twe Uzdrawiające Anioły,
Twe Niebiańskie Zastępy do mnie
i do tych, których kocham.
Pozwól mi poczuć dotknięcie promienia
Twych uzdrawiających Aniołów,
światło Twych Leczących Dłoni.
Zacznijcie mnie uzdrawiać,
w taki sposób, jak Bóg na to pozwoli.
Amen.

Kiedy Michał skończył, poprosiłam go, żeby przeczytał to jeszcze raz, ale wolniej, bo mam trudności z zapisaniem. Język modlitwy wydał mi się nieco dziwny. Nie byłam przyzwyczajona do takiego stylu. Anioł Michał uśmiechnął się i dotknął palcem mojego czoła.

– Pisz teraz, Lorno – powiedział.

Kiedy ponownie odczytał modlitwę, nie miałam już żadnych problemów z dokładnym jej zapisaniem. Przytaczam te słowa dokładnie tak, jak zostały mi przekazane, choć może nie brzmią zbyt dobrze.

– Daj te słowa każdemu, kto do ciebie przyjdzie – powiedział Michał. – Dostałaś je od Boga.

Podziękowałam Michałowi i Bogu w swoim imieniu i w imieniu wszystkich, którym ta modlitwa przyniesie korzyść.

Michał skinął głową i zniknął.

Od pierwszej chwili gdy wiele lat temu zobaczyłam Michała w sypialni w Old Kilmainham, wiedziałam, że jest inny, że ma niezmierzoną moc, potężniejszą niż większość aniołów. Kiedy miałam około czternastu lat, wyznał mi, że jest archaniołem, ale uprzedził, że nie wolno mi nikomu tego zdradzić. Tylko ten jeden raz, w noc kiedy przekazał mi modlitwę od Boga i kazał napisać: „Przekazana od Boga, przez twego archanioła Michała", wiedziałam, że mogę o nim tak powiedzieć.

Czasami, kiedy archanioł Michał się pojawia, świeci jak słońce, tak jakby stał w jego środku. Zdarza się, że jego światło mnie oślepia, i muszę go prosić, żeby je przygasił. Jego blask i podobieństwo do światła słonecznego, pokazuje nam, że Michał, tak jak słońce, jest potężną siłą, wykraczającą poza nasze zrozumienie, i jak słońce daje życie naszej planecie.

Michał powiedział, że archanioły są jak generałowie wśród aniołów: mają władzę nad aniołami i duszami i wszystkie anioły są im posłuszne. Wysyłają anioły do każdego zakątka wszechświata, by wypełniały wolę Boga i niosły Jego przesłanie.

Jest wiele archaniołów, więcej niż się zwykle uważa, a Michał jest jednym z najpotężniejszych. Michał jest archaniołem Słońca, a Gabriel archaniołem Księżyca. Wszystkie archanioły są ze sobą związane: anioły otaczają Boga siedzącego na tronie i są potężną siłą, która broni Nieba i nadzoruje trwający nieustannie proces tworzenia.

Nazajutrz powiedziałam Joemu, że archanioł Michał dał mi modlitwę od Boga, i Joe zaczął przepisywać ją na kartki, żebym mogła rozdawać je ludziom przychodzącym do mnie po pomoc. Później przyjaciel zaproponował, że wydrukuje dla mnie egzemplarze modlitwy. Do dzisiaj daję tę modlitwę każdemu, kto zwraca się do mnie o pomoc, i wiele osób mówiło mi, że „leczące anioły" pomogły im w odpowiedzi na tę modlitwę.

Wszystkie anioły leczą, ale jest specjalna grupa zwana Uzdrawiającymi Aniołami, którą przywołują anioły stróże, kiedy potrzebne jest leczenie. Istnieją miliony Uzdrawiających Aniołów i Bóg cały czas je posyła światu. Musimy tylko poprosić je o pomoc.

Powinniśmy zawsze pamiętać, że proces uzdrawiania będzie przebiegał w taki sposób, jaki Bóg uzna dla nas za najlepszy. Czasami zdarza się, iż nie zauważamy, że nastąpiło uzdrowienie, bo jest może inne niż to, o które prosiliśmy – może być nie fizyczne, lecz emocjonalne czy duchowe. Musimy zawsze być baczni i rozpoznawać uzdrowienie, kiedy zostanie nam dane. Niekiedy może się ono przejawiać w drobiazgach – ktoś, kto przez dłuższy czas był przygnębiony, nagle promiennie się uśmiechnie, ktoś, kto bardzo cierpiał fizycznie, poczuje się dużo lepiej, albo zestresowana matka, która nie radziła sobie z problemami, raptem odczuje radość i szczęście.

Czasami Uzdrawiające Anioły będą komunikowały się za pośrednictwem dzieci. Dziecko może powiedzieć coś, co dla matki lub innego dorosłego będzie miało duże znaczenie i pozwoli im zrozumieć, dlaczego sprawy toczą się w dany sposób i co zrobić, żeby było lepiej.

Pewnego letniego poranka przyszła do mnie matka z córką. Córka, Sophie, miała dwadzieścia parę lat i w następstwie wypadku samochodowego cierpiała na nieustanne bóle ręki i innych części ciała, a lekarze nie mogli jej pomóc. Cierpiała na te bóle przez kilka lat i matka bardzo się o nią martwiła. Sophie chciała, żebym najpierw porozmawiała z jej matką; sama usiadła w holu, czytając gazetę.

Rozmawiałyśmy przez jakieś pół godziny, a potem pomodliłam się za Sophie, pobłogosławiłam ją i poprosiłam Uzdrawiające Anioły, żeby uleczyły każdą część jej życia. Dałam jej również Modlitwę Uzdrawiających Aniołów. Wyszłam z matką do holu i kiedy spojrzałam na jej córkę, od razu wiedziałam, że były tu anioły. Było tam znacznie jaśniej i cieplej, a w powietrzu wirowało coś, co nazywam bryzą Uzdrawiających Aniołów. Uśmiechnęłam się, wiedząc, co się wydarzyło.

Sophie spała na krześle. Matka delikatnie ją obudziła, a ona spojrzała na nas nieprzytomnym wzrokiem; nagle uśmiechnęła się i powiedziała:

– Nic mnie nie boli. Ból zniknął!

Wstała, poruszając się dużo sprawniej niż przedtem; zginała ręce i nogi i sprawdzała, czy ból rzeczywiście zniknął. Tańczyła i podskakiwała jak dziecko. Śmiała się z radości, że nie odczuwa już żadnego bólu.

– Lorno, czuję się fantastycznie. Śniło mi się, że mnie uśpiłaś, a kiedy zasnęłam, otoczyło mnie mnóstwo aniołów, które mnie dotykały. To one mnie uleczyły.

Zabrałam Sophie do swojego pokoiku, żeby ją pobłogosławić i podziękować Bogu i aniołom za to, że ją uzdrowiły. Nie dałam jej nawet modlitwy, a Uzdrawiające Anioły już dokonały swego dzieła.

Czasami ludzie mówią mi, że wierzą w moje szczególne połączenie z Bogiem i aniołami; uważają, że kiedy ja o coś poproszę, na pewno się to spełni. Przeraża mnie to, że ludzie tak we mnie wierzą. Obawiam się, że Bóg nie zawsze da im uzdrowienie, o które proszą, jeżeli nie mieści się ono w jego planach. Wiem, że Bóg zawsze zsyła uzdrowienie, ale ludzie nie zawsze je dostrzegają, ponieważ wygląda ono inaczej, niż się tego spodziewali. Otrzymuję telefony od rodziców dzieci, którzy kiedyś u mnie byli, prosząc, abym się za nie pomodliła w dniu ich operacji. Mówią, że co dzień odmawiają w szpitalu modlitwę o uzdrowienie albo że dziecko samo ją odmawia. Jedno z dzieci, które znam, przez cały czas pobytu w szpitalu trzymało kartkę z modlitwą pod poduszką. Dzwonią także ludzie z podziękowaniami dla mnie i dla aniołów za uzdrowienie.

Pewnego niedzielnego poranka, tuż po moim powrocie z kościoła, rozległo się pukanie do drzwi. Kiedy otworzyłam, ku mojemu zdumieniu ujrzałam starszą panią. Płacząc, przeprosiła mnie za to, że przychodzi w niedzielę; w przypływie współczucia zaprosiłam ją do środka. Była schorowaną staruszką; umierała i bała się śmierci w męczarniach. Prosiła Boga o cud. Pomodliłam się za nią, pobłogosławiłam ją i dałam jej modlitwę o uzdrowienie. Wyszła ode mnie dużo szczęśliwsza. Jakieś sześć tygodni później znowu złożyła mi niespodziewaną wizytę. Przeprosiła, mówiąc, że zajmie mi tylko chwilkę.

– Bóg zesłał mi cud – powiedziała. – Siedziałam na sofie w kuchni i byłam bardzo słaba, aż nagle poczułam, że w całym pomieszczeniu zapanował wielki spokój. I wtem na środku kuchni zobaczyłam anioła. Unosił się nad ziemią, ubrany w białą szatę, i świecił brylantowym światłem; uśmiechnął się do mnie. W następnej chwili zniknął.

To jej wystarczyło. Doświadczyła cudu. Pozwalając jej zobaczyć anioła, Bóg dał jej spokój umysłu i sprawił, że przestała bać się śmierci. Zdawała sobie sprawę z tego, że niedługo umrze, bo jest bardzo chora, ale do czasu kiedy to nastąpi, postanowiła żyć pełnią życia. Zamierzała cieszyć się życiem i powiedzieć członkom swojej rodziny, jak bardzo ich kocha.

– Wiem, że niebo istnieje, Lorno, bo widziałam anioła. Już nie boję się śmierci. Kiedy nadejdzie mój czas, ten anioł zabierze moją duszę i zostawię za sobą to stare, pomarszczone ciało, które nie jest dobre dla nikogo, również dla mnie. Nie boję się śmierci i to jest cud!

Pamiętam, że kiedy to mówiła, cały czas się uśmiechała. Śmiała się, bez cienia strachu, a najwspanialsze było to, że w pewnym sensie nie mogła się doczekać dnia kiedy anioł zabierze jej duszę, a jej fizyczne ciało umrze.

– Byłoby wspaniale – dodała – gdybym pewnego dnia, kiedy nadejdzie czas, mogła powrócić jako anioł i zabrać dusze moich ukochanych bliskich do nieba.

Staruszka świeciła pięknym światłem i cudownie się uśmiechała. Pomodliłyśmy się wspólnie i wyszła. Nigdy więcej jej nie widziałam.

Zawsze pamiętajmy o tym, że anioły zesłane z nieba przez Boga naprawdę mogą nam pomóc, jeśli tylko im na to pozwolimy; jeśli otworzymy serca i pozwolimy im wkroczyć do naszego życia. Nie bójmy się, bo nie ma ku temu powodów. Obawiamy się, ponieważ nie rozumiemy aniołów i Boga. Pamiętaj, że anioł nigdy cię nie skrzywdzi; żaden anioł nigdy nie wyrządził mi krzywdy i mogę cię zapewnić, że ty także nigdy nie doznasz krzywdy od anioła.

Pewnej niedzieli, kiedy Megan miała około dwóch lat, wybraliśmy się w góry pod Dublinem, niedaleko przełęczy Sally Gap. Zboczyliśmy z trasy i znaleźliśmy się w odludnym płaskim, pokrytym trawą terenie, gdzie tu i ówdzie były porozrzucane niewielkie skałki o dziwnych

kształtach. W miarę jak schodziliśmy łagodnym zbo-
czem, skałki stawały się większe, a zbocze było coraz
bardziej strome – jak klif, z wyrastającymi z niego drzewami. I nagle zobaczyliśmy przed sobą w dole piękne jezioro. Otaczały je góry, a nad brzegiem stał duży dom;
po przeciwnej stronie dostrzegliśmy pasącego się na zbo-
czu góry jelenia.

Kiedy zeszliśmy jeszcze kawałek, ja usiadłam na skale, a Joe i Ruth sprowadzili Megan nieco niżej. Patrzyłam,
jak idą razem, z małą pośrodku. Położyłam się na skale
i na kilka minut zamknęłam oczy, napawając się słońcem. Mimo że było dosyć chłodno, czułam ciepło słońca,
a skała również wydawała się nagrzana. Po chwili usłyszałam, że Joe, Ruth i Megan wracają do mnie na górę.
Otworzyłam oczy i usiadłam. Spojrzałam na ścieżkę,
ale znajdowali się jeszcze poza zasięgiem mego wzroku.
Kiedy podeszli bliżej, zobaczyłam Megan, którą z prawej
strony trzymał Joe, a z lewej Ruth – podnosili ją i huś-
tali w powietrzu. Megan zaśmiewała się do łez i świetnie
się bawiła, podskakując z pomocą taty i starszej siostry.

Potem stało się coś, co mnie zachwyciło i uradowało:
za Megan pojawił się jej anioł stróż. Przeskakiwał jakby
przez nią i tańczył około półtora metra nad nią. Miał postać małej dziewczynki o brązowych oczach, wielkich jak
spodki. Była świetlista i piękna, z bosymi stopami, które oczywiście nie dotykały ziemi. Wyglądała mniej więcej na osiem lat, a w jej długie ciemne warkocze wple-
cione były pomarańczowe, czerwone i zielone rzemyki.
We włosach miała czerwone piórko, a na środku czoła
światło w kształcie gwiazdy. Przez krótką chwilę wydawało mi się, że widzę skrzydła. Miała na sobie jasnozło-
tą tunikę bez rękawów. Anioł stróż Megan był świetlisty
i poruszał się z gracją, lekko niczym piórko.

Po chwili piękny anioł stróż wskoczył z powrotem do ciała Megan i zniknął. Nikt poza mną go nie zauważył i wszyscy jak gdyby nigdy nic szli ścieżką w moim kierunku.

Anioł stróż Megan wygląda inaczej niż anioły stróże moich pozostałych dzieci – tamte nie wyglądały jak dzieci, a ten, jak sądzę, będzie rósł razem ze swoją podopieczną. Sięgając myślami wstecz, przypominam sobie, że pierwsze słowo Megan, to nie było „mama" czy „tata", ale inne, którego nigdy wcześniej nie słyszałam. Powiedziałam Joemu, że anioły przekazały mi, jak ma na imię jej anioł stróż, a ja poprosiłam, żeby je dla mnie przeliterowały, bym mogła je zapisać dla Megan i pokazać jej, gdy podrośnie.

Kiedy pracuję w domu czy w ogrodzie albo nawet idę do sklepu, zawsze po cichu się modlę. Pewnego wieczoru pracowałam ciężko w domu, tak jak większość matek. Miałam dom dla siebie, ponieważ Joe i Megan spali, Ruth wyszła pomóc przyjaciółce pilnować dzieci, Owen był na zajęciach sportowych, a Christopher odwiedzał kolegę mieszkającego na drugim końcu miasta. Na dworze było ciemno, ale przez okno widziałam latarnię uliczną na rogu. Cieszyłam się spokojem i samotnością, chociaż nie byłam całkiem sama. Zauważyłam, że wokół mnie nagle zapanował spokój – ta zmiana nastąpiła, kiedy czas zaczął się zatrzymywać; zaległa kompletna cisza. Spojrzałam na swoje dłonie i zobaczyłam wokół nich migoczącą energię z mnóstwem iskierek. Ta energia jest zawsze, ale czasami, tuż przed nadejściem anioła, staje się jaśniejsza i silniejsza. Wiedziałam, że za chwilę pojawi się anioł. Nie zawsze tak jest, czasami nic nie zauważam, tylko po prostu się to dzieje.

Wyszłam z kuchni, trzymając ręcznik, i w holu wpadłam na anioła. Anioł w kobiecej postaci powiedział mi, żebym poszła do frontowego pokoju, i zniknął. Gdy otworzyłam drzwi naszego salonu, zobaczyłam innego anioła, stojącego przy oknie, znacznie potężniejszego i wyjątkowo pięknego. Ten anioł także miał postać kobiety, która uśmiechnęła się do mnie. Wyglądała zupełnie inaczej niż anioły, które spotykałam przedtem albo potem. Miała przepiękną sukienkę w kolorach ognistej czerwieni i złota – nigdy nie widziałam takiej sukienki. Na głowie nosiła cudowną koronę; ze środka korony spływały w dół, otaczając całe ciało, miliony cienkich, jakby jedwabnych, splecionych w warkocze nitek. W każdym warkoczu lśniły brylanty i szafiry. Piękny anioł miał błyszczące skrzydła, nieustannie falujące, jak płomienie, z iskrzącymi się klejnotami w piórach. Widziałam ją dokładnie, ale mimo to trudno mi opisać tego niezwykłego anioła. Była wyjątkowa, idealna w każdym calu, każda jej cząstka zdawała się intensywnie żyć. Była tak olśniewająca, że chwilami musiałam odwracać wzrok, bo moje oczy nie potrafiły ogarnąć takiego piękna.

Jej twarz jaśniała życiem. Była doskonała; niebieskie oczy świeciły jak słońce, ale były miliardy razy bardziej promienne. Brak mi słów, żeby to opisać. Mogę tylko powiedzieć, że kiedy patrzyłam w jej oczy, tchnęła z nich ogromna łagodność, współczucie, spokój i miłość. Wiedziałam, że ten wspaniały anioł, który przede mną stoi, widzi wszystko. Tak jakby dostrzegała i znała każdą cząstkę wszechświata – to było coś, co zupełnie wykraczało poza ludzkie możliwości pojmowania.

Zadrżałam w obliczu tak ogromnej siły. Pozwolono mi zobaczyć i poczuć tę moc. Za mną, po prawej stronie, stał jeszcze jeden anioł. Zorientowałam się, że tam jest, dopiero kiedy się odezwał:

– Lorno, wejdź dalej do pokoju.

Zrobiłam kilka kroków, nie odrywając wzroku od pięknej kobiety. Zbliżyła się do mnie, mówiąc z uśmiechem:

– Nie bój się, Lorno. – W tym momencie poczułam w sobie wielki spokój i radość. – Czy wiesz kim jestem, Lorno?

– Nie.

– Jestem Królową Aniołów.

– Czy to znaczy, że jesteś Matką Boga? – zapytałam.

Byłam wstrząśnięta, ale na jakimś poziomie wiedziałam, z kim mam do czynienia; moja dusza wiedziała, ale moja ludzka część doznała szoku.

– Tak, Lorno – potwierdziła. – Jestem królową Niebios, Królową Aniołów, Królową Wszystkich Dusz. Nie bój się, Lorno, zadaj mi to pytanie, o którym myślisz.

– Królowo Aniołów – zwróciłam się do niej – widziałam cię wiele razy; to ty jesteś matką, która zobaczyłam na niebie z dzieckiem.

Pamiętałam, że kiedy byłam dzieckiem i siedziałam na huśtawce w Ballymun, anioły pokazały mi jej twarz.

– Owszem, Lorno, to ja – przytaknęła.

– Moim prawdziwym życzeniem, Matko Boga, jest to, żebyś ukazała się całemu światu. – Zaczęłam płakać. – Żeby skończyły się nienawiść i wojny. Żeby całe cierpienie, głód i zniszczenia powodowane przez wojny toczące się o rzeczy materialne, religię i władzę zniknęły. – Spojrzałam na nią błagalnie, a po twarzy spływały mi łzy. – Świat potrzebuje cudu.

– Lorno, sięgnę do ludzkich serc, a pewnego dnia się pojawię i cały świat mnie zobaczy, tak jak ty widzisz mnie teraz.

Królowa Aniołów uśmiechnęła się do mnie; jej oczy promieniały miłością, a bijące od niej światło, które otaczało ją jak płomienie, dosięgło mnie i cały mój smutek zniknął.

Zapytałam, czy jeszcze ją zobaczę, a ona powiedziała, że tak, i zniknęła.

Wierzę, że tak się stanie. Królowa Aniołów wielokrotnie się pojawiała i nadal pojawia się w różnych miejscach, ale jedynie niewielkim grupom ludzi. Wierzę, że pewnego dnia ukaże się wszystkim, nie tylko wybranym, i pozostanie dłużej niż zaledwie krótką chwilę – żeby świat mógł ją zobaczyć i uznać jej istnienie. Przybędzie, by dać dowód, którego rodzaj ludzki w swej słabości potrzebuje – i to stanie się początkiem wielkiej przemiany ludzkości.

Rozdział XXVI

Pojawia się zły duch

Zdarza się, że ludzie pozwalają Szatanowi wkroczyć do swojego życia. Dzieje się to w wyniku rozmyślnej, nikczemnej intencji; dlatego, że ktoś odczuwa zazdrość i złość albo jest przekonany, że świat był dla niego niesprawiedliwy. Często dzieje się to w czasie sporów o majątek lub spadek. Złowieszczy wpływ Szatana na duszę może przybierać różne rozmiary; za jego sprawą człowiek może pozornie osiągnąć wspaniałe sukcesy, ale Szatan zniszczy życie otaczających go osób, a w końcu, jeżeli nie będzie się temu przeciwdziałać, zniszczy również jego duszę.

Rozwój duchowy, powrót do Boga i aniołów oraz przyzwolenie na to, by Boża miłość i współczucie wróciły do serca, to jedyny sposób na pozbycie się Szatana. Anioły nam w tym pomogą, jeżeli się je o to poprosi. Prośba nie musi pochodzić od samej osoby zainteresowanej – może to być modlitwa członka rodziny czy przyjaciela; widziałam wiele przypadków, kiedy taka pomoc okazywała się skuteczna. Warto pamiętać, że kiedy ktoś napotka w życiu zło, modlitwa innej osoby, niezależnie od jej wiary czy wychowania, może zdziałać naprawdę wiele. Ludzie mogą rozwijać się duchowo, choć o tym nie wiedzą i nawet tego nie zauważają. Może ktoś się za nich modlił albo prosili

o to jako dzieci i wiele lat później przebudzili się duchowo. Często spotykam osoby, którym się to przydarzyło.

Przez lata odwiedziło mnie wiele osób, które do pewnego stopnia były pod wpływem Szatana. Zawsze to do-
strzegam, bo Szatan nie może się powstrzymać, by nie
ujawnić swojej obecności.

Pewnego razu przyszedł do mnie świetnie prosperują-
cy irlandzki biznesmen. Oznajmił, że nie bardzo wie, po
co się tu zjawił – namówił go do tego przyjaciel, choć zajęło mu to dwa lata. Powiedział, że zrobił straszne rzeczy.
Przyznał, że nigdy nie myślał o tym, jaki wpływ jego działania będą miały na innych ludzi, bo zawsze liczyła się tylko jedna osoba – on sam, i tylko jedna rzecz – pieniądze.

Coś się jednak zmieniło. Powiedział, że jego starzy
przyjaciele przestali go lubić, a rodzina nie chce mieć
z nim nic wspólnego. Ja jednak wiedziałam, że zdecydował się do mnie przyjść, ponieważ ktoś się za niego modlił. Zapytał, dlaczego nie czuje żadnych wyrzutów sumienia. W pewien sposób zdawał sobie sprawę z tego,
że źle postępuje; wiedział, że powinien czuć wyrzuty sumienia, ale po prostu nie umiał ich odczuwać. Chciał
znów obudzić w sobie sumienie i odzyskać swoją rodzinę i przyjaciół.

Siedział przy moim kuchennym stole, z rękami sple-
cionymi na piersiach, i mówił, że bardzo chciałby się
zmienić. Miał spuszczoną głowę, ale dostrzegłam łzy
w jego oczach. Potem zobaczyłam, jak zły duch Szatana występuje naprzód.

Mężczyzna siedział pochylony nad stołem, ze spuszczoną głową, opierając się na rękach, a ja zobaczyłam
zniekształconą twarz wyłaniającą się z jego klatki piersiowej, jak gdyby z głębi jego istnienia, i rozglądającą się
na boki. Mężczyzna siedział spokojnie, jakby nic o tym

nie wiedział. Zniekształcona twarz zła spojrzała na mnie i zachichotała. Tym razem, jak i w wielu innych przypadkach, kiedy widziałam złe duchy wewnątrz ludzi, wydawały się mówić: „Tym razem prawie cię oszukałem, mało brakowało, a byś mnie nie złapała!". Zły duch ukrywał się, ale w pewnym momencie postanowił mi się ujawnić.

Z przyczyn, których do końca nie rozumiem, złe duchy nie mogą się powstrzymać, by mi się nie ukazać. Kiedy to się dzieje, wiem, że Szatan znowu przegrał, a Bóg i anioły wygrali.

Pomodliłam się za tego człowieka, pobłogosławiłam go i dałam mu Modlitwę Uzdrawiających Aniołów, którą włożył do portfela. Przez następnych kilka miesięcy nieustannie się za niego modliłam.

Mniej więcej rok później mężczyzna zadzwonił do mnie. Powiedział, że jego życie się zmieniło, a zaczęło się to, kiedy tylko opuścił mój dom, choć bał się do tego przyznać. Próbował zadośćuczynić przynajmniej niektórym skrzywdzonym przez siebie ludziom; jego firma wciąż dobrze prosperowała, ale teraz zarządzał nią w uczciwy sposób. Miał nadzieję, że nie za późno dziękuje mnie, Bogu i aniołom. Przypomniałam mu, żeby nadal prosił anioły o pomoc i zawsze dziękował im nawet za drobiazgi. Do dzisiaj się za niego modlę.

Pewnego dnia, idąc do sklepu w Maynooth, usłyszałam czyjś głos:

– Zwolnij, Lorno. – Ujrzałam tylko światło, ale wiedziałam, że to głos Michała. – Chodźmy w tę małą uliczkę, żebyśmy mogli spokojnie porozmawiać.

Skręciłam w małą uliczkę po prawej stronie i szłam nią do chwili, aż byłam pewna, że nikt mnie nie dostrzeże z głównej drogi, a potem, tak jak się spodziewałam,

Michał pojawił się w ludzkiej postaci. Wyglądał jak człowiek, ale był zbyt nieskazitelny i doskonały, a kiedy spojrzałam mu w oczy, zobaczyłam w nim anioła.

– Chcemy, żebyś w drodze do Maynooth przeszła powoli przez Canal Bridge i spojrzała wzdłuż kanału tak daleko, jak tylko sięgniesz wzrokiem – oznajmił.

– Co się dzieje? Powiedz mi, zanim przejdę przez most.

– Lorno, na razie nie wiesz nic o duszy małego dziecka, które zostało poczęte, ale jeszcze się nie urodziło. W chwili kiedy przejdziesz przez most, wasze dusze zostaną połączone. Poczujesz również matkę dziecka, ale będzie ona dla ciebie jak duch, bardzo słabo wyczuwalna.

Kiedy tak do mnie mówił, czułam, że traktuje mnie jak małą dziewczynkę, która nic nie rozumie.

– Michale, jestem dorosłą kobietą i sama mam już dzieci. Nie rozumiem, co się dzieje, ale akceptuję połączenie między mną a tą małą duszyczką. Czy przejdziesz ze mną przez most?

– Nie, Lorno, musisz sama tego dokonać. Idź powoli, będzie tam inny anioł, który pomoże ci zrozumieć i poznać duszyczkę dziecka rosnącego w łonie matki. Rób wszystko, o co poprosi cię ten anioł. Za każdym razem, przechodząc tamtędy, spotkasz owego anioła i będzie ci towarzyszył przez część drogi. Z upływem miesięcy twoje połączenie z duszą dziecka będzie stawało się coraz silniejsze.

Zawróciliśmy w kierunku głównej ulicy i kiedy się do niej zbliżaliśmy, anioł Michał zniknął. Spojrzałam w kierunku mostu nad kanałem i zobaczyłam czekającego tam na mnie anioła. Był wysoki, smukły, elegancki, biały jak śnieg i promienny. Szłam powoli, tak jak kazał mi Michał, i kiedy wkroczyłam na most, poczułam połączenie z małą duszyczką.

Anioł stał na środku mostu; zbliżyłam się do niego i przystanęłam. Anioł patrzył na mnie z wielką miłością i łagodnością.

– Nazywam się anioł Arabia – przedstawił się.

Dotknął mojej dłoni, a ja odwróciłam się żeby spojrzeć wzdłuż kanału. Wszystko było jakby ze szkła; nic się nie poruszało, jak gdybym oglądała obraz. Pozwolono mi poczuć matkę, jej miłość do nienarodzonego dziecka i łzy, dużo łez. Kiedy stałam na moście, ktoś mnie minął, mówiąc „dzień dobry". Odruchowo odpowiedziałam.

Przeszłam do końca mostu, a potem skierowałam się w dół wzgórza, do miasta. Anioł przez cały czas był obok mnie. Mijali nas ludzie i samochody jadące w obu kierunkach.

– Do zobaczenia wkrótce, aniele Arabio – wyszeptałam.

Potem poszłam po zakupy. Moje codzienne życie żony i matki, jak również praca z aniołami biegły dalej swoim torem. Z upływem czasu dziecko rosło w łonie matki, a ja dowiadywałam się więcej o jego duszy, o miłości, którą obdarzało swoją matkę, i o jej głębokiej miłości do nienarodzonego dziecka. Mimo że nigdy nie widziałam matki wyraźnie – była dla mnie jak duch – czułam jej obecność i wiedziałam, że zmaga się z jakimiś ogromnymi trudnościami.

Codziennie przechodziłam przez most przynajmniej raz, a czasami nawet częściej, i wciąż pytałam anioła Arabię idącego obok mnie jakby w zwolnionym tempie: „Dlaczego kiedy schodzę ze wzgórza, połączenie nie jest równie silne jak na moście?". Anioł Arabia nigdy mi nie odpowiedział.

Pewnego dnia zwróciłam się do niego:

– Czasami czuję, jakby matka i dziecko były na tych polach za murem. Mam ochotę przez niego przejść i ich poszukać, ale wiem, że ich tam nie ma, nie ma ich także nad kanałem. Czy możesz mi to wytłumaczyć?

– Wtedy gdy będzie to konieczne.

Przez lata spędzone z aniołami nauczyłam się, że nieważne, ile razy zadasz im to samo pytanie, one nigdy nie zmienią pierwszej odpowiedzi, jakiej ci udzieliły, a czasami w ogóle to przemilczą. Setki razy przeszłam przez most z aniołem Arabią i często prosiłam o informacje, ale zawsze słyszałam tylko: „Wtedy gdy będzie to konieczne".

Pewnego ranka, kiedy dzieci poszły do szkoły, powiedziałam Joemu, że idę do miasta zrobić drobne zakupy i zrealizować w aptece jego receptę i postaram się jak najszybciej wrócić. Wychodząc z domu, zauważyłam, że coś się zmieniło. Anioł Arabia czekał na mnie tym razem na końcu mojej uliczki, na głównej drodze, w pewnej odległości od mostu. Kiedy spojrzałam w kierunku mostu, zobaczyłam, że po prawej stronie jest mgła, ale nie było jej na samym moście.

Podeszłam do Arabii i dalej ruszyliśmy razem. Czułam ciszę, niewypowiedziane słowa. Chciałam się odezwać, ale wiedziałam, że nie powinnam. Kiedy doszłam do mostu, zobaczyłam, że to wcale nie zwykła mgła pokrywa wodę i brzegi kanału – to były anioły! Cały obszar nad brzegami kanału, aż do mostu, spowijała mlecznobiała mgła pełna pięknych śnieżnobiałych aniołów, jaśniejących światłem.

Stałam tam, zachwycona pięknem i niezwykłością tego, co widzę; anioł Arabia dotykał mojej dłoni. Słyszałam anioły śpiewające jakby jednym wspólnym głosem. Cały czas powoli poruszały się w tej mgle w jedną i drugą stronę wzdłuż kanału. Niektóre odwróciły się w moim kierunku, dając mi znać, że zauważyły moją obecność; anioł Arabia wyjaśnił, że się przygotowują. Łzy napłynęły mi do oczu i w tej samej chwili anioł Arabia cofnął swoją rękę.

Zaczęliśmy schodzić ze wzgórza, oddalając się od mostu. Prawie nie czułam, jak moje stopy dotykają ziemi. Zerknęłam w dół i wokół kostek zobaczyłam mgłę wypełnioną aniołami. Kiedy znaleźliśmy się u stóp wzgórza, spojrzałam pytająco na anioła Arabię.

– Już niedługo – powiedział.

Poszłam do miasta i szybko zrobiłam zakupy. Nie dostrzegałam wokół siebie żadnych aniołów, ale wiedziałam, że tam są.

– Chcę o coś zapytać – zwróciłam się do nich, ale one milczały.

Pomyślałam, że może powinnam wracać do domu inną drogą, omijając kanał, ale kiedy doszłam do centrum miasta zostałam pociągnięta w lewo, więc już wiedziałam, że mam iść tą samą drogą.

Anioł Arabia czekał na mnie u stóp wzgórza wiodącego do mostu nad kanałem i był jeszcze bardziej świetlisty niż przedtem. Wspięliśmy się razem na wzgórze, a kiedy spojrzałam w dół, pomyślałam, że gdybym wpadła w tę mgłę, nie rozbiłabym się o ziemię, bo mgła by mnie podtrzymała. Wiedziałam, że ta ochronna mgła była przygotowana na przybycie dziecka, ale do dzisiaj nie w pełni to rozumiem.

Kilka dni później Joe spytał, co się ze mną dzieje, że jestem tak dziwnie cicha, jakbym była nieobecna. Spojrzałam na niego i odparłam:

– Myślę, że nie zrozumiałbyś tego, nawet gdybym ci wyjaśniła.

– Spróbuję – odrzekł Joe.

Opowiedziałam mu o trochę o aniele na moście, o duchu dziecka i jego matce. Słuchał uważnie i przyznał, że trudno mu to zrozumieć, ale nie będzie zadawał więcej pytań. Podziękowałam mu i mocno go przytuliłam.

Nie wiedziałam, gdzie urodziło się dziecko, czy matka była sama, czy ktoś jej towarzyszył, czy urodziło się o czasie, czy było wcześniakiem, ale pewnego marcowego dnia po prostu poczułam, że się urodziło.

Od tej chwili znalazłam się jakby poza czasem. Niezależnie od tego, gdzie byłam, cały czas czułam dotyk ręki anioła Arabii. Doszło do tego, że nie zauważałam mijanych ludzi i wpadałam na nich. Anioł Arabia wciąż stał na środku mostu nad kanałem, niczym potężna siła. Teraz, kiedy zbliżałam się do mostu, szedł ku mnie, ale jednocześnie unosił się nad mostem. Zdałam sobie sprawę, że ścieżka mgły została przygotowana przez anioły na przyjęcie duszy małego dziecka. Arabia czekał na nią.

Pewnego dnia wybrałam się po Ruth do szkoły; kiedy szłam naszą uliczką, zobaczyłam anioła Arabię stojącego u jej wylotu. Nic nie powiedział, ale pokazał mi, żebym przeszła przez jezdnię. To, co zobaczyłam, zaparło mi dech w piersiach! Ujrzałam duszę tego pięknego dziecka raczkującą w dół, ścieżką przygotowaną przez anioły. Wydawało się, że dziecko raczkuje, jego nogi i ręce się poruszały, ale tak naprawdę było niesione przez anioły. Widziałam, że dziewczynkę podtrzymują skrzydła aniołów. Anioły zewsząd otaczały dziecko, pełznąc obok niego w dół ścieżki, pomagając mu i bawiąc się z nim. Duch niemowlęcia był bardzo szczęśliwy; słyszałam, jak się śmieje. Moje serce wypełniło się radością, ale w oczach stanęły mi łzy. Nagle zdałam sobie sprawę, że duch dziecka idzie do mojego domu!

Do dzisiaj nie wiem, dlaczego Bóg i anioły pozwoliły mi zobaczyć ten mały cud; nie mam pojęcia, dlaczego duch dziewczynki przyszedł do mojego domu, ale tak się stało. Cały czas się zbliżała. Nie wiem, jak długo zajęło aniołom dotarcie do mojego domu z duchem niemowlaka, ale pewnego dnia powiedziano mi, że są już bardzo blisko. Tego ranka jak zwykle obudziłam się o szóstej. Poszłam do kuchni, a przez okno wpadało olśniewające światło. Wypiłam szklankę wody, a kiedy się odwróciłam, anioł Arabia stał w drzwiach kuchennych. Wiem, że nie powinnam być zaskoczona, ale byłam – anioły zawsze sprawiają, że braknie mi tchu.

– Wracaj do łóżka i przysuń się bliżej do Joego, żeby zrobić miejsce dla jeszcze jednej osoby – powiedział anioł Arabia.

Zrobiłam tak, jak mi kazał. Czułam, jak duch dziecka wchodzi do domu. Leżąc w łóżku, słyszałam, jak ktoś się porusza w holu. Modliłam się i prosiłam, żeby wszystko dobrze się ułożyło dla tego małego duszka. Sypialnia wypełniła się mgłą i zjawiły się anioły. Nie mogłam zobaczyć ducha dziecka, ale wiedziałam, że jest na podłodze, otoczone aniołami.

– Czy mogę usiąść w łóżku? – zwróciłam się do aniołów.

– Nie. Nie wolno ci jeszcze patrzeć, połóż się na boku i przysuń się bliżej do Joego, żeby zrobić miejsce.

Przewracając się na bok, obudziłam Joego, który zaspanym głosem spytał, czy jest mi zimno. Uspokoiłam go, że nie. Denerwowałam się, że w najważniejszym momencie Joe całkiem się rozbudzi, choć jakaś część mnie wiedziała, że anioły na to nie pozwolą.

Anioły poruszyły pościelą, a potem poczułam tuż obok siebie ducha niemowlęcia. Wciąż go nie widziałam, bo leżałam zwrócona twarzą do Joego, ale duch dziecka był za mną. Bałam się poruszyć, żeby go nie przygnieść i nie zrobić mu krzywdy. Poczułam, jak rączka dziecka dotyka moich pleców.

– Czy mogę się teraz odwrócić? – zapytałam.

– Tak, zrób to powoli i bardzo ostrożnie, duch noworodka leży obok ciebie – odpowiedziały anioły.

Odwróciłam się bojąc się, że zgniotę tę małą istotkę.

– O mój Boże! – wykrzyknęłam, zapominając, że Joe jest obok.

Szybko zakryłam usta ręką. Joe się nie poruszył. Obok mnie leżała śliczna naga nowo narodzona dziewczynka. Była zdrowa i silna; poruszała rączkami i nóżkami. Była piękna i doskonała, z krwi i kości; wyglądała zupełnie jak człowiek, ale była ładniejsza niż wszystkie niemowlęta, jakie kiedykolwiek widziałam. Promieniała, duch rozświetlał jej ludzkie ciało, które mi pokazano. Obok łóżka stały dwa wpatrzone w nią anioły. To były wspaniałe białe anioły, ubrane w białe szaty pięknie opływające ich sylwetki. Ich cudowne, jakby porcelanowe twarze były przezroczyste i promieniały niczym słońce, a białe jak śnieg oczy skrzyły się migoczącym światłem. Miały skrzydła ze spiralnie zwiniętych piór, które dotykały światła nad nimi.

– Czy mogę jej dotknąć? – zapytałam.

– Nie, Lorno – odparły anioły. – Ale możesz potrzymać nad nią ręce.

Wyciągnęłam ręce, trzymając je nad dziewczynką, a wtedy ona odwróciła główkę i spojrzała na mnie. Jej oczy były pełne życia i świeciły jaśniej niż gwiazdy na niebie. Uśmiechnęła się i w tej samej chwili usłyszałam, jak mówi:

– Powiedz mojej mamie, że ją kocham, i tatę też.

Potem dwa anioły schyliły się, pochwyciły ją i oplotły skrzydłami. Kiedy zaczęły się wznosić, niebo delikatnie się otworzyło i zniknęły w błysku światła, a pokój znowu wyglądał całkiem normalnie.

Wiedziałam, że to koniec. Pomodliłam się i podziękowałam Bogu.

Później tego ranka poszłam do rzeźnika. Aż wrzało
tam od plotek i ludzie pytali, czy słyszałam najświeższe
nowiny. Nad brzegiem kanału, obok mostu, znaleziono
zwłoki noworodka. Nikt nie wiedział, kim była jego matka
i co się stało; znalazł je wczesnym rankiem mężczyzna
wyprowadzający psa na spacer. Zdałam sobie sprawę,
że dziecko znaleziono w chwili, kiedy zniknęło z mojej
sypialni. Byłam taka szczęśliwa. Nie umiem tego wyjaśnić, ale bardzo się cieszyłam i czułam wielką ulgę, wiedząc, że duch dziecka poszedł do nieba, a moje zadanie
jest już skończone.

Lokalna społeczność była wstrząśnięta, nigdy wcześniej o czymś takim nie słyszano. Wszyscy byli zszoko-
wani i sądzili, że matką dziecka mogła być jakaś młoda
kobieta, może studentka college'u, która musiała ukryć
swoją ciążę.

Policja przeprowadziła śledztwo, ale o ile mi wiadomo, nigdy nie znaleziono matki. Może kiedyś to przeczyta i dowie się, że niezależnie od okoliczności śmierci jej
dziecka ono ją kochało i nigdy nie było samo – zawsze
towarzyszyły mu anioły, tak jak zawsze wszystkim dzieciom, tym, które żyją, i tym, które umierają.

Społeczność była tak poruszona śmiercią noworodka,
że zorganizowano zbiórkę pieniędzy na godny pogrzeb.
Zanim dziewczynkę pochowano, nadano jej imię. Bri-
dget leży na cmentarzu w Maynooth.

Joe był coraz bardziej chory i miał serię małych uda-
rów. Przerażały go; czasami tracił na kilka minut wzrok
albo jego ciało stawało się zupełnie zwiotczałe. Było mu
teraz trudno chodzić i często się przewracał. Mimo moich

wysiłków, by na niego uważać i zawsze w porę go złapać, wszędzie miał siniaki. Lekarze powiedzieli, że nie
mogą nic zrobić.

Anioły próbowały mnie jakoś rozweselić. Pewnego dnia
spacerowałam po pobliskim osiedlu mieszkaniowym,
rozkoszując się ciepłymi promieniami słońca i oglądając wszystko dokoła, aż doszłam do parku. Dzieci gra-
ły w piłkę, a dorośli leżeli na trawie, ciesząc się piękną
pogodą. Zauważyłam dziecko na wózku inwalidzkim.
Dziewczynka spała skulona. Jej ciało było powykręcane i przeraźliwie chude. Trudno było stwierdzić, w jakim jest wieku, ale miała pewnie około siedmiu lat. Jej
matka siedziała na pobliskim murku, rozmawiając z są-
siadkami. Kiedy podeszłam bliżej, zobaczyłam, że dziecko i wózek stają się coraz bardziej promienne. Wszystko znieruchomiało i zaległa cisza; nie mogłam uwierzyć
w to, co widziałam. Dusza dziewczynki opuściła ciało,
zostawiając je śpiące na wózku. Promieniała światłem
i wyglądała tak, jak wyglądałaby dziewczynka idąca do
nieba – była prześliczna i absolutnie doskonała.

Przed nią pojawiły się dwa anioły i wzięły ją za ręce
– oba były dziewczynkami mniej więcej w tym samym
wieku co ona. Potem pojawiło się więcej aniołów – też
małych dziewczynek, ubranych na biało i tak świetlistych, że biel miała wręcz odcień błękitu. Dusza dziewczynki opuściła ciało, by pobawić się z aniołami. Biegały radośnie, nie oddalając się jednak zanadto od wózka.
Trzymały się za ręce, jakby bawiły się w kółko graniaste.
Słyszałam ich śmiech; dusza tego małego dziecka była
wolna i szczęśliwa. Próbowałam zrobić krok do przodu,
ale anioły nie pozwoliły mi się ruszyć z miejsca.

Małe aniołki usiadły w kręgu na trawie, w pobliżu
wózka, wraz z duszą dziewczynki. Patrzyłam na to zafa-

scynowana; nie wiedziałam, co się za chwilę stanie. Nagle anioł dotknął rękami trawy i pojawiła się stokrotka. Potem inne anioły zaczęły robić to samo, każde źdźbło trawy, którego dotknęły, zamieniało się w stokrotkę. Na trawie utworzył się biały krąg stokrotek, a w środku siedziały roześmiane anioły z małą świetlistą duszyczką. Matka dziewczynki nadal była zajęta rozmową, nieświadoma tego, co się dzieje.

„Wianki ze stokrotek" – krzyknęła dziewczynka, kiedy anioły zaczęły splatać kwiaty. Przyozdobiły nimi dziewczynkę, owinęły jej szyję, ręce i nawet kostki, a na głowie uformowały coś na kształt korony. Pokazały jej, jak pleść wianki ze stokrotek, i dziewczynka sama zaczęła to robić. W tej scenie było tyle łagodności i miłości, że poczułam, jak po twarzy spływają mi łzy szczęścia. Patrzyłam na dziewczynkę, podziwiając jej wianki ze stokrotek. Jej twarz promieniała jak słońce. Potem anioły chwyciły ją w ramiona i zaniosły do wózka. Wyglądała, jakby nie miała nic przeciwko temu. Dusza delikatnie weszła w ludzkie ciało, które przez cały ten czas pozostawało uśpione.

Anioły i światło zniknęły tak samo nagle, jak się pojawiły. Dziewczynka drgnęła na wózku. Prawie się przewróciłam, kiedy anioły mnie uwolniły i mogłam się poruszyć. Wszystko dookoła mnie znowu ożyło. Słyszałam ptaki, czułam powiew wiatru i widziałam ludzi. Kiedy odchodziłam, spojrzałam na matkę dziewczynki i pomyślałam, że to błogosławieństwo mieć w rodzinie tak czystą duszyczkę.

Rozdział XXVII

Joe

Pod koniec życia Joe z trudem przypominał sobie, kim jest i gdzie się znajduje. Nie zawsze rozpoznawał mnie i dzieci. Na szczęście dzieci zdawały się tego nie zauważać. Dużo przy nim siedziałam, rozmawialiśmy i pomagałam mu zapamiętywać i przypominać sobie różne rzeczy. Rozpaczliwie pragnęłam, żeby jak najdłużej był z nami, i to w pełni.

Prawie każdego ranka chodziłam do miasta – zawsze coś trzeba było kupić – i po powrocie do domu najpierw zaglądałam do Joego, żeby zobaczyć, czy wszystko w porządku. Potem robiłam herbatę i siadałam na małym stołeczku przy łóżku, by porozmawiać z Joem.

Pewnego ranka, kiedy siedzieliśmy tak, rozmawiając, Joe powiedział:

– Wiesz, kiedy dzisiaj wyszłaś, leżałem w łóżku, próbując przypomnieć sobie różne wydarzenia z przeszłości; myślałem o naszym wspólnym życia i o naszych dzieciach. Czasami przeraża mnie to, że nawet nie rozpoznaję, gdzie jestem.

Jak zawsze wokół nas było mnóstwo aniołów. Nagle wszystkie anioły siedzące na łóżku zniknęły, a został tylko anioł stróż Joego. Wyglądało to tak, jakby anioł stróż go podtrzymywał, jakby nie było żadnego łóżka. Joe wydawał się nieco zdezorientowany.

– Weź mnie za rękę, pomogę ci sobie przypomnieć – powiedziałam.

Anioł stróż Joego podtrzymywał go od tyłu i uniósł nad nim rękę, wlewając w niego światło pamięci. Wyglądało zupełnie jak bita śmietana ze srebrnymi iskierkami i spływało z ręki anioła stróża do czubka głowy Joego. Płynęło bez przerwy aż do chwili, gdy skończyliśmy rozmawiać.

Wspominaliśmy, a ja cieszyłam się, że Joe pamięta różne wydarzenia. Mówił o Pierwszej Komunii Świętej naszego syna Owena i o tym, że za pieniądze, które wówczas dostał, kupił sobie nowe buty do gry w piłkę nożną. Przedtem Owen, który uwielbiał piłkę nożną, zawsze miał używane buty; wtedy pierwszy raz kupił sobie nowe. Joe śmiał się z tego, jak nasz syn przymierzał kolejne pary butów, sprawdzając ceny, i w końcu podjął decyzję. Był z nich bardzo dumny.

Oczy Joego wypełniły się łzami szczęścia, że pamięta to wydarzenie.

Joe zawsze denerwował się moimi relacjami z aniołami; mimo że dużo mu o nich opowiadałam, ciągle się bał, że anioły mu mnie zabiorą. Z powodu choroby czuł się bezradny. Czasami złościł się, że ktoś ma przyjść do mnie na spotkanie – szczególnie wtedy, gdy czuł się bardziej chory lub słabszy. Czasami mówił: „Odbierają mi ciebie. Potrzebuję cię bardziej niż oni".

Współczułam mu, ale wiedziałam, że muszę robić to, co robię.

Pamiętam pewne zdesperowane małżeństwo, które przyszło do mnie, ponieważ żona była umierająca. Mąż bardzo chciał, żeby żona żyła, a ona pogodziła się już ze śmiercią i czuła potrzebę rozwoju duchowego. Odwiedzali mnie dosyć często, czasami niespodziewanie. Joe ciężko to znosił. „Ja też umieram" – powtarzał. Mimo że tak mówił, nie jestem pewna, czy w to wierzył; nie akceptował tego, że wkrótce umrze. Dość często się tak zdarza.

Z biegiem czasu konwencjonalna medycyna nie mogła zaoferować tej kobiecie już nic innego poza uśmierzaniem bólu, a więc, jak wiele innych osób, zwróciła się ku ścieżkom duchowym. Przy wsparciu swojego lekarza pojechała do Brazylii. Wiedziałam, że to będzie jej ostatnia podróż; mimo iż fizycznie kosztowało ją to wiele wysiłku, było to bardzo istotne dla jej ducha. Czasami ludzie, którzy umierają, chcą się dowiedzieć więcej o wędrówce swojej duszy i dzięki temu lepiej zrozumieć śmierć.

Jej pobyt w Brazylii był krótki, ale wiele dla niej znaczył i kiedy wróciła, poważnie osłabiona fizycznie, pierwszą osobą, którą odwiedziła, byłam właśnie ja. Przyszła mi opowiedzieć, co się tam wydarzyło, i prosić o dalszą pomoc w podróży duchowej. Jej mąż siedział obok niej w mojej kuchni, kiedy ona mi wszystko relacjonowała. W pewnym momencie poprosiła go, żeby się nie odzywał i nie przeszkadzał jej. Bardzo chciała sama wszystko mi opowiedzieć, żeby zostać uleczona i umrzeć w spokoju. Kiedy się żegnała, przytuliłam ją, wiedząc, że więcej się nie spotkamy. Gdy wychodziła, zobaczyłam promień światła – jej dusza odwróciła się, by na mnie spojrzeć, i widziałam, że jest doskonała. Poszła do domu, położyła się do łóżka i nigdy już nie wstała.

Anioły mówiły mi, że Joemu zostało już niewiele czasu. Ciągle się im żaliłam, że mówią mi rzeczy, których nie chcę słyszeć. Pewnego dnia wychodziłam ze sklepu spożywczego, niosąc zakupy, kiedy pojawił się przede mną anioł otoczony ptakami.

– Odejdź! – powiedziałam.

Anioł zniknął, ale ptaki zostały. Były wśród nich wróble, rudziki, kosy i większe ptaki, takie jak kawki i kruki. Latały wokół mnie, prawie dotykając mnie skrzydłami. Zaczęłam odganiać je rękami, aż w końcu odleciały. Teraz nazywam tego anioła Ptasim Aniołem.

Był piękny: bardzo wysoki i elegancki; nosił białą szatę z długimi, skośnie ściętymi rękawami, przewiązaną w pasie złotą szarfą, i naszyjnik w kształcie litery V, z wielkim szafirem. Anioł miał złotą twarz i białe oczy. Pojawił się zaledwie kilka razy, ale zawsze, zanim go zobaczyłam, otaczało mnie mnóstwo podlatujących blisko ptaków różnej wielkości.

Kiedy tylko mógł, Joe siadywał przy kominku, a czasami, z moją pomocą, usiłował dojść aż do furtki. Pewnego wieczoru, kiedy wyszliśmy z domu, zewsząd zleciały się ptaki i krążyły wokół jego stóp, podnosząc kamyczki, a niektóre usiadły na bramie i czyściły pióra.

– Skąd się wzięły te ptaki? – zapytał Joe. – Nigdy nie widziałem tylu ptaków naraz.

– Są tutaj, ponieważ niedaleko nas stoi Ptasi Anioł – odrzekłam.

Joe oczywiście nie mógł go zobaczyć, ale w jego oczach zapaliły się iskierki. Uśmiechnął się do mnie i powiedział:

– Lubię tego Ptasiego Anioła.

Potem zawróciliśmy i poszliśmy do domu.

Rozmawialiśmy o tym, czy Joe powinien iść do szpitala, czy zostać w domu. Uznał, że mnie i dzieciom będzie łatwiej, jeżeli on umrze w szpitalu; nie chciał być dla mnie ciężarem.

– Nie, Joe, nie jesteś ciężarem – zaprzeczyłam. – Ja i dzieci cię kochamy. Nie chcemy, żebyś szedł do szpitala. Chcemy, żebyś został z nami w domu.

Kilka dni przed śmiercią Joego, w porze lunchu, przyjechali do nas lekarze, mówiąc, że może nadszedł już czas, żeby Joe poszedł do szpitala.

– Jaka istnieje szansa, że mąż wróci do domu, jeżeli teraz trafi do szpitala? – zapytałam.

– Jest prawie pewne, że już nie wróci do domu – oznajmił lekarz.

Oboje spojrzeliśmy na siebie i jednocześnie odparliśmy: „Nie".

Joe powiedział lekarzom o naszych rozmowach na temat jego umierania w domu, a ja oświadczyłam:

– Podjęliśmy już decyzję.

Patrząc na lekarza stojącego przy łóżku Joego, widziałam jego współczucie i zrozumienie.

– Możecie do mnie dzwonić w dzień i w nocy. Pora nie ma znaczenia – dodał.

Następnego dnia Joe powiedział, że chciałby zjeść stek wieprzowy na obiad, poszłam więc do rzeźnika Jima i poprosiłam o stek wieprzowy. Rzeźnik, który wiedział, że Joe jest chory, odparł:

– Przykro mi, nie mam steków.

Poszedł na zaplecze i kiedy wrócił, oznajmił, że steki będzie miał jutro.

Tego wieczoru Joe chciał się trochę przejść, więc pomogłam mu dojść do bramy. Noc była jasna, gwiaździsta, ale dosyć chłodna. Kiedy staliśmy przy furtce, Ptasi Anioł pojawił się na lewo od latarni stojącej na skrawku zieleni naprzeciwko naszego domu. Joe odpoczywał oparty o bramę.

– Piękny wieczór – odezwał się.

Odwróciłam się, żeby znowu spojrzeć na latarnię, ale Ptasi Anioł zniknął. Moją uwagę przyciągnął błysk światła na nocnym niebie, po prawej stronie.

– Patrz, Joe – powiedziałam.

Joe zwrócił wzrok w kierunku domu. Z ciemności wyłonił się piękny biały ptak lecący w naszą stronę, a w miarę jak się zbliżał, widzieliśmy go coraz wyraźniej. Leciał nisko i z każdą sekundą stawał się coraz większy; był to ogromny śnieżnobiały ptak, a my dostrzegaliśmy każde jego pióro. Wspaniały ptak.

– To biała sowa! – wykrzyknął Joe.

Myśleliśmy, że w nas uderzy, i schyliliśmy głowy, kiedy nad nami przelatywała, kierując się wprost ku światłu latarni. W tamtym momencie latarnia świeciła bardzo jasno i gdy teraz o tym myślę, wydaje mi się to niezwykłe. Wyraźnie widzieliśmy sowę przelatującą przez światło, a potem zniknęła.

– To był cudowny widok! – zawołał z zachwytem Joe – Ta sowa była taka duża i biała. Ale gdzie ona jest? Wleciała w światło, które jakby eksplodowało, i zniknęła.

Uśmiechnęłam się i wyjaśniłam mu, że wcześniej, kiedy wychodziliśmy z domu, widziałam Ptasiego Anioła stojącego przy latarni i że to on zmienił się w białą sowę, żeby Joe mógł go zobaczyć.

Byliśmy na dworze dłużej niż zwykle i Joemu nogi zaczęły już odmawiać posłuszeństwa. Pomogłam mu dojść do domu i się położyć. Przyniosłam mu do łóżka herbatę, a on poprosił, żebym usiadła obok niego, bo chce mi coś powiedzieć. Otworzył komodę, wyjął z niej kopertę i wręczył mi ją, mówiąc:

– To na twoje urodziny. Jutro jest wyjątkowy dzień dla ciebie i dla Ruth, bo obie macie urodziny.

Spojrzałam na niego zdezorientowana.

– Otwórz! – powiedział.

Nie mogłam uwierzyć własnym oczom. W kopercie było sto funtów!

– Joe, skąd to masz?

Wyjaśnił, że to jego wieloletnie oszczędności.

– Nigdy ci o tym nie mówiłem, ale czasami goście dawali mi trochę pieniędzy na papierosy. Odkładałem je. Chcę, żebyście obie pojechały do Dublina, zjadły coś dobrego, i żebyś kupiła ten pierścionek, który dawno temu ci obiecałem.

Chodziło mu o pierścionek, który miał zastąpić ten zaręczynowy, skradziony z lombardu. Obiecał, że kupi mi drugi, i właśnie to robił, ale w jakich okolicznościach! Od jakichś sześciu tygodni Joe mówił, że postara się dotrwać do naszych urodzin, teraz wiedziałam dlaczego.

Uściskałam go mocno i ucałowałam, a potem poszłam do sypialni Ruth i powiedziałam jej, że rano pojedziemy do Dublina zjeść coś dobrego, żeby uczcić jej szesnaste urodziny, i kupić dla mnie pierścionek. Ruth pobiegła do sypialni ojca i też go ucałowała.

Następnego ranka pojechałyśmy z Ruth autobusem do Dublina. Bardzo długo chodziłyśmy po mieście, ale w końcu w małym zakładzie jubilerskim na O'Connell Street znalazłyśmy pierścionek, jakiego szukałam; potem poszłyśmy na lunch. Siedząc przy stoliku, rozmawiałyśmy; Ruth powiedziała mi, że tego wieczoru chciała wyjechać na weekend z rodziną przyjaciółki.

– Mamo, myślisz, że mogę jechać na ten weekend? Bardzo bym chciała, ale martwię się o tatę.

– Jedź i baw się dobrze. Nie powiemy nic tacie, bo to tylko by go zmartwiło i wprawiło w zakłopotanie.

Świetnie się bawiłyśmy tego dnia, ale ja ciągle myślałam o Joem i co jakiś czas dzwoniłam do domu, żeby sprawdzić, czy wszystko w porządku. Na szczęście telefon stał obok jego łóżka.

Kiedy nas nie było, stało się coś wspaniałego, o czym dowiedziałam się później. Megan, która miała cztery lata, poszła porozmawiać z tatą, jak to często robiła. Sadowiła się obok niego na łóżku, a on jej czytał, albo siadała na podłodze i rysowała. Tego dnia powiedziała do niego: „Tatusiu, pobaw się ze mną". Były to te same słowa, których użyła, kiedy ukazała mu się jeszcze przed swoimi narodzinami. Bardzo chciała, żeby pobujał ją na huśtawce. Joe z pomocą Boga i aniołów znalazł w sobie siłę, żeby wstać, ubrać się (nie robił tego od tygodni), wyjść i pobujać ją na huśtawce.

Christopher pilnował ich obojga i nie mógł uwierzyć w to, co widzi. Megan i Joe śmiali się i bawili na huśtawce przez jakieś dziesięć minut, a potem Joe poszedł się położyć.

Kiedy wróciłyśmy do Maynooth, wstąpiłam do rzeźnika Jima po stek wieprzowy. Gdy chciałam mu zapłacić, Jim powiedział:

– To na koszt firmy! Przekaż Joemu, że o niego pytałem.

Podziękowałam mu i poszłyśmy z Ruth do domu.

Tego wieczoru dom był pełen aniołów. W salonie palił się ogień w kominku, a ja w kuchni przyrządzałam stek wieprzowy, ziemniaki, warzywa i sos pieczeniowy. Usiedliśmy przy stoliku obok kominka, jedliśmy obiad i świętowaliśmy nasze urodziny. Joe prawie niczego nie tknął. Powiedział, że nie mógł się doczekać na stek, a teraz może zjeść tylko mały kawałeczek. Zauważył, że Ruth przygotowuje się do wyjścia, i zapytał, dokąd się wybiera. Odrzekła, że idzie w odwiedziny do przyjaciółki, ale była bardzo zmieszana.

Kiedy Ruth szykowała się do wyjścia, zwróciła się do mnie:

– Mamo, czy myślisz, że z tatą będzie wszystko dobrze?

– Tata chce, żebyś się dobrze bawiła w swoje urodziny. Idź, a jeżeli coś się stanie, natychmiast do ciebie zadzwonię – obiecałam.

Ruth pobiegła do ojca, ucałowała go i pożegnała się z nim. Jej brat Christopher przyszedł do domu, przygrzał sobie obiad i usiadł z nami przy kominku. Jedząc, rozmawiał z ojcem, a kiedy skończył, uściskał go i powiedział, że wróci później.

Kiedy zostaliśmy sami w pokoju, Joe się odezwał:

– Wiesz, że bardzo ciężko było mi dotrwać do twoich urodzin.

– Wiem, Joe, dziękuję ci, to najlepszy prezent, jaki mogłam dostać, i bardzo podoba mi się pierścionek. Czy mogłabym chcieć czegoś więcej?

Przytuliłam go. Wokół niego widziałam mnóstwo aniołów i jego anioła stróża, który go podtrzymywał. Uśmiechnęłam się do siebie. Zauważyłam, że anioły sprowadziły dzieci, aby w łagodny sposób mogły pożegnać się z ojcem. Christopher minął się w holu z Owenem, który przyszedł i usiadł przy kominku, żeby pogadać z ojcem. On też wychodził. Joe i ja zostaliśmy tego wieczoru sami w domu.

Rozmawialiśmy trochę, a potem Joe zasnął. Oglądałam telewizję, siedząc obok niego. Około północy mój mąż otworzył oczy. Był zdezorientowany i nie wiedział, gdzie się znajduje. Przytuliłam go i uspokoiłam, że wszystko w porządku, że jest w domu. Popatrzył na mnie, uśmiechnął i powiedział:

– Powinnaś się położyć, Lorno.

– Poczekam na ciebie – odrzekłam.

– Nie, idź pierwsza, chcę tu jeszcze przez chwilę posiedzieć sam.

Pocałowałam go na dobranoc i poszłam się położyć. Niedługo potem Joe wszedł do sypialni. Nie wiem, jak zdołał tam dojść; myślę, że przyniósł go anioł stróż. Kiedy położył się obok mnie, spytał:

– Lorno, myślisz, że wydobrzeję? Że przeżyję tę noc?

– Nie martw się, Joe, będę się tobą opiekować i wszystko wróci do normy. – Ale kiedy to powiedziałam, jego anioł stróż potrząsnął głową.

W pewnym momencie, przytulona do męża, musiałam zasnąć. Nagle się obudziłam. Joe miał atak. Pokój wypełniało światło. Pełno tu było aniołów i duchów, a wśród nich zobaczyłam przy łóżku ducha mojego ojca. Spojrzałam Joemu w oczy – prawie nie było w nich blasku, a jego samego nie otaczała już poświata. Nie rozpoznał mnie.

– Lorno, pozwól mu odejść. Nie wolno ci znowu prosić – usłyszałam głos swojego taty.

Trzymałam Joego w ramionach; moje oczy wypełniły się łzami. Wiedziałam, że nie mogę prosić Boga, aby pozwolił mu zostać; wiedziałam, że tym razem odmówi. Położyłam męża z powrotem na łóżku. Christopher wyszedł gdzieś z przyjaciółmi, ale zadzwoniłam po Owena, który przybył natychmiast.

– Twój tata umiera. Jego życie dobiega końca – szepnęłam.

Owen doskoczył do łóżka.

– Mamo, wiem, że tata mówił, żeby pozwolić mu odejść, ale muszę spróbować. To mój tata i kocham go – powiedział, patrząc na mnie.

Usiadł na łóżku; wołając go po imieniu i rozcierając mu twarz, próbował go ocucić. Nie miałam serca mu powiedzieć, że tym razem to się nie uda. Bóg się nie zgodził i wszystkie te anioły i dusze przyszły go zabrać do nieba. Pobiegłam do kuchni, by wezwać po karetkę. Zrobiłam wszystko to, co zwykle robiłam, gdy Joe miał atak. Zadzwoniłam do znajomego taksówkarza i poprosiłam, żeby przyjechał i zabrał po drodze Christophera. I nagle Owen zawołał:

– Mamo! Tata przestał oddychać.

Pobiegłam do sypialni i w drzwiach spotkałam duszę Joego w towarzystwie anioła stróża. Joe wyglądał pięknie; był taki świetlisty. Uśmiechnął się do mnie i zanim zniknął, odwrócił się i spojrzał na Owena.

Przyjechała karetka i zabrała Joego. Christopher i ja pojechaliśmy za nią taksówką do szpitala.

Nie pamiętam wiele z pogrzebu. Śmierć męża była dla mnie ogromnym wstrząsem, mimo że od dawna miałam świadomość, że pozostało mu niewiele czasu. Bóg w cudowny sposób obdarzył go życiem i wiedziałam, że drugi raz tego nie zrobi. Powiedział mi, żebym nigdy o to nie prosiła, bo i tak będzie musiał odmówić. Bardzo trudno było mi Go o to nie błagać. Nie chciałam pozwolić Joemu odejść, ale nie było rady. Wiem, że Joe codziennie opiekuje się mną i dziećmi i dziękuję mu za jego miłość, dobroć i łagodność.

Nosiłam pierścionek urodzinowy przez dwa tygodnie po śmierci Joego. Potem go zdjęłam i nigdy więcej już nie założyłam.

Rozdział XXVIII

Piórko z nieba

Wkrótce po pogrzebie Joego zaczęłam znowu spotykać się z ludźmi i pomagać im w różnych problemach. Zawsze oddzielałam życie prywatne od pracy, którą zlecili mi Bóg i anioły. Ludzie, którzy do mnie przychodzili, zwykle nie mieli pojęcia o mojej stracie. Niektórzy jednak się dowiedzieli i byli dla mnie bardzo mili. Mimo że sami mieli problemy, dostawałam od nich kartki z wyrazami współczucia.

To był dla mnie ogromnie trudny czas, ale długie spacery po terenic college'u w Maynooth bardzo mi pomagały. Spacerowałam, odwiedzałam kościół i przechadzałam się korytarzami college'u, oglądając zdjęcia młodych mężczyzn, którzy zostali księżmi. Często rozmawiałam z Joem i pytałam go, jak się trzyma. Opowiadałam mu o tym, jak się mają dzieci, i ze śmiechem mówiłam: „Ty na pewno i tak wiesz, co u nich słychać".

Czułam, że jest przy mnie. Pewnego dnia, parę miesięcy po śmierci męża, ogarnął mnie wyjątkowy smutek. Tego dnia odwiedziło mnie kilka osób i niektóre z nich zmagały się z naprawdę trudnymi problemami – miały bardzo chore dzieci i wiele poważnych kłopotów. Byłam wyczerpana i przygnębiona, więc wyszłam z domu i udałam się w stronę terenów college'u. Zawsze czekałam, aż przekroczę bramę, żeby porozmawiać z Bogiem o sprawach, z którymi zwracali się do mnie ludzie, o ich bólu i cierpieniu, ale także o ich radościach. Spacerowałam, mówiąc Bogu o problemach tych ludzi i o problemach świata i prosząc: „Czy nie mógłbyś sprawić cudu?".

Tego dnia było mi bardzo trudno sobie z tym poradzić i zwierzyłam się z tego Bogu i moim aniołom. Powiedziałam im, że czuję się naprawdę przytłoczona.

Do dzisiaj pamiętam ten dzień; spacer po terenie college'u, chłodny wiatr i deszcz zacinający mi w twarz. Nie miałam rękawiczek i było mi zimno w ręce, więc włożyłam je do kieszeni; w jednej z nich wyczułam małą książeczkę modlitewną. Pamiętam, że musiałam omijać wyboje na drodze biegnącej wokół college'u, bo zagłębienia wypełniły się wodą deszczową i opadłymi z drzew liśćmi. Przyglądałam się mijanym ludziom; był wśród nich ksiądz, który często tam spacerował, odmawiając modlitwy. Uśmiechnęłam się do niego i poszłam dalej. Na innej ścieżce ujrzałam matkę z wózkiem. Biegła, uciekając przed deszczem, zatrzymała się na chwilę, a potem ruszyła szybkim krokiem i znowu zaczęła biec.

Minęłam zakręt na jednej ze ścieżek. Po prawej stronie rosły wysokie drzewa, a po lewej rozciągała się łąka i cmentarz z dużym krzyżem. Przechodząc obok cmentarza, rozmawiałam z Bogiem o tym, jak się czuję. „Mój Boże – zwróciłam się do Niego – naprawdę nie wiem, jak mam dalej żyć, potrzebuję pomocy Twojej i Twoich aniołów. Jeżeli mi nie pomożecie, nie wiem, jak sobie poradzę".

Znowu skręciłam w prawo i znalazłam się dokładnie naprzeciwko frontowej ściany wielkiego budynku college'u. Widziałam go wyraźnie. I wtedy stało się coś dziwnego: kiedy spojrzałam w stronę college'u, wysoko po-

nad tym pięknym starym budynkiem niebo wypełniło
się aniołami. Znajdowały się bardzo daleko i z początku nie byłam pewna, czy to rzeczywiście anioły. Patrzyłam i mówiłam do siebie: „Co innego mogłoby to być?".
Kiedy się zbliżyły, przelatując nad college'em, nie miałam już wątpliwości. Stawały się coraz większe i większe, aż w końcu przybrały ogromne rozmiary. Schodziły
niżej i wciąż się przybliżały. Były takie piękne, złocisto-
białe. Miały ogromne skrzydła, wspaniałe i mocne, aż
zaparło mi dech w piersiach. Śmiałam się i płakałam,
cała drżąc z emocji.

– Podarowałeś mi coś naprawdę wyjątkowego! – powiedziałam. – Podnosisz mnie na duchu. Teraz wiem,
że niezależnie od tego, jak trudne bywa nasze życie, zawsze ma ono swój cel. Zawsze istnieje jakaś przyczyna
radości i szczęścia, ale także smutku i łez!

Przez cały czas spacerowałam, a może tak mi się tylko wydawało. Moje nogi i stopy się poruszały, ale ziemia pode mną była nieruchoma. Niektóre z aniołów zaczęły oddalać się ode mnie, stawały się coraz mniejsze,
aż w końcu zniknęły. Poczułam smutek.

Wtedy coś mi kazało popatrzeć do góry – wysoko
w niebie, niewyobrażalnie daleko, zobaczyłam mnóstwo
aniołów. Były coraz większe, a kiedy się zbliżyły, ujrzałam nad nimi jeszcze więcej aniołów. Nagle, pomiędzy
tymi aniołami, dostrzegłam coś, co uznałam za jeszcze
jednego anioła. Znajdował się tak wysoko i był taki malutki, że tylko cudem mogłam go dojrzeć. Zastanawiałam się, jak to możliwe, że w ogóle zauważyłam tak małego anioła.

Ale gdy tak opadał, krążąc między innymi aniołami, wcale nie stawał się większy. Cały czas się śmiałam
– byłam taka przejęta i przepełniała mnie nieopisana

radość. A kiedy opadł jeszcze niżej, zobaczyłam, że to nie anioł, lecz piórko!

W zachwycie patrzyłam, jak to malutkie piórko leci w dół pośród ogromnych pięknych aniołów. To był wspaniały widok – piórko opadające jak płatek śniegu. Tego dnia wiał silny wiatr, ale piórko kierowało się prosto ku mnie. Bałam się, że zdmuchnie je wiatr, chociaż powinnam wiedzieć, że nic takiego się nie stanie. Piórko, otoczone aniołami, opadało coraz niżej.

Kiedy znalazło się tak nisko, że prawie mogłam go dosięgnąć, wiecie, co zrobiłam? Podskoczyłam, żeby je złapać! Nie chciałam już dłużej czekać. Podskoczyłam najwyżej, jak tylko mogłam. Czułam się tak, jakbym wzbiła się na wysokość półtora metra. Wyciągnęłam rękę, złapałam piórko i zamknęłam je w dłoni; było bezpieczne. W zachwycie przycisnęłam je mocno do piersi.

Nagle wszystko się zmieniło. Uświadomiłam sobie, że krople deszczu spływają mi po policzkach i wieje zimny wiatr. Wtedy zauważyłam idącą w moim kierunku parę starszych ludzi i zrozumiałam, że specjalnie dla mnie czas się zatrzymał. Chociaż wydawało mi się, że idę, tak naprawdę nie ruszałam się z miejsca. Teraz, kiedy sobie to przypominam, widzę, że od chwili kiedy nad budynkiem college'u zobaczyłam anioły, nie czułam pod stopami kamieni ani nierówności ścieżki. Działo się tak dlatego, że moje stopy w rzeczywistości nie dotykały ziemi. Nie czułam deszczu, wiatru ani zimna. Kiedy złapałam piórko, czas znowu zaczął biec do przodu. Pamiętam, że para staruszków uśmiechała się do mnie, musieli widzieć, jak podskoczyłam. Również się do nich uśmiechnęłam. Teraz, gdy to piszę, zastanawiam się, co ci ludzie sobie wtedy pomyśleli. Co widzieli? Czy zauważyli, po co podskoczyłam? Nie wiem, kim byli, ale może jeżeli przeczytają tę książkę, przypomną sobie tamten dzień. Czułam się podniesiona na duchu i szczęśliwa. To był jeden z najpiękniejszych dni mojego życia; dostałam cudowny dar od Boga i aniołów. Chwaliłam Boga i dziękowałam mu za to piórko. Podziękowałam też Joemu, bo czułam, że ma z tym coś wspólnego.

Pieczołowicie przechowuję to piórko, które sfrunęło do mnie przez bramy niebios w asyście aniołów. To dar, który pomógł mi poczuć się dobrze i bezpiecznie i przypomniał mi, że życie ma swój sens i zawsze, bez względu na okoliczności, jest nadzieja. Przypomniał mi też, że wszyscy mamy doskonałe dusze – niezależnie od tego, co zrobiliśmy – i że choć nasze ciała mogą umrzeć, nasze dusze nie umierają. Wszyscy mamy pewnego rodzaju skrzydła, nawet jeśli nie widzimy ich u siebie czy u innych ludzi. W istocie wszyscy jesteśmy aniołami.

Spis treści